贵州省研究生教育创新计划"学科教学（英语）研究生课程教学案例库"（黔教研合ALK字〔2016〕05）

# 中小学英语教学实践案例

刘杨　黎河　主编

厦门大学出版社 XIAMEN UNIVERSITY PRESS 国家一级出版社 全国百佳图书出版单位

**图书在版编目（CIP）数据**

中小学英语教学实践案例 / 刘杨，黎河主编. -- 厦门 ：
厦门大学出版社，2023.4
ISBN 978-7-5615-8555-9

Ⅰ. ①中… Ⅱ. ①刘… ②黎… Ⅲ. ①英语课－教案（教育）－
中小学 Ⅳ. ①G633.412

中国版本图书馆CIP数据核字(2022)第052780号

出 版 人　郑文礼
责任编辑　高奕欢
封面设计　蔡炜荣
技术编辑　许克华

出版发行　厦门大学出版社
社　　址　厦门市软件园二期望海路 39 号
邮政编码　361008
总　　机　0592-2181111　0592-2181406(传真)
营销中心　0592-2184458　0592-2181365
网　　址　http://www.xmupress.com
邮　　箱　xmup@xmupress.com
印　　刷　厦门集大印刷有限公司

开本　787 mm×1 092 mm　1/16
印张　15.5
字数　302 千字
版次　2023 年 4 月第 1 版
印次　2023 年 4 月第 1 次印刷
定价　60.00 元

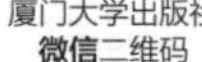

厦门大学出版社
微信二维码

厦门大学出版社
微博二维码

## 参编人员简介

艾维维，贵阳市南明区第二实验中学英语教师

邓芳芳，贵阳市南明区南明小学教师

何杨，北京市日坛中学贵阳分校英语教师

黄林，贵州师范大学外国语学院副教授

黎河，贵州师范大学外国语学院副教授

梁梅，贵州师范大学外国语学院教授

刘春霞，贵州师范大学外国语学院副教授

刘杨，贵州师范大学国际教育学院副院长、教授

刘玉婷，赣州市上犹县上犹中学一级英语教师

吕庆萍，遵义师范学院附属实验学校英语教师

冉丽娟，贵州师范大学外国语学院学科教学（英语）专业2018级研究生

陶鲤华，贵州师范大学外国语学院副教授

唐跃农，贵州师范大学外国语学院副教授

吴洁，贵阳市观山湖区第十一中学英语教师

吴敏，重庆外国语学校高级教师

余明杨，贵阳市第十九中学一级英语教师

余兴兰，贵州师范大学附属中学英语教师

张雨娜，凤冈县第一中学英语教师

张琪，贵阳师范学校附属第一小学一级英语教师

赵富荣，贵阳市清镇第四中学一级英语教师

赵红，贵阳市第一中学一级英语教师

钟霞，贵州师范大学贵安附属小学英语教师

周燕，贵阳市第十七中学党总支书记兼校长

庄婧，吉林市亚桥高级中学英语教师

# 前 言

本案例集是2016年贵州省专业学位研究生课程案例库立项项目“学科教学（英语）研究生课程教学案例”的研究成果。课题项目组在2016年组建了研究团队，并根据学科教学（英语）专业学位研究生培养目标与课程设置，确定了本课题案例主要分为“语言类教学案例”“英语教师教育类教学案例”“英语教学文化案例”三类。

基于以上三类案例要求，在2017年1月至2022年12月间，本项目组负责人及成员分别到贵州省二十多所学校调研，并在收集、采编和整理的资料中提炼出19个中小学英语教学的真实案例，汇编成集。这些案例的编写主要基于学科教学（英语）硕士在教学实践能力的培养方案中相关课程的具体要求，力求将基础阶段英语教育的重点问题融入课程教学中，使英语学科教学专业硕士研究生在本学科教学理论指导下，能够将专业理论学习、基础英语教学与课程改革相互结合，有助于达到“现代教育观念和教学研究能力、能够胜任中小学英语教育研究工作、积极为国家经济建设和社会发展服务的实践应用型人才”的培养目标。

本项目组负责人及主要成员皆为贵州师范大学外国语学院学科教学（英语）专业的授课教师，我们已在英语学科教学硕士生课程案例教学中陆续使用这些案例，并不断地修改与完善这些案例。本案例集的出版旨在满足贵州省基础英语教学对英语专业学位研究生课程的需求，有助于进一步建设英语专业学位研究生课程，使教育硕士了解并预见走上岗位后可能面临的教学问题，通过案例分析、讨论和反思获得如何解决这些教学问题的启发；同时这也促使他们将所学教学理论知识与教学实践相结合，提高分析问题和解决问题的能力、批判性思维能力以及教学科研创新能力。

本案例集具有较强的实践性和应用性，不仅可以运用于英语教育硕士的课程教学，也可用于师范院校英语本科专业的课程，还可供在职教师作为专业发展的参考，从而达到英语教学资源共享的目的。我们希望这些案例能够有助于提升入职前和在职教师的专业素养，加强英语教师的学科教学能力，在推动基础英语教学的进一步发展中发挥积极作用。

在教学案例的搜集、编写和使用中，我们始终保持一种开放的态度，对其中存在的各种不足，恳切希望同行和案例使用者不吝赐教。

# 目　录

CONTENTS

## 第 1 部分　语言类教学案例



## 第 2 部分　英语教师教育类教学案例

## 第 3 部分　英语教学文化案例

# 第1部分

# 语言类教学案例

# 案例 1

## 培养小学生英语听说能力的策略

——基于教材的语境化教学模式

◎ 陶鲤华　邓芳芳

### 引　言

语境化的英语教学是指教师在教学中为学生创造真实，或者接近真实的语境，以便学习和运用语言。以下案例中的邓老师充分利用小学英语教材里的资源，合理创设真实的语境，将相关的英语词汇、不同表达方式以及跨文化意识融于语境，激发小学生学习英语的兴趣，培养他们的英语听说能力。

### 背景信息

义务教育阶段英语课程的主要目的是为学生发展综合语言运用能力打基础，为他们继续学习英语和未来发展创造有利条件。现代外语教育注重语言学习的过程，强调语言学习的实践性，主张学生在语境中接触、体验和理解真实语言，并在此基础上学习和运用语言。因此在教学中，教师应该尽可能为学生创造在真实语境中运用语言的机会，鼓励学生通过体验、实践、参与、探究和合作的方式逐步掌握语言知识和技能，发展自主学习能力。《义务教育英语课程标准（2011 年版）》对小学阶段英语课程的一级目标描述为：对英语有好奇心，喜欢听他人说英语；能根据教帅的简单指令做动作、做游戏、做事情（如涂颜色、连线）；能做简单的角色表演；能唱简单的英文歌曲，说简单的英语歌谣；能在图片的帮助下听懂和读懂简单的小故事；能交流简单的个人信息，表达简单的感觉和情感；能模仿范例书写词句；在学习中乐于模仿，敢于表达，对英语具有一定的感知能力；对学习中接触的外国文化习俗感兴趣。

在外语学习环境中如何达到上述目标是每一位小学英语教师面临的问题。达成目标的基本条件是首先创设具有特定主题的语境，其次在教学内容分析和学情分析的基础上精心、科学、合理地设计课堂活动，课堂教学活动的设计则体现教师的教育理念、教学方法以及对课堂教学的把握和创新能力。

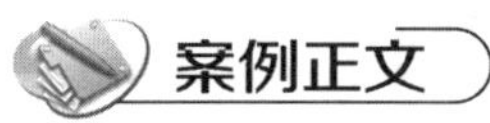

## 一、提出问题和确认问题

邓老师自从省内一所师范院校的外语系毕业后就在贵阳市南明区一所小学担任英语教师，至今已近十年。为了教好英语，邓老师在工作之余不断提升自己的专业素养，通过攻读学科教学英语专业的硕士学位、积极参加贵阳市教科所的英语教学课题研究，不断学习新的英语教育、教学方法，立足学情，以先进的外语教学理念指导教学实践。邓老师除了充分利用小学英语教材中的课文，还利用了书报杂志和网络资源，进行语境的创设和活动的开展，以培养小学生学习英语的兴趣。由此，邓老师首先提出以下两个关键问题：

(1) 什么是语境和语境化教学？

语境指人们在交际活动中使用语言交流信息的社会环境，它作用于人的感官而产生心理活动，学习语言只有在一定的情景中才能理解和表达，因为社会语言情景是揭示语言意义的因素。语境化教学是指教师基于现实世界的某个情景所需要的特定语言能力、功能、语法知识点以及相关词汇而设计的教学内容和教学环节，比如因病请假、请求他人帮助、谈论天气等等在真实的社会交际中存在的情景及其相应的语言使用。

(2) 怎样在教学中设计语境？

教师在教学中应该利用真实客观的环境或者设置相关情景进行外语教学，以提高教学效果。在语境化教学中，教师常采用角色扮演、打电话、听新闻报道、采访、信息沟通等任务型语言教学方法设计教学活动。

## 二、邓老师的语境化教学设计案例

### (一) 教学设计思路

《义务教育英语课程标准（2011 年版）》强调课程从学生的学习兴趣、生活经验和认知水平出发，倡导体验、实践、参与、合作与交流的学习方式和任务型的教学途径，发展学生的综合语言运用能力，使语言学习的过程成为学生形成积极的情感态度、主动思维和大胆实践、提高跨文化意识和形成自主学习能力的过程。本节课的教学环节与情景紧密联系，如：为班里的同学庆祝生日，唱生日快乐歌并在此过程中穿插单词的学习。过生日的情景贯穿于整个教学过程中，学生在轻松、和谐的氛围中学习语言。课程结束时，所有学生都能认读新单词，绝大多数学生能运用重点句型表达生日祝福和赠送礼物。

### （二）教材分析

本次授课内容是上海教育出版社“牛津版”《英语（三年级起点）》模块3第8单元“Happy Birthday!”。本单元主要通过Alice过生日时Miss Fang等人向她赠送礼物的情景，帮助同学们学习如何用英语祝福他人生日快乐并赠送礼物，并在接受他人祝福和礼物时表示感谢。学生对过生日的场景及过生日的习俗都不陌生，但是他们还需要学习如何用英语准确表达生日祝福、赠送和接受礼物的礼貌用语，并了解中西方的文化差异。例如，他们的收礼习惯是接受礼物时当场打开礼物并表达喜爱之情。因此，教师需要在课堂上创设相应情景，让学生充分感知、体验、学习和运用。

### （三）学情分析

三年级的学生初步接触英语，对英语有强烈、持续的学习兴趣。大部分学生敢于大胆地表现自己，并能在日常生活中运用所学语言。因此，教师需要在教学时，通过创设情景、游戏等形式让学生不断进行操练，帮助学生准确地表达，提高学生的听说技能。

### （四）教学目标

**1. 知识与技能目标**

学生通过学习基本能听懂、会说happy、birthday、cake、card、noodles等词语，以及词组birthday gifts。

学生通过学习基本能听懂、会读并在祝福生日的情景中灵活运用“Happy birthday!”“Here's your...”“Thank you.”等表达方式。

**2. 情感态度与文化意识目标**

了解西方生日文化中赠送与接受礼物的礼节与习惯，关注自己家人和朋友的生日，培养与增进亲情和友谊。

## （五）教学重点和难点

**1. 教学重点**

（1）听说认读词汇：happy、birthday、cake、card、noodles、birthday gifts。

（2）“Happy birthday!”“Thank you.”“Here is/are your...”的实际应用与交流。

**2. 教学难点**

（1）birthday、cake、card、noodles的正确发音；

（2）Here is/are your... 句型的理解及熟练运用。

## （六）教具资源

多媒体课件、单词卡片、实物、贴画等。

## （七）教学过程

**1. 课前安排：安排分组及竞争与奖励机制**

**2. 打招呼和预热**

（1）Greetings

T：Hello，boys and girls.

S：Hello，Miss Deng.

T：How are you?...

（设计意图：师生亲切问候，拉近师生间的距离。）

（2）Warm-up

T：Let's sing a song together to review numbers from 1-10.（展示课件，导入活动一热身课文教学。）

T：Listen，What are they singing? Let's sing a song together.

T/S：Happy birthday to you. Happy birthday to you.

T：If it is someone's birthday，we should say happy birthday to him.

（设计意图：导入活动一热身课文教学，帮助学生感知并学习句型“Happy birthday!”，为新知学习做好铺垫。）

**3. 展示**

（1）Words learning：学习happy、birthday等单词

T：（展示Alice的头像）Today is Alice's birthday. What should we say?

T/S：Happy birthday，Alice.

教师展示 happy 和 birthday 的单词卡片，依次领读、分组读、挑生读。

（设计意图：借助单词卡片和分组竞赛形式，让学生在浓厚的氛围中学习新词。）

（2）Text learning

①在课件上呈现蛋糕的图片，通过问题 How old is Alice? 来导入活动二的课文教学并带领学生复习数字。

②呈现例句 Happy birthday，学习字母组合 th 的发音规律，以 three、thank、thin 为例带领学生跟读。（跟读练习，感知并模仿英语单词和句子的语音。）

③分别呈现 birthday cake、birthday card、birthday noodles 的图片。（借助课件图片提示，展示对话并练习。）

④设置情景，在超市购物，并练习对话。

⑤播放课文听力材料，填充课文内容并朗读课文。

**4. 课堂练习**

（1）设置游戏环节，问答练习，进一步巩固课文知识点。

（2）邀请小组上台进行角色扮演。

（设计意图：通过抢礼物的竞争性活动，设置由简到难梯度的任务，帮助学生全面巩固操练所学。）

**5. 课堂活动：学习制作贺卡并赠送贺卡**

以小组的形式讨论如何为班里同学制作生日贺卡并赠送贺卡，拓展应用所学知识，提升学生的英语表达能力的同时，增进同学间的友谊。

**6. 课堂总结**

借助板书及单词卡回顾总结本节课所学内容。

**7. 课后作业**

（1）Copy the new words on the exercise book：card，cake，and noodles.

（2）Make a birthday card.

（3）Read and act "Listen and say".

## （八）板书设计

Module 3 Unit 8 Happy Birthday!

Happy birthday!

Here is a card for you!

Here is cake for you!

Here are noodles for you!

It's nice.

I like it. Thank you!

## 三、教学反思

邓老师在学生认识了数字1到10以后展开“Listen and say”和“Look and learn”部分的教学。“Listen and say”部分是通过中外学生祝贺生日的情景会话，让学生学习如何用英语询问年龄，以进一步熟悉所学的数词，以及理解Here is/are your ...句型并熟练运用。“Look and learn”部分主要是生词的学习。根据三年级学生的认知特点、个人对教材和教参的理解，以及课程标准的要求，依据教材主题和内容，但不拘泥于其内容而精心设计了课堂教学活动的各个环节，着力于激发、培养和巩固学生的学习兴趣。具体做法如下：

### （一）用英语组织教学，激发学生的学习兴趣

语言是思维的工具。为了使小学生的思维适应英语语言，教师在英语课堂组织教学中尽可能多地使用英语，以排除来自母语的干扰和学生对母语的依赖，并辅以手势、姿势、表情等，让学生边听边理解教学意图，在反复训练中使学生逐渐达到听懂记牢的水平。如教“birthday”这个单词时，为了让学生更好地记住发音要领，邓老师一边说“Look at my mouth”，一边用手指着自己的嘴，适当地重复该词，学生就逐渐明白发“th”音时舌尖位置很靠前上齿。通过日积月累的练习，学生能逐步听懂很多课堂用语，为课堂营造英语语言的使用环境，从而培养了学生直接理解、直接学习和直接应用英语的习惯。用英语组织课堂教学，可给学生耳目一新的感觉，一下子就把学生的注意力吸引过来，使他们对英语课产生浓厚的兴趣。

### （二）运用情境教学法，培养学生的学习兴趣

三年级学生的年龄小，接受抽象事物的能力较差。因此对于初步接触英语的学生而言，教学中强调学习内容的直观性就有其特殊的意义。在课堂教学中，教师注意创设情景，多采用看图、看动画、看实物、听录音等方法，让学生在一定的语言环境中听、说；采用仿说、歌曲等，设法在学生面前描绘出一幅幅画面，使学生置身于情境之中，通过看、听、说、感，让学生边听边理解。运用情境教学法，使学生情不自禁

地积极参与学习活动，在乐中学，注重培养学生的语言交际能力。在教学“Listen and say”这一板块时，邓老师将真实生活情景引进课堂，缩短了课堂教学与实际生活的距离，给学生提供了语言交际的好机会。学生认识了 birthday cake 之后，邓老师就紧接着发起对话，说：“Today is … 's birthday. This birthday cake is for you.”接受礼物的同学则很礼貌地回应“Thank you!”。这种情景无须刻意雕饰，学生自然就知道接受别人的礼物要言谢。接着，邓老师问：“How old are you?”，然后根据该同学的回答，师生一起边插边数蛋糕上的蜡烛。学生在真实的情景中学会怎样询问别人的年龄。然后邓老师又说：“Let's sing a birthday song for …”，学生便随着音乐美美地跳起来、唱起来。在课堂上为同学办 birthday party，真的是别有趣味，学生不仅学会了如何向别人表达生日祝福，也轻松地学会了“Happy Birthday to You!”这首歌。待学生观看并熟读动画中的对话之后，邓老师又让学生亲自表演这段对话。由于对话的内容、形式都十分贴近生活，所以学生乐演、爱说，积极性特别高，争先恐后地举手要求做对话练习。这样的教学活动不仅培养了学生在特定场合与人对话的能力，而且让他们在语言学习情境中形成使用礼貌用语的意识和习惯。

### （三）运用多种教学方法，巩固学生的学习兴趣

教学有法，教无定法。教学方法的优劣很大程度上取决于能否引起学生的学习兴趣。外语教学的实践性强，因此要以灵活多样的方法组织学生进行广泛的语言实践活动。针对小学生喜说爱动、争强好胜、善模仿、怕羞感少等心理特点，开展各种形式的巩固活动，使学生的大脑皮层始终处于兴奋状态，延长学生强烈的学习兴趣。

此外，本节课采用语境化的任务型教学方法，让学生以小组为单位，操练并实际运用重难点单词和句型。在这节课中出现了单词 happy、birthday、cake、card、noodles、birthday gifts 和句型 Happy birthday! Here is/are your … Thank you，大部分学生仅靠自己还不能熟练掌握，邓老师会用实物、图片辅助教学，让学生反复练读，并通过小组合作讨论朋友过生日时该如何送祝福和礼物，进行反复练习，突破难点。

### （四）教学过程中的不足

1. 对于部分学生发音不准确的问题，邓老师在课文学习的环节只是纠正，没有采取更多的活动方式让学生反复模仿标准发音。

2. 在生日派对环节仅为学生提供认知框架，以便他们在情景中更好地交流表达，而没有将句式范例呈现在 PPT 上，这不利于学生模仿、运用相关句式谈论生日派对话题。

3. 由于时间仓促，没有及时对学生的学习过程做出合适的评价和鼓励。

邓老师表示，自己在今后的教学工作中要永远保持一颗年轻的心，求真务实，不断创新，树立终身学习的理念；还应通过反思总结经验，不断更新教学观念、改进自己的教学，从而不断提升教学质量。

## 结 语

有效的语境化教学包括尽可能地模拟有意义的真实生活场景，根据学生不同的外语基础设计一系列难度不同的练习活动，教师在语境化教学中设计的语言知识和技能活动内容应该依据学生在现实生活中自己与他人的关系亲疏而定。语境化教学设计并不要求在一次课堂上面面俱到，其教学目标和预期结果取决于教学重点。而对于初学英语的小学生来说，教师更应该创设与学生的认知水平和日常生活相关的、尽可能真实的语境，提供足够的语言输入机会和英语使用范例以帮助他们学习英语。

## 案例思考题

1. 你认为该课的教学设计有什么优点和不足？
2. 在小学英语教学中，还有哪些教学方法能有效地激发学生的学习兴趣？

## 案例使用说明

**1. 适用范围**

适用对象：教师教育工作者、中小学英语教师、英语专业本科生、英语学科硕士研究生。

适合课程：二语习得、英语教学法。

**2. 教学目的**

(1) 了解语境化教学与激发学生学习英语的兴趣之间的关系；

(2) 积累语境化教学方面的知识和经验；

(3) 认识语境创设在英语教学中的必要性；

(4) 培养教学研究和反思、批判的意识，增强教学研究和反思能力。

**3. 要点提示**

(1) 相关理论

二语习得理论：建构主义、学习者认知风格、可理解性输入假说。

活动理论：外语学习的活动系统。

教师专业发展理论：教师知识和教师能力。

（2）关键知识点

建构主义、学习者认知风格、可理解性输入假说、任务型语言教学。

（3）关键能力点

分析学习者因素，灵活运用任务型语言教学策略。

（4）案例分析思路

通过对此教学案例的分析，引导学员进一步思考如何充分利用教材，设计适合教学目标和教学对象的教学活动，并为学员针对如何激发小学生学习英语的兴趣问题提供借鉴。

**4. 教学建议**

时间安排：6 个课时，共 270 分钟。布置和预习 3 课时，上课讨论 3 课时。

环节安排：提前四周利用一节课时间布置预习内容→将学员分为 4～6 个小组→小组查阅资料，走访学校、班级和课下讨论→各组形成方案→上课汇报→课上学员研讨→教师点评

人数要求：40 人以下的教学班。

教学方法：案例教学讨论为主，讲授点评为辅。

工具选择：摘要卡片、多媒体、案例打印资料、录音笔、录像机或者有录音录像功能的手机。

组织引导：教师布置任务要清晰，预习要求要明确；给学员必要的参考资料；给予学员必要的调查技能训练，便于调查工作展开；学员课下讨论需要及时指导并给出建议。

活动设计建议：

课前计划 3 课时，要求学员完成案例阅读，搜集知识点和能力点相关的资料，走访案例教师或者有类似教学经验的教师。

上课前做好教学准备。将桌椅分组摆成弧形，为每个小组准备编号和姓名的桌签。每个小组提供一张小组讨论记录表，包括每个人的发言记录和综合的观点。同时，通知相关人员做好录像或者录音工作。教师准备好点评的资料和提纲。

下课后教师及时总结案例教学的得失，以便改进教学计划。

**5. 推荐阅读**

［1］郭满库.（2012）. 英语案例教学论. 杭州：浙江大学出版社.

[2] 教育部基础教育课程教材专家工作委员会.（2012）. 义务教育英语课程标准（2011 年版）解读. 北京：北京师范大学出版社.

[3] 中华人民共和国教育部.（2012）. 义务教育英语课程标准（2011 年版）. 北京：北京师范大学出版社.

[4] Parrish, B.（2006）. *Teaching Adult ESL—A Practical Introduction*. New York: McGraw Hill.

## 案例 2

# 高中生英语听力水平提高的障碍与对策

◎ 唐跃农　艾维维

## 引 言

在高中英语听力训练过程中，由于多种原因，很多学生面对听力材料时会出现过分紧张的心理状态，这往往形成听力理解障碍，使他们难以发挥正常水平，影响听力成绩。本案例展现了高一英语听力课堂教学中，教师针对学生在听力理解方面出现的各种问题，用一定的教学措施，在教学中帮助学生有效克服听力障碍，提高英语听力理解能力和听力成绩。

## 背景信息

目前中学英语教学的重要目标之一是全面提升学生的英语听力水平，从而有效地增强学生在具体语境中的交际能力。为了达到这一目标，许多教师改变了以往的英语听力教学模式，从多方面入手来帮助学生提高英语听力理解能力。然而，由于学生在进行英语听力训练的过程中遇到了很多困难与障碍，英语听力教学的效率仍然不高，学生英语听力理解能力的提升依然缓慢。由于初、高中英语学习目标、学习要求和学习内容存在很大差异，初高中英语听力衔接问题一直是困扰中学英语教学的一大难题。由于在初中阶段，大多数老师和学生都忽视对英语听力的训练，部分偏远地区的学校甚至放弃听力教学，进入高中后，这部分学生在高考重压下，常常对听力学习束手无策。

A 学校是一所省级示范性高中，近年来，学校各方面都取得了可喜的成绩，尤其是在高考中连年实现低进高出目标，录取率年年攀升。该校的 B 老师是一位有着五年英语教龄的年轻教师，对于英语教学有着自己独特的见解，她的教学方法深受学生的欢迎和好评。该校高一（25）班是B老师新接手的一个普通班，学生英语中考成绩最高分为135分，最低分85分。总体来说，英语平均成绩不算太差，只是部分学生由于初中阶段不重视听力学习，进入高中后，听力基础薄弱导致听力成绩难以提高，拉低了个人的整体成绩。随着听力在高考中的比例上升，提高学生的英语听力水平势在必行。

该班进校一月后的第一次月考英语成绩在全年级排名第十，听力部分成绩排名第十五，在整个年级中居于中等水平。B老师在对试卷进行了详细的分析后，发现词汇量较少、语音把握不准、文化背景知识欠缺是影响学生听力理解成绩的主要原因。为了帮助学生提高英语听力成绩，B老师采用自己的教学方法，带领该班的同学一步一步攻克了英语听力理解这一大难关。

## 案例正文

### 一、学生词汇量不足，难以结合语境，听力训练受挫

英语听力训练是为了培养和提高学生以英语语言为媒介进行口语交际的能力。然而在听力教学中，教师往往更多地关注学生对听力材料内容的理解，而忽视了听力内容中涉及的词汇问题，因此，词汇成了学生在进行英语听力训练时所面临的一大困难。对于高中生来说，词汇量是学好英语的关键，学生只有积累了一定的词汇量才能使英语听力得以顺利进行。如果学生的词汇量不够，词汇障碍得不到克服，就会导致学生无法理解文本材料或对文本材料产生误解。月考过后，B老师发现班上大多数学生的词汇量并没有想象的那么乐观，他们对于词汇的掌握程度较低，尤其是当同一词语在不同的语境中出现时，学生往往只知道该词最基本的含义，这导致了在实际训练中听力水平难以得到有效提高。

因此，促进听力水平提高的有效方式是通过情境对话学习词汇。在对话中，有些词对听力理解起着十分关键的作用，因此准确理解词语在不同语境中的意义对学生来说是十分重要的。英语中有许多一词多义的词语，如果只知其常用词义，而不知其在某一语境中的具体含义，就会对句子的理解产生偏差。在听力训练中，B老师发现，当单词存在一词多义、一词多性的情况时，很多学生通常只能掌握最为浅显的词义和词性，而不会根据语境来判断其含义。例如“Have you ever booked our hotel, sir?”中book一词，所有学生都知道book有“书”之意，但少部分学生却不知其可作动词“预订”之意，导致判断错误。

第一次月考中，听力理解的第一部分第 2 题有这样一段对话：

W：Fasten your seat belt please，sir.

M：Of course，I didn't realize that we were going to land so soon.

Question：Where does the conversation probably take place?

A. On a plane.　　B. On a bus.　　C. In a taxi.

学生在选择答案时，一部分学生选择了 B，另一部分学生选择了 C，只有少部分学生选择了正确答案 A。很多学生反映，在听音频时由于高度紧张，只想到 land 一词可作“陆地”之意，而没有根据语境来判断该词在句中应作动词，意为“着陆”，导致选择了错误的答案。

同样在第一次月考中，听力理解的第一部分第 5 题有这样一段对话：

David：Jason，look，Monica is really pretty. I wish that we could be together.

Jason：Are you kidding? She's just a hellcat. Appearance doesn't mean everything.

Question：What do you know from this conversation?

A. Monica is not nice-looking.

B. Jason hates Monica because she is ill-tempered.

C. Monica is a cat.

相当一部分学生在听完这个对话后选择了答案 C，只有少部分同学选择了正确答案 B。理解此对话的关键在于 hellcat 一词。很多学生不理解其含义，加之没有考虑到这个对话的语境，最终导致选择错误。

再比如，人教版《英语（必修 1）》的第 4 单元“Earthquakes”一课中有这样一句话：“Farmers noticed that the well walls had deep cracks in them.”。这句话中的 well 一词通常具有四种词性，分别是作副词表达“很好地；充分地；满意地；适当地”，作形容词表达“良好的；健康的；适宜的”，作名词表达“井；源泉”，作动词表达“涌出”的意思。在听力训练中，如果学生不能很好地根据语境掌握句意以及 well 的词性和词义，就不能正确理解这句话的含义。

针对学生出现的问题，B 老师认为要想帮助学生更好地理解听力材料，就必须帮助学生理解单词在语境中的意思。为此，B 老师在听力教学中，采用了间接式词汇教学。在听前教学中，对于影响听力理解的词组，B老师采用了中文解释、英英释义和图片等多种方法来帮助学生扫清词汇障碍。对于与听力主题相关的词语，B老师则通过听前背景导入、话题讨论等方法来帮助学生进一步加深理解。例如，在人教版《英语（必修2）》第2单元“The Olympic Games”一课中，B老师在听前活动中，通过图片引出奥运会这一主题，然后通过听前阶段的“头脑风暴”活动引出听力材料的目标词汇（athlete、coach、ancient、modern Olympic Games），然后通过回答问题等方式检验学生对目标词汇的理解情况，为下一步的精听扫除词汇障碍。当然，听力活动中的词汇学习并不只局限在听前活动中。在听中阶段，B老师要求学生能够在语篇语境中学习词汇，通过上下文猜测词义。比如在“The house was surprisingly sound, though it was more than two hundred years old.”这句话中，sound是一个形容词，教师可以让学生从后半句推测它在本句中的含义，即解释为“坚固的”。在听后阶段，B老师针对核心词汇让学生通过组词造句，进一步巩固词汇。

通过一段时间的学习，B老师发现，学生们不再抱怨，更不再“谈词色变”。在之后多次听力词汇测试中，大部分学生都取得了较好的成绩。

词汇积累非一日之功，需要学生日复一日、持之以恒地记忆方可积累一定的词汇量。词汇积累的方式多种多样，仅仅靠课堂学习是远远不够的。为此，B老师在课后花了大量的时间找来许多涉及日常生活、历史地理、社交生活、风土人情、文化教育、历史人物等各领域的学习材料，帮助学生不断积累与主题相关的词汇，不断创设语境，让学生在相应的语境中掌握词汇的语用功能。这对听力理解有很大帮助。

## 二、语音辨别困难，理解出现偏差

语音是语言学习的基础。学生英语语音能力在很大程度上会影响他们的听力，语音学习对于英语学习的重要性毋庸置疑。因此，寻求有效的方法帮助学生提高语音辨别能力成了B老师十分关注的问题。在教学过程中，B老师发现，大多数学生都能轻松地应对语速较慢的听力材料或课文的录音，但对于接近真实交际语速的录音就感到无所适从。经过分析，B老师认为存在如下三点原因：（1）部分学生对英语学习的态度不够端正，对语音知识的学习不重视，导致发音不准、轻重音混淆等。（2）部分学生在听力训练过程中注意力不集中，听力成绩必然会受到影响。听力理解是一个包括声音的刺激、信息的输入、信息的处理和信息的输出的活动过程，听者必须全神贯注，在极短的时间内去揣摩单词和句子。在这个过程中，如果听者受外界的干扰，听力理解就会出现偏差。(3) 学生未能掌握日常交际中的语音规则和发音变化。人们在日常交际中更多是以一种连续的语流进行交谈。在语流中，相邻的音必然会相互影响，从而产生如同化和连读、重读和弱读、语音语调等语音现象，这些都会给学生输入语音信息造成困难。找到原因后，B老师兴奋不已，决定通过课堂实验进行验证。

首先，B老师找来一些发音相同或相近的词让学生听，在听音过程中，让学生去辨别如 here 与 hair、sheep 与 ship、fear 与 fair、bad 与 bed 等词，然后再把它们放在句子中反复听、反复练，以提高学生的语音辨别能力。如：

I pay them by the hour.

The success turns on our effort.

He spoke at the UN for an hour.

They fear that fair value would lead to more frequent dips in banks' capital levels.

The oil company will ship out the heavy equipment.

I saw a flock of sheep when the car passed through a village.

其次，B老师围绕听力材料的主题设计一些活动来帮助学生提高听力技能。如B老师设计了一个听英文歌曲填歌词的活动——把英文歌播放两遍，让学生填歌词。考虑到班上一部分学生听力基础较为薄弱，B老师为了激发学生学习英语的兴趣，特意选取了一些难度较低的单词让学生填写。但是情况并不乐观，相当一部分学生在这一活动中没能取得好的成绩，这让B老师大失所望。

反思自己的教学方法，B老师认为并没有什么问题，那问题究竟出在哪里呢？通过和学生的沟通与交流，B老师意识到，自己在教学中过多地强调了反复练习的重要性，只知道"满堂灌"，没有及时给予学生更多的关心与鼓励，也没有很好地帮助学生学习语音知识、掌握语音规则，一味追求提高学生听力成绩，无形之中给学生施加了巨大的压力。学生在高压之下，情绪变得焦虑不安，反应也变得迟缓。在找到真正的原因之后，B老师决心帮助学生端正学习态度，全面掌握语音知识，不断强化听力训练。只要三管齐下，相信学生一定不会再受到辨音困难、理解偏差的困扰了。对此，B老师充满了信心。

B老师本以为，在她的"三管齐下"措施下，学生的听力一定会有较大的改善，但是月考结果表明，学生的听力成绩并没有明显提升。B老师在经历了挫败之后冷静下来，认真查阅学生的试卷，希望通过试卷得到一些启发，同时与学生逐一交谈，了解每一个学生出现问题的真正原因。通过试卷分析和与学生的交谈，B老师认为，语音知识的学习仍然是学生的一大障碍。B老师决定利用课余时间帮助学生系统学习语音知识。

音标是学好英语的前提，听力技能的提高必须建立在单词正确发音的基础上。音标基础的好坏决定了语音、语调正确与否，语音基础对提高学生的英语听力理解能力具有关键的作用。受应试教育的影响，长期以来，我国英语教学一直是“重读写，轻听说”。很多学生在接受英语教育之初就没有打好语音基础。近年来，随着听力测试的占分比重增加，学校、教师和学生都逐渐开始关注与听力相关的语音知识，但由于学生已经形成了一些错误的发音习惯，这无疑给B老师的听力教学设置了许多的障碍。

针对学生出现的问题，B老师认为，学生发音不准影响学生听力，其根本原因是受母语负迁移影响。虽然英语和汉语分属不同的两个语系，发音方法存在较大的差异，但英语和汉语中仍然有一些发音相似的音素，学生在学习中难免习惯用母语中近似的音去代替英语中的音，从而造成了母语对学生的英语语音习得产生负迁移作用。为了消除母语对学生学习外语的干扰，B老师把每个音素的发音器官图贴在教室里，让学生时时了解每个音素的发音位置、发音方法、发音特点，系统帮助他们学习英语语音的基础知识和基本理论，让他们在课后不断模仿和操练，同时开展如语音竞赛、配音比赛、朗读比赛等丰富多彩的课余教学活动。通过这些活动，让学生获得更多学习和实践的机会，从而增强他们对语音的学习兴趣。

在学习语音的过程中，适时地进行心理疏导也是十分重要的。由于受母语的干扰，很多学生在用英语表达时会有心理压力，从而产生情感障碍。很多学生表示，不愿张口、不敢张口，害怕说错、读错被别人嘲笑，因此，对语音学习并没有表现出极大的兴趣，部分学生甚至对此有抵触情绪。B老师在了解到这些情况后，及时给予心理疏导，让学生首先认识到语音学习以及听力学习的重要性，同时在学习上关心他们，鼓励他们，让他们彻底消除心理负担，专注学习，不断地提升自己的语音辨别能力，为听力学习打下坚实的基础。

### 三、文化背景缺失，影响听力理解

语言是文化的一种表现形式，英语文化知识是学生感知英语的基础。学生除了必须具备一定的英美语言文学知识外，还需要了解一些英美国家人民的生活习惯、文化背景、风土人情及生活方式等。学生缺乏对英语文化背景知识的了解，这直接影响他们对听力材料的理解。相当一部分学生在进行英语听力练习时，常会按照母语的思维习惯去理解听力材料的内容，从而造成理解和判断错误。以下面对话为例：

David：Jason，look，Monica is really pretty. I wish that we could be together.

Jason：Are you kidding? She's just a hellcat. Appearance doesn't mean everything.

Question：What do you know from this conversation?

A. Monica is not nice-looking.

B. Jason hates Monica because she is ill-tempered.

C. Monica is a cat.

在这个对话的理解中，学生选择错误的原因除了词汇量缺乏、未考虑语境等问题外，还有一个重要原因是对中西方文化差异了解不够。相同的动物在不同的语言中可能会有完全不同的文化含义。例如，在西方文化中，猫通常是与邪恶联系在一起的。“狗”在汉语中通常含有贬义，比如“狗腿子”“走狗”等。但在英语中，与之相关的说法往往带有褒义，比如 a lucky dog。如果学生不了解听力材料中的文化背景，就很难避免出现理解错误。B 老师课后询问了部分同学，发现同学们对西方文化背景以及中西方文化差异了解甚少，这才意识到应针对听力材料的文化背景介绍相关知识。

在高中英语教材中，通常会涉及英美国家的许多文化背景知识，例如政治、经济、文化、历史、地理、教育、体育、科技以及风土人情等多方面的知识。学生在进行听力学习时，对听力内容所涉及的文化背景有所了解，对理解听力材料有很大的帮助。但是如果没有把一些相关的背景知识介绍给学生，学生是很难掌握听力材料的内容的，更无法准确把握其思想内涵。因此，学习文化背景知识有助于学生建立与听力材料内容有关的图式，从而使学生可以就听力材料进行思考、预测、推断，最终达到理解其中说话人的意图。教师在听力课上适时地对学生进行文化引导，可增强学生对文化差异的敏感性，培养学生跨文化交际的意识。只有当学生对听力材料的背景文化有了一定的了解，才能减少因中西方文化差异相关知识的欠缺而导致的听力障碍，也才能更快更准确地理解听的内容。

例如人教版《英语（必修 1）》第 2 单元“English Around the World”一课中主要谈论英式英语与美式英语的异同。由于学生对于英美文化背景不了解，对于英语语言的起源及发展变化知之甚少，加之习惯于用母语思维，这些都导致了学生理解上的偏差。因此，在听前活动中 B 老师首先向学生提出了两个问题并且给出五分钟的时间让学生进行小组讨论。问题一：“How many languages do you speak? Which is your native language?”；问题二：“How much do you know about the English language?”。

其次，B老师在电脑屏幕上展示出六幅国旗的图片，让学生回答说英语的国家有哪些？屏幕上显示出来的国旗分别有英国、美国、加拿大、澳大利亚、新西兰及爱尔兰。然后，B老师向学生展示出了一幅世界地图并且指出哪些是说英语的国家。通过听前的三个教学活动，B老师简要介绍了英语语言的起源、形成原因和发展变化，从心理上唤起了学生对听力材料中所述主题的图式知识，从而激活一系列低层次的图式，为学生接下来的听力学习奠定了良好的基础。

为了加强学生对文化背景知识的学习，在学习每个单元之前，B老师都会让学生以小组的形式在网上查找与本单元相关的文化背景知识，然后在课堂上由小组代表向全班做汇报，并对讲得好的小组给予加分奖励。每月进行一次小组评价，前三名的小组都会得到相应的奖励。另外，B老师每天都会分享一句英文的经典语录，帮助学生扩大知识面和积累经典语句。

文化背景知识的导入对听力教学至关重要，通过文化导入可以让学生全方位地了解不同国家的文化，从而开拓学生的眼界，增长学生的见识，扩大学生的知识面。

## 四、学生有心理障碍，导致信息遗漏

在（25）班的第二次月考（听力测试30分，18分为及格）中，全班50人：满分0人；27分以上2人，占4%；18～24分段38人，占76%；不及格10人，占20%。从分数来看，优良率较低，绝大部分学生的分数集中在18～24分数段。B老师认为这一成绩并不理想，于是课后和每个同学进行了交流。大多数同学反映第一部分短对话做得最差，原因是学生自己没有做好充分的准备，未能进入最佳应试状态。听力测试的第二部分是长对话，其中内容涉及数字，例如："How much is a pound of the oranges?"，答案选项是：A. 6 cents　B. 16 cents　C. 60 cents。B老师认为学生一定选择出这个题的正确答案，因为学生曾做过大量针对语音的练习，并且效果很不错。然而，出乎意料的是，近一半学生做了错误的选择。B老师与学生交流后才得知，学生的思想压力和心理负担太大，导致在对付平时练得最多、把握大的题型时也出现了失误。第三部分是一个小短文，内容如下：

With no rains for over a year, the city is suffering from unusually hot weather. Some light showers have been forecast since last month, but all of them have been effective in surrounding areas. Summer has not even started yet, but temperatures have reached 40 degrees centigrade in the past three days. And people have been warned not to go out of their homes—not if you walk on foot, at least between 11 in the morning and 7 in the evening. Little kids and the elderly are the ones who have suffered the most from this extreme heat wave. They must drink water all the time.

短文在播放两遍后，要求学生回答两个问题。

Q1：What season is it in Juarez?

A. Spring.

B. Summer.

C. Autumn.

Q2：What are the elderly advised to do?

A. Take a walk in the afternoon.

B. Keep their homes cool.

C. Drink plenty of water.

听这段短文时，很多学生感到长难句较多，由于紧张而疏漏部分重要信息，以至选择了错误的回答。

通过这次听力考试以及和学生的沟通与交流，B 老师发现班上 70%的学生在听力测试中都有不同程度的心理紧张和焦虑感。究其原因，心理压力大是关键。在学习过程中，导致学生紧张、焦虑的原因有以下几点：（1）过重的学习负担，过大的学习压力；（2）不恰当的学习评价方式；（3）来自家庭和社会的压力。当学生把这种焦虑带到了听力学习中，学生的听力成绩自然会受到影响。调查中 B 老师还发现，在（25）班，有学习焦虑心理的大部分是学习成绩处于中等或中等以下水平的学生，他们一方面有提高学习成绩的强烈渴望，另一方面又有担心学习成绩后退而被人瞧不起的心理负担，久而久之就会产生急躁情绪，从而致使成绩难以提升。

心理学家认为，听力过程是一个比较复杂的心理活动过程。学生在听力过程中，如遇到太多生词，或在较短时间内无法迅速理解听力内容，极易产生紧张情绪。当人的情绪处于紧张状态时就容易产生焦虑、恐惧心理，从而阻碍了原有听力和理解水平的正常发挥。很多学生谈到听力学习时都表示对自己的英语听力不自信，听的时候精神高度集中，一旦出现个别单词听不懂就开始紧张，随即错失接下来的信息。

针对学生在听力学习中出现的问题，B 老师感到责任重大，帮助学生克服紧张焦虑的情绪、摆脱各种学习压力、实现快乐学习这一工作势在必行。B 老师认为，这需要和班主任、家长以及社会共同携手、密切配合，才能真正化解学生的焦虑，让学生充分体会学习的快乐。

要想让学生从根本上消除紧张情绪，缓解压力，做到轻松学习、快乐学习，首先要培养学生听的兴趣。兴趣是最好的老师，兴趣是推动学生积极学习的巨大动力。有了学习的兴趣，学生才能有强烈的学习欲，从而体会到学习的乐趣。营造轻松的课堂气氛是克服学生心理障碍、减少焦虑的主要途径。为此，B老师首先创造轻松、愉悦的学习氛围，让学生有良好的心理状态，帮助学生放下包袱，摆脱自卑心理，消除因紧张、害怕、担忧而产生的抵触情绪。其次，B老师坚持用英语教学，不断用英语刺激学生的大脑。在教学中，B老师遵守“由易到难”的原则，先采用简单的材料，循序渐进，让有听力困难的学生树立起自信心，同时尽可能多地运用现代化教学设备，如录音、视频、投影等帮助学生多听、多练，感受真实的场景。此外，B老师还将学生分为若干小组，让他们积极参与听前、听中和听后的各个环节的活动。例如在听前活动中，B老师运用图片、录音、视频、讨论、猜谜语、听英文歌等各种导入方式，让学生在小组活动中预测主题，寻出目标词汇。诸如此类的听前活动激活了学生的主体意识，激发了学生的求知欲，进而培养了学生听的兴趣。

在找到学生进行英语听力学习时面临的各种困扰后，B老师用了两周的时间和学生、班主任以及部分家长进行了沟通、交流，充分了解了学生在学校、家庭的学习及生活情况，做到了然于胸。为此，B老师对下一步帮助学生克服听力上的各种困难充满了信心。

## 五、克服各种障碍，听力终见成效

在经过几次月考后，B老师针对学生出现的问题，加强了对学生学习中薄弱环节的指导。在接下来的月考中，B老师发现，学生的听力成绩虽有了一定的提高，但上升空间仍然不够。为此，B老师把学生前几次的月考成绩调出来逐一进行对照分析，然后找到排名后10位的同学，与他们沟通、交流，了解他们学习上的困难，并帮助他们有针对性地制定学习计划。课余时间，B老师经常深入班级，关心学生，鼓励学生，随时了解学生的学习情况，并给予他们学习上的帮助与指导。在B老师的带动下，(25)班学生的学习积极性空前高涨，学生们刻苦学习，比学赶超，以最好的状态迎接期末考试。看到学生学习的热情和积极性，B老师对即将到来的期末考试也充满了信心。

世上无难事，只要肯攀登。只要坚持训练，就会有所收获。在期末考试中学生取得了较好的成绩，尤其是英语听力成绩，平均分达到了26分，听力成绩从全年级排名第十五一下上升到第五。

回顾一学期的英语学习，B老师感慨万千。部分学生从开学之初对英语听力的排斥和抵触，到期末考试中取得好成绩，听力成绩提高之路上充满了艰辛，但一路走来，B老师始终坚信，付出就一定会有回报，同学们在一次次考试的洗礼中完成了量的积累，终于达到了质的飞跃。

## 结语

B老师在高一（25）班进行了为时一学期的英语听力教学尝试，在日常教学中，从多方面帮助学生提高英语听力方面的理解能力，例如如何在听力学习中积累词汇、如何根据语境来判断词汇的含义。同时B老师通过英英释义、中文解释和图解演示等方法帮助学生扫清词汇障碍，克服了因词汇导致的听力障碍。此外，还给学生纠正语音语调、加强语法学习、丰富文化背景知识及帮助学生克服心理障碍。最终，通过一学期的努力，学生在英语听力学习上树立起自信心，在期末考试中取得了不错的成绩。

英语听力是一项综合技能，提高成绩是一个循序渐进的过程，无论是教师还是学生都不能急于求成。在教学中，教师应多创造机会让学生用英语进行交流，设计合理的教学步骤以及有效的教学活动，引导学生使用恰当的听力学习方法和学习策略，培养学生熟练运用听力技巧，养成良好的听力习惯。

## 案例思考题

1. 如果你是B老师，你会采取什么样的方法来开展英语听力教学？

2. 结合自己的工作经历与实际情况，谈谈中学生心理因素对学习成绩会带来哪些方面的影响？

3. 谈谈在中学阶段，影响学生听力学习的障碍是什么？

## 案例使用说明

**1. 适用范围**

适用对象：教师教育工作者、中小学英语教师、英语专业本科生、英语学科硕士研究生。

适合课程：英语教学案例分析。

**2. 教学目的**

（1）了解高中学生的英语听力情况；

（2）了解高中学生在英语听力理解能力方面所存在的障碍与问题；

（3）了解当前高中生对英语听力教学的看法；

（4）教师如何改进英语听力教学模式来提高学生的英语听力水平；

（5）教师如何在英语教学课堂中发挥主导作用

**3. 要点提示**

（1）相关理论

图式理论、语言迁移

（2）关键知识点

图式理论、语言迁移、激励理论

（3）关键能力点

利用组织行为理论建立有效学习组织，帮助学生缓解学习心理压力，提升学生自我思考与解决问题的能力；

利用语言图式、语言迁移帮助学生加强语音、词汇、语法、语义以及语篇的学习；

中学教师应引导学生发现自身存在的各种学习障碍，并通过有效教学，帮助学生克服听力学习障碍。

（4）案例分析思路

了解目前高中英语听力教学现状，发现高中英语听力教学中存在的困难与障碍；针对学生在英语听力学习中的问题提出解决的方法与措施。

**4. 教学建议**

时间安排：4 个课时，共 180 分钟。

环节安排：第 1 课时主要介绍《普通高中英语课程标准（2017 年版）》中的英语听力所占比例、考查的方式以及目前高中英语教学现状。第 2 课时主要介绍图式理论和激励理论。第 3 课时案例讨论分析、探讨如何找到有效的方法帮助学生克服听力困难。第 4 课时总结英语听力学习中的技巧与策略，帮助学生提高英语听力成绩。

人数要求：40 人以下教学班。

教学方法：讲授法、练习法、课堂讨论法。

工具选择：多媒体教学课件、投影仪、黑板、教案讲义。

组织引导：普及文化背景知识—讲解关键词与短语—泛听—精听—总结。

活动设计建议：

课前计划 4 节课，要求学员完成案例阅读，搜集与知识点和能力点相关的资料，体会案例设计者如何将相关知识点和能力点运用到教学上。

课中组织学员分成 6 个小组并进行讨论学习，每个组的组员进行自己的案例分享，要求每个小组提交一份讨论记录表，其中包括每个组员的发言记录和综合观点，要求每个组员都积极参与讨论并总结观点。通过讨论学习，理解掌握知识点和新颖的解题技巧后，教师应该及时给予评价和纠正。

课后教师及时总结案例教学的得失并做好记录，分析案例过程中遇到的困难以及不足之处，以便为以后的教学工作提出有效的建议。

**5. 推荐阅读**

[1] 郭颖，汤森，杨东.（2009）. 基于图式理论的英语听力教学研究. 哈尔滨：东北林业大学出版社.

[2] 任庆梅.（2011）. 英语听力教学. 北京：外语教学与研究出版社.

[3] 中华人民共和国教育部.（2018）. 普通高中英语课程标准（2017 年版）. 北京：人民教育出版社.

[4] Odlin，T.（1989）. *Language Transfer：Cross-Linguistic Influence in Language Learning*. Cambridge：Commonwealth Press Union.

## 案例 3

# 高中英语教学方法与策略初探

◎ 唐跃农　冉丽娟

## 引 言

与初中阶段相比，高中阶段的英语阅读存在生词较多、句式复杂、涉及知识范围广泛等特点，因此克服阅读障碍一直是高中英语教学中较为棘手的难题。为解决这一难题，R 老师尝试用图式理论指导阅读教学，帮助学生突破阅读障碍。在教学过程中，R 老师以人教版《英语（必修 4）》第 2 单元为例，将该理论知识应用于教学实践中，激活学生大脑中的知识，有效帮助学生突破了阅读障碍，使学生在阅读中做到事半功倍。

## 背景信息

阅读是学生在英语学习中应该掌握的核心技能，阅读的意义不言而喻。英语阅读不仅能帮助学生增加词汇量，巩固所学语法知识，了解国外的先进技术、风土人情和文化生活等，还能帮助学生提升语言交际技能，培养自主学习和合作学习能力，激发跨文化交际意识和学习潜能。此外，阅读在考试中呈现占比增大的趋势，这无疑使阅读的地位更加突出。为了应对这一变化，越来越多教师对阅读教学开始了新的尝试。在英语学习过程中，学生由于受传统教学方法以及语言环境的影响，往往在阅读理解上花费了大量时间和精力，但阅读能力及成绩仍未见提高。究其原因，主要是学生在阅读过程中没有把已经学习的知识有效地运用到英语文本的理解中，换句话说，存在于学生头脑里的各种与阅读文本相关的背景知识和经验以及语言知识没有被激活起来，于是产生不能理解所读文本的困难，也就对英语阅读失去兴趣。因此，许多英语教师积极探索在教学中如何有效提高学生的阅读兴趣和阅读技能，以便学生能理解文章。

只有解决了这一问题，学生的英语成绩才能得到提高，才能使他们在考试中不再受挫，对英语阅读产生兴趣。因此，本案例中的 R 老师将尝试新的阅读教学方法：运用图式理论指导阅读教学，在教学中通过不断地激活学生的语言图式、内容图式、形式图式来解决高中生所面临的英语阅读难题。

## 案例正文

R 老师所在学校是 Q 县的一所全日制公立高中。该校由之前的初级师范学校转变而来，是一所各方面都有待完善的学校：学校的师资力量相对薄弱，大部分学生进校时的英语成绩低于县中考平均分，学生的英语水平整体较低。考虑到上述原因，学校将文理分班之重组的一个新班级，即高二（17）班安排给了 R 老师，希望她能带领该班同学提升英语学习能力，争取在高考中取得好成绩。在新学期到来之际，R 老师鼓足了干劲，一心要让（17）班的英语成绩提高。由于离高考越来越近，在新学期的第一节英语课上，R 老师想激励一下学生，布置了一个以“my dream university”为主题的课堂口语任务，让同学们用英语谈谈自己的理想大学。同学们的回应比较积极，Q 同学自信地描绘：I want to go to Fudan University，of course I will spare no effort to study and realize my dream，而 W 同学说：I want to improve my English scores and go to Chongqing University。很多同学不仅能主动站起来表达，还能用一些复杂的英语句式描述自己的目标大学。看到这样的场景，R 老师很满意，对接下来学生的英语学习充满了期待。

### 一、初到山前，面露微笑

（17）班是 R 老师新接的班级，R 老师对班里学生的学习状况还有待了解。在上新课前，R 老师做足了准备工作，用心地设计课堂学案，主要涉及的题型为文章主旨概括、段落大意归纳、语篇细节知识点理解以及单项选择题，学案上的问题体现问题设计的层层深入、环环相扣，其目的是考查学生的学习能力和理解能力。学生已在上学期完成了教材第 1 单元的学习，本学期的第一堂课为第 2 单元，主题是关于农业生产。鉴于学生已不太熟悉传统的农业生产工具，R 老师给学生准备了单词头脑风暴活动。R 老师首先在 PPT 上展示了与本单元相关的农业生产图片，例如 plough the soil（耕地）、insert the seeds（播种）、harvest（收获）等等，让学生把单词与对应图片逐一配对。设计头脑风暴活动激发了学生继续学习文章的热情。接下来 R 老师向学生展示了古诗

《悯农》，让他们根据给出的提示把诗歌翻译成英文。

**悯农**

李绅

锄禾日当午，汗滴禾下土。

谁知盘中餐，粒粒皆辛苦。

R老师给出的提示词包括work、field、sweat、tray等。L同学首先举手翻译第一句——“Farmers are work in the field at noon”，虽然本句存在语法错误，但主要意思还是表达清楚了。接下来，R老师请其他同学来改正这句翻译，Z同学指出了L同学的错误，说出自己的答案：“Farmers are working in the field at noon”。L同学开了个好头，其他同学纷纷举手作答。虽然同学们的翻译还存在着瑕疵，但他们的踊跃发言让R老师无比欣慰。讨论过程中，T同学有感而发：“从今天的午餐开始同学们不要浪费粮食，能吃多少饭就打多少，因为我们浪费的每一粒粮食都是农民用辛勤的汗水换来的。”T同学的提议得到了全班同学的积极响应。最后，老师给同学们展示了这首诗的参考译文，让全班同学一起朗读了这首英文版的古诗。

**Sympathy for Farmers**

Li Shen

Farmers are weeding at noon,
Sweat down the field soon.
Who knows food on a tray,
Thanks to their toiling day.

在欣赏了这首小诗后，R老师给同学们播放了一段视频，视频报道了全世界的饥荒情况——学生的生活普遍衣食无忧，不知道原来在很多偏远地区还有人吃不饱饭，更别提能坐在敞亮的教室里学习。有些同学看着视频不禁泪湿了眼眶，大家再次意识到粮食的重要性。视频播放完毕后，R老师通过提问导入今天的新课内容：“As described in the video, what do you think will happen if tomorrow there is suddenly no food to eat?”。老师的话音刚落，整个教室就沸腾了，大家纷纷建言献策：“假如真的没有吃的，我们就搬到其他星球上去，现在科学家不正在寻找适合人类生存的星球吗？”“我们可以去其他国家生活，但是现在得把英语学好，要不出了国也无法和别人交流，还会挨饿”“我们可以发明一种永远都吃不完的食物，这样就不担心没有食物吃了。”R老师对同学们的奇思妙想表示肯定，但也提出这些都不是最有效的解决办法，应该寻找一个比较现实的方法，而同学们会在即将学习的新单元中找到答案。随后R老师要求大家根据课文标题以及刚才所讨论的话题预测文章主题。同学们积极地做出各自的预测："从这个单元的标题还有插图来看，我认为这篇文章是关于农业方面的"；"插图是科学家袁隆平，也许文章是讲他如何解决了我们吃饭难问题的故事吧。"R老师对学生的回答给予了肯定，并告诉大家通过文章的有关信息预判文章内容，这是做阅读理解时一个常用的好方法。

通过课前阶段的预热活动，R老师有效地激发了学生对教材文本的阅读兴趣，激活了学生的背景知识和相关知识，成功地引入课程主题。从课前的热身和导入来看，同学们参与课堂活动的积极性比较高，这让R老师更加坚信一定能很好地完成这节课的教学任务。

## 二、开始爬山，初见困难

通过对课文的热身和导入，学生对于文章的主题有了进一步的了解。老人、稻穗的图片，以及文章标题等已知要素激活了学生大脑里的图式，因此他们对这篇文章涉及的主要人物能做出正确的判断，但大部分学生只知图中老人是伟大的科学家袁隆平，对其他相关信息的了解则微乎其微。R老师意识到同学们对文章背景知识了解得较少，这会对理解课文产生一定的影响，于是R老师通过提前准备好的PPT简要地介绍袁隆平的主要工作和成就，为下一步的阅读教学做好铺垫。接着，R老师要求学生用5分钟的时间，以略读的方式快速浏览全文后给出文章大意。

Z同学的概述是

Although he is one of China's most famous scientists, Yuan Longping considers himself a farmer, for he works the land to do his research. Indeed, his sunburnt face and arms and his slim, strong body are just like those of millions of Chinese farmers, for whom he has struggled for the past five decades. Yuan Longping grows what is called super hybrid rice. In 1973, he became the first agricultural pioneer in the world to grow rice that has a high output. This special strain of rice makes it possible to produce 20% more of the crop in the same fields. Now more than 60% of the rice produced in China each year is from this hybrid strain.

事实上，Z 同学直接把课文第一段完整地读了出来。

M 同学的答案是

Just dreaming for things, however, costs nothing. Long ago Yuan Longping had a dream about rice plants as tall as sorghum. Each ear of rice was as big as an ear of corn and each grain of rice was as huge as a peanut. Yuan Longping awoke from his dream with the hope of producing a kind of rice that could feed more people. Now, many years later, Yuan Longping has another dream: to export his rice so that it can be grown around the globe. One dream is not always enough, especially for a person who loves and cares for his people.

M 同学的回答和 Z 同学的恰好相反，M 同学认为最后一整段才概括了整篇文章的大意。

W 同学的答案是

The article showed us Yuan Longping's dream and dedication. He invented super hybrid rice and solved the big problem of eating in China and many parts of the world.

R 老师点评了三位同学的概述，告诉学生：（1）在阅读时应关注全文结构和要点，尤其是文章第一段、最后一段，以及之间每段话的首句；（2）虽然从文章首末两段话中可以了解到许多关键信息，但概括文章主旨时还应兼顾全文，整合各点信息，要做到简洁、准确、全面。

接下来，R 老师要求学生通过以下练习分点概括文章每段话的大意。为了降低学习难度，增强学生学习的信心，R 老师把概括段落的任务设计为匹配练习：

| | |
|---|---|
| Para. 1 | A. Yuan's dreams |
| Para. 2 | B. Yuan's personality |
| Para. 3 | C. Yuan's birth, education and research |
| Para. 4 | D. Yuan's appearance and his achievement |

虽然学生很快就做出正确的选择，但因匹配练习的难度较低，学生的阅读概括能力并没有得到很好的锻炼，最终的教学效果与 R 老师的期待相差甚远，但 R 老师考虑到这是学期第一次课，而阅读能力的提高还需循序渐进，切忌操之过急。

## 三、行至半山，困难重重

通过新学期的第一堂英语课，R老师了解到学生在概括文章大意上还面临较大的困难，而在英语阅读理解中这个问题不容小觑。为了培养学生的文章概括能力，R老师布置了一些短小段落，让学生阅读并概括大意，并提醒他们注意段落首尾句，因为主旨句通常会出现在这些地方。下例为2010年辽宁卷的C篇阅读理解的第一段。

Example 1：Too much TV-watching can harm children's ability to learn and even reduce their chances of getting a college degree，new studies suggest in the latest effort to examine the effects of television on children.（2010年辽宁卷）

R老师要求学生为这段话拟一恰当的标题，以此考查学生对文章主旨的理解。W同学的答案是"Children Should not Watch too much TV"，Y同学认为应该概括为"Studies on TV and College Education"，P同学认为该段落的大意是"Effects of Television on Children"。R老师随后请其他同学来评价上述三位同学的概括。通过同学互评，R老师让学生意识到：该段落的前几句话是在描述现状，以引出后文，段落后几句才是关键——P同学的概括最合理。接着，R老师适当提高难度，布置了一个篇幅较长、内容更多的段落，要求学生读后选出段落的正确主旨。

Example 2：Every day we experience one of the wonders of the world around us without even realizing it. It is not the amazing complexity of television，nor the impressive technology of transport. The universal wonder we share and experience is our ability to make noises with our mouths，and so transmit ideas and thoughts to each other's mind. This ability comes so naturally that we tend to forget what a miracle it is.（2010年江西卷）

Question：This passage is mainly about（　　）.

A. the development of body language

B. the special role humans play in nature

C. the power to convey information to others

D. the difference between humans and animals in language use

全班超过三分之二的同学选出了正确答案C，R老师欣慰地发现了（17）班同学的主旨归纳能力较学期初已有一定进步。通过这系列练习，R 老师告诉学生：标题是文章或段落大意的精练表达，具有短小明了且涵盖性强的特点，做题时要把握好语篇的层次关系；同时在概括文章主旨时，要注意概括的范围，遵循适度原则，不能只抓细枝末节，以偏概全。例如，Example 2 中出现了 mouths 这一干扰词，导致有些同学选择了 A 项。R 老师提醒同学们做题时要反复斟酌，做到“瞻前顾后”才能得出正确答案。

经过几个小段落的练习，学生的语篇概括能力都有了明显进步。R 老师这才告知上述练习题均选自高考真题，这让同学们觉得自己战胜了高考题，顿时信心倍增。当然，要想切实提高学生的阅读概括能力，仅靠课堂上的有限训练是远远不够的，这仍需要教师持续引导和长期训练。

分析总结了文章主题后，R 老师让同学们再次精读文章并回答问题：“How does the writer introduce Yuan Longping to us in the passage?” R 老师觉得这个问题很简单，因为文章中已有很多描述袁隆平的句子。R 老师请同学回答，D 同学答道：“Yuan Longping is a farmer.”；W 同学认为：“Yuan Longping is a new farmer who knows much technology.”。实际上，老师的目的是让同学们知道在阅读理解中怎样对人物进行分析，但同学们回答得太笼统，没有在文章中找到具体的细节部分，R 老师认为这样回答不够准确。其实通过仔细阅读，学生可以了解到袁隆平的教育经历、个人爱好、成就以及梦想等信息。接着 R 老师让学生讨论下面几道题：

1. Why did Yuan Longping want to increase the rice output when he was young?
2. How did Yuan Longping help rid the world of hunger?
3. What does he think of money and fame?

R 老师期待同学们积极举手回答，但是同学们却给老师泼了一盆冷水，全班没有一个同学主动举手回答。这让 R 老师很不解——在课前热身和导入部分同学们都很积极，怎么一下子就沉默不语了。为了打破这个僵局，老师请科代表回答。科代表说：“我能理解老师提的问题，但不知道怎样对文章各部分的细节知识进行归纳总结。” R 老师注意到，如果老师提的问题在文章中能直接找到答案或者给出关键词提示，学生都能积极配合老师，但一旦问题需要从文章细节中归纳才能得出答案，学生们往往就会望而却步。随后 R 老师把答案呈现在 PPT 上：

1. He saw the great need for increasing the rice output and hunger was a serious problem in many parts of the countryside.

2. Thanks to his hybrid rice, the UN is trying to rid the world of hunger. Using his hybrid rice, farmers are producing harvest twice as large as before.

3. He cares little about money and fame, which gives him less time to do his research. He would not like to live a comfortable life.

R 老师让同学们带着答案再次阅读，可以看出答案涉及文章每一段的细节。但在英语阅读中，学生往往容易忽略细节，始终关注文章的大框架，这无疑会导致归纳的答案不完整。

课后 R 老师深刻反思，到底是自己的教学方法出现了问题还是学生的学习方法不对？为了找出问题的症结，放学后 R 老师找了班上几个同学了解情况。L 同学说："虽然在上课前我已经把本单元的单词记熟了，但仍不能理解文章的意思。" Z 同学认为："我在课后都会复习单词和语法，但是每次阅读考试的分数都不理想。" 同学们你一言我一语，纷纷表达了自己的看法。为了验证学生的说法，R 老师从桌上的课本中挑选了两个句子让他们翻译成中文：

1. Indeed, his sunburnt face and arms and his slim, strong body are just like those of millions of Chinese farmers, for whom he has struggled for the past five decades.

2. Each ear of rice was as big as an ear of corn and each grain of rice was as huge as a peanut.

从句子的中文表达可以得知他们在翻译过程中遇到困难。第一个句子较长，其中还有定语从句，由于同学们不清楚 whom 指代什么，翻译的句子不通顺。第二个句子中的 ear 虽然是已学过的词，但学生仍不确定它在本句中的含义。R 老师发现，在英语阅读中，同学们不能熟练地运用一些阅读技巧，例如不能根据上下文去推测、判断某些曾经学过的单词的语义，因此学生对于文章的理解总是零碎的，无法达到全面理解。R 老师意识到学生的阅读技巧和学习方法出现了问题。在了解了学生的各种阅读困难后，R 老师决定重新设计自己的教案。

## 四、到达山顶，心旷神怡

R 老师通过学生课上的表现以及课后与他们的交流，最终找到了妨碍学生阅读理解的问题所在。首先学生不能整体把握文章中的细节信息，其次学生无法正确理解文章中出现的长难句，最终导致对文章的理解出现偏差。R 老师准备通过解决这些问题来进一步提升学生的英语阅读能力。R 老师先要求学生在课堂上根据课文填写一张关于袁隆平的个人信息表，让他们通过查找关键知识点把空缺的信息填写完整。与之前让学生总结人物信息的任务相比，填写表格降低了学习难度。

Name：Yuan Longping　　　　Nationality：Chinese

Age：Born in 1930　　　　Occupation：Scientist

Education：________________

Dream：________________

Achievement：________________

Hobbies：________________

随后，R 老师请同学们展示自己填好的表格。结果显示，虽然学生在句子的表达上仍有欠缺，但大多数人能把关键信息补充完整。接着 R 老师用 PPT 把填写完整的表格呈现给大家。

Name：Yuan Longping　　　　Nationality：Chinese

Age：Born in 1930　　　　Occupation：Scientist

Education：Graduated from Southwest Agricultural College

Dream：A dream about rice planting as tall as sorghum

A dream about exporting his rice grown around the globe

Achievement：Invented the super hybrid rice，became the first agricultural pioneer in the world

Hobbies：Enjoy listening to violin music，playing mah-jong，swimming and reading

该课文是一篇记叙文，学生在阅读这类文章时应该了解有关人物的重要信息，理解作者的写作意图。R 老师给学生列出了关于人物信息的几个关键点，让同学们对文章进行简单的归纳总结。通过这个练习，一方面让学生更准确地把握课文内容，另一方面也可以培养学生的归纳和概括能力。另外该文的大量篇幅用于描述袁隆平的杂交水稻对中国乃至世界的影响和贡献，学生阅读理解起来较为困难，为此 R 老师要求同学们完成下面的表格。

| Yuan's contribution to China | Yuan's contribution to the world |
|---|---|
| 1. Yuan's rice makes it possible __________ __________ __________ in the same field. | 1. Yuan's high-yield hybrid rice __________ __________ __________ |
| 2. In recent harvest __________ __________ was produced. | 2. Thanks to his research, the UN has __________ __________ |

Conclusion:

Yuan Longping's hybrid rice solves the rice problem of China as well as that of the globe.

为了降低学生阅读理解的难度和正确引导学生，R老师在表格中提供了关键提示词，因此，学生能够在文章中对这些关键信息进行快速定位，而不会把注意力放在文章中一些不重要的句子上，这对学生的阅读起着重要的作用，这样的设计给学生留出了自主思考的空间，同时也能更好地理解文章的主旨大意。

在针对长难句的理解问题上，R老师煞费了一番苦心，最终决定通过改写长难句，再辅以多种形式的句型操练来帮助学生更好地理解文章。例如R老师让学生用自己的话来改写文章中的一些句子，由于学生在改写句子上存在较大的困难，R老师先以原文中的句子作为例句。

Although he is one of China's most famous scientists, Yuan Longping considers himself a farmer.

Yuan Longping thinks he is just a farmer, even though he is one of the greatest scientists in China.

R老师告诉同学们："在不改变句子原有含义的情况下，对于句子的改写可以尝试运用多种多样的词汇和句型，不要拘泥于一种形式。"R老师从课文中挑出了几个句子，让小组讨论如何模仿例句进行改写：

1. At that time, hunger was a disturbing problem in many parts of the countryside.

2. As a young man, he saw the great need for increasing the rice output.

3. Using his hybrid rice, farmers are producing harvest twice as large as before.

4. Just dreaming for things, however, cost nothing.

在经过讨论之后，同学们很快就给出了答案。R老师把前两个句子的改写呈现出来，其他句子则作为课后练习，此外还要求同学们尽可能以多种形式来改写这两个句子。

⇨ 1. During his early years, many parts of the countryside were troubled by hunger.

Many areas of the countryside had the difficulty of hunger during that time.

At that time , many parts of the countryside were beset by hunger.

⇨ 2. When he was young, he knew how important it was to produce bigger rice crops.

He knew it is crucial to have a bigger rice crops when he was young.

He attached great importance to increasing the rice output when he was young.

通过改写长难句，同学们进一步加深了对课文的理解，合作学习的意识也得到了培养。为了进一步检测学生对于文章知识的再现能力，R老师趁热打铁地给出了一个短文填空，让学生巩固所学的词汇及句型。

Yuan Longping is a great man, for he has________（奋斗）for human beings for a long time. His attention is ________（集中）finding ways to grow more green rice, which will not________（导致）illness. ________（use）his special rice, farmers can produce harvest twice as large________before without ________（使变大）the area of the fields. ________（多亏）his research, Chinese ________（使摆脱）themselves of________（饥饿）. ________（因此）, he is called "father of hybrid rice". In addition, he is________（satisfy）with his life. He________（宁愿）keep time for swimming and listening to music, which can________（增强）his strength.

要进行有效的阅读，首先就要扫除课文中影响学生阅读理解的语言障碍。根据所给提示进行填空可以帮助学生进一步巩固文章的重点词汇和句型，为以后对课文进行改写或缩写奠定良好的基础。

通过各种形式的练习后，R老师发现同学们已经掌握了这篇文章的知识点。学生在取得了良好的成绩后，学习兴趣和学习信心随之大增，在阅读文章时学生不再有"云深不知处"的感觉了。W 同学高兴地说："其实英语阅读也不是那么遥不可及嘛，掌握有效的阅读技巧加上多练习，相信我的英语成绩会提高的。" W 同学的话说出了大多数同学的心声，也让 R 老师对自己的教学充满了信心。

## 五、趁热打铁 效果突出

为了检测学生是否已经掌握了刚学到的阅读技巧和方法，R 老师挑选了《英语(必修 5)》第 1 单元的课文"Copernicus"，让学生练习。这是一篇关于哥白尼的科普性文章，文章的篇幅较长，生词较多，句型结构更复杂，而且这篇文章还涉及中西方的文化差异，在本单元中属于泛读课文。与刚学习的那篇文章相比较，这篇文章的难度更大。Krashen 的输入假说认为二语习得的产生是需要条件的，该条件就是学习者需要有高于自己现实水平的语言输入，在这个过程中教师应该把握好语言输入的难度。假设语言习得者的当前语言水平为 $i$，那么符合输入假说的最好水平应该是 $i+1$，也就是说习得者接收到的语言输入应该超过他现在所具有的水平，这样习得者就会知道需要再努力，才能达到语言学习的更高水平。R 老师认为学生平时多练习一些难度较大的阅读会更有利于提高他们的阅读能力。为此，R 老师让学生先浏览课文，然后回答下列问题：

1. What does this passage mainly talk about?
2. What characters do you think Copernicus has?

学生之前已做过多次类似的训练，因此很快就完成了这两道题，并给出了正确的答案。

1. It mainly talks about how Copernicus put forward the "heliocentric theory" with many difficulties.

2.

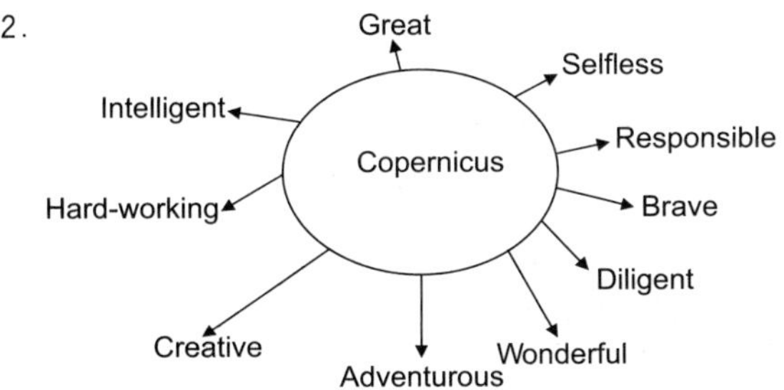

接着 R 老师让学生完成下列表格。

| Other scientists' theory | Copernicus' theory |
| --- | --- |
| The theory is that______is the center of the solar system. | The theory is that______is the center of the solar system. |

学生通过阅读文章后找出“日心说”和“地心说”的不同点，进而了解哥白尼怎样通过“日心说”来推翻“地心说”，解题的过程激发了学生发现事实真相的兴趣，这有利于培养学生的探究意识。接下来，R 老师要求学生在规定的时间内就课文进行详读，然后判断正误。

1. At Copernicus' time, Christian was in charge of many western countries. T/F
2. Copernicus noticed that observing from the earth some planets appeared in front of or behind the earth. T/F
3. His friends were not interested in his ideas. T/F
4. Copernicus did not show his new theory to his friends until he completed it. T/F

班上绝大部分同学都在规定的时间内做出了正确的判断。R 老师在布置这一练习时，给出了明确的时限，这一要求使得学生在限时的压力下，不得不通过有效的阅读技巧来快速捕捉信息，从而促使学生真正使用略读和寻读的策略完成阅读任务。最后 R 老师在 PPT 上呈现了 5 道选择题（《课堂新坐标 2016—2017》），要求学生通过阅读课文，选择最佳答案。

1. Copernicus felt confused and frightened, because ______.

   A. his conclusion was against that of the Christian Church

   B. his calculations were wrong

   C. his findings were for the Christian Church

   D. he failed to prove his theory

2. The theory that the earth was the centre of the universe could not explain that ______.

A. God had made the world

B. all the planets moved around the earth

C. some planets appeared brighter at times and less bright at others

D. the Christian Church was powerful

3. It was obvious that Copernicus reached his conclusion by ______.

A. reasoning and imagination

B. observation and calculation

C. observation and imagination

D. calculation and imagination

4. From this passage, we know that the theories of Newton, Albert Einstein and Stephen Hawking about the universe ______Copernicus' theory.

A. are based on　　B. have little with

C. are the same as　　D. are somewhat related to

5. Why does the writer say that it was right for Copernicus to be careful?

A. Because the Christian Church would have attacked him if he had published his ideas.

B. Because science needs one's caution and carefulness.

C. Because Copernicus needed further proofs before he announced his theories.

D. Because none of the people of his time would have believed in his ideas.

选择题是高考英语阅读理解的主要题型，这些练习无疑都是在为高考打基础。由于学生刚学的文章也是关于人物事迹描写的说明文，因此他们可以把刚学到的解题技巧和方法运用于这篇阅读理解。从学生的答题结果可以看出他们已经掌握了一定的阅读解题方法，并且理解这篇文章的重难点，相信以后他们再遇到类似的文章时不会感觉到困难重重。

## 结 语

在 R 老师以及全班同学的共同努力下，经过一段时间的学习，(17) 班同学的阅读成绩有了显著提高。但 R 老师深知学生阅读成绩的提高需要教师科学、正确的引导。在教学中，教师首先要读懂文本、读懂学生、读懂自己，从而使阅读课堂教学的情、意、境和文本内容做到无缝衔接。此外，教师在帮助学生解决词汇、语法问题的同时，还应注重培养学生的文化意识并在教学过程中不断去夯实学生原有的语言积累，有效提升学生的语言感受力和语言表达能力。

阅读作为高中生英语学习的一个重要组成部分，是学生英语学习时语言输入的重要渠道，只有当学生的这一渠道被打通，学生的阅读能力和阅读成绩才能得以提高。在阅读课的教学中，R老师不断探索教学方法和策略，并积极运用相关理论指导自己的阅读教学，把图式理论运用于英语阅读教学便是R老师的一种全新尝试。这种教学方法和策略的运用，激活学生大脑里已有的知识和经验，在阅读过程中这些知识和经验与新知识重新进行了整合，学生学会了如何在阅读中对文本材料进行更深层次的解读，从而对文本材料做出准确分析和判断。对教师而言，寻找适合学生学习特点的最佳教学手段和策略是非常重要的。在R老师的阅读教学中，图式理论指导下的读前、读中和读后三个主要环节对促进学生阅读学习技能的掌握更有实效。对学生而言，阅读不再是一个令他们头疼的漫长过程，而变成了一个真正体验快乐、享受的过程。

## 案例思考题

1. 你如何评价R老师的英语阅读课教学方法与策略？

2. 你能否应用图式理论或者输入假说理论的基本概念解释R老师的阅读教学中所采用的方法和策略的合理性以及不足？

3. 如果学生对英语阅读无兴趣，教师应该从哪些方面对此问题进行分析和解决？

## 案例使用说明

**1. 适用范围**

使用对象：教师教育工作者、中小学英语教师、英语专业本科生、英语学科硕士研究生。

适用课程：中学、高中教育教学以及案例分析。

**2. 教学目的**

（1）通过阅读教学案例，了解如何采用具体英语阅读教学方法和策略指导学生进行阅读；

（2）尝试以图式理论以及输入假说基本概念解释此案例中英语阅读教学方法和策略的使用；

（3）通过案例分析，说明阅读效果和学习动机之间的关系，举例说明如何激发学生的阅读兴趣。

**3. 要点提示**

（1）相关理论

图式理论、输入假说、学习动机。

（2）关键知识点

图式理论基本概念、英语阅读教学、方法与策略、学习动机

（3）关键能力点

通过英语阅读课教学了解和分析影响学生英语阅读的不利因素和存在问题，并针对这些问题，探究如何依据图式理论以及输入假说采取相应的阅读教学方法，引导学生使用英语阅读策略，促进英语阅读能力提高；

探究图式理论指导下的阅读教学对提高学生阅读成绩的影响；

思考学生学习动机与学习效率之间的关系，如何帮助学生树立正确的学习观，克服阅读困难，激发阅读兴趣。

（4）案例分析思路

了解高中英语阅读教学现状，知晓学生在学习中有哪些学习困难；分析案例中教师在阅读教学设计和实施中所采用的教学方法以及策略，试用图式理论、输入假说和学习动机等理论解释案例提供的阅读教学方法和策略是否具有合理性，即能否有效地帮助学生提高阅读兴趣、阅读能力和阅读成绩。

**4. 教学建议**

时间安排：4个课时，共180分钟。

环节安排：第1课时主要介绍我国目前倡导的新课改理念，以学生为中心，让学生成为课堂的主导者，教师主要起着引领作用；第2课时主要介绍图式理论、输入假说、学生学习动机理论；第3课时案例讨论分析、小组合作学习，探讨在现阶段的高中英语阅读教学中有哪些因素影响着学生的阅读效率和成绩；第4课时通过对影响高中生英语阅读因素的分析，教师反思在教学工作中，如何才能通过有效的教学活动来引导学生主动学习，提高英语阅读兴趣以达到提高英语阅读成绩的目的。

人数要求：50人以下教学班。

教学方法：讲授法、讨论法与小组合作学习法相结合。

工具选择：多媒体教学课件、投影仪、案例讲义。

组织引导：新课导入—讨论探究—合作分析—总结讲解。

活动设计建议：

课前完成案例阅读，搜集关键知识点与关键能力知识点资料，思考在当前的高中

英语教学中学生在英语阅读上存在着哪些困难以及为任课教师带来哪些挑战。

课中组织学员分成6组并进行讨论学习，在讨论的过程中，教师要求各小组提供本小组的讨论记录表，包括每个人的发言记录与综合观点，力争每个小组成员都参与讨论并总结观点，在经过讨论学习理解掌握的知识点、新颖的解题方法技巧，教师应该及时给予评价与订正。

课后教师及时总结案例教学的得失并做好记录，分析在案例实施的过程中遇到的困难以及不足之处，以便为以后的教学工作提出有效的建议。

**5. 推荐阅读**

[1] 李猛，龙潇．(2012)．思维导图大全集．北京：中国华侨出版社.

[2] 赵艳梅．(2005)．认知语言学概论．上海：上海外语教育出版社.

[3] Krashen, S. D., Terrell, T. D. (1995). *The Natural Approach*. New York: Phoenix ELT.

## 案例 4

# 基于体裁分析和背诵的高中英语写作教学模式探究

◎赵　红　刘　杨

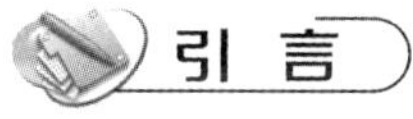

## 引　言

英语写作教学是高中英语教学的重要组成部分。当前高中英语写作教学存在着一定的问题，而教师如何制定有效的教学对策则是提高高中生英语写作能力的重要途径之一。本案例作者通过体裁分析和背诵相结合的英语写作教学模式，改善了高中英语教师英语写作教学的效果，进而提升了高中学生的英语写作水平。

## 背景信息

《普通高中英语课程标准（2017 年版）》明确提出，学生需要发展综合运用英语的能力，包括有效地使用书面语表达意义和进行人际交流。几年来，英语课程经过不断的改革，对高中生英语写作能力的要求不断提高，尤其体现在作文要求篇幅增加和拓展不同体裁的写作能力两大方面。因此，教师在英语写作教学实践中应不断探索各种不同的教学方法，比如体裁分析法和背诵法。

体裁分析法将写作教学建立在不同类型的文本结构或体裁上，分析文本特定的交际功能，这种教学途径体现了从阅读到写作的语言输入、吸收以及输出过程的合理性。然而在此过程中，学生还需要通过强化输入来把握不同体裁的语篇结构和语言知识，以及遣词造句的基本技能，背诵由此被视为一种有效途径，用于加强写作框架和语言表达方式的记忆。尽管学生可以借助这一方法把握不同体裁的文章结构，对文体特色、谋篇布局等方面有所认识，但是倘若他们的语篇输入不足，就会因词汇量不足、语句使用不当等无法在写作中有效发挥体裁分析的作用。因此，将范文背诵与体裁分析相结合，形成优势互补，无疑将有助于解决上述问题。

## 一、写作教学的困扰

H老师是一所省级示范性重点高中的英语教师，她热爱英语教学，喜欢探寻创新和有效的教学方法。从2008年考入这所重点高中任教以来，H老师在教学上下了不少功夫。由于她所在的这所高中汇集了全省最优秀的生源，所以她时常担心自己的授课能否满足学生的需求、学生的成绩是否达标。

2012年是H老师承担高三毕业班英语教学的第一年，在全市首次高三英语模拟考试中，学生的作文得分远低于预期。在仔细查看学生的作文后，她发现写作上的问题主要有以下几点：一是存在大量中式表达，二是文章缺乏连贯性和逻辑性，三是整篇文章的中心思想不明确或者是文章偏离主题。H老师通过与学生交流后了解到，很多学生不懂也不会分析和判断该用什么写作体裁，因此只得生搬硬套范文，不加思考地提笔就写，加之受汉语思维习惯的影响，在遣词造句方面不可避免地出现各种中式表达。

为了改变现状，H老师和同事针对学生的写作问题进行了探讨。通过交流，H老师认识到他们现采用的写作教学方法欠妥当，但又苦于没找到更有效的教学方法。例如，教师要求学生在规定时间内完成的练习卷并不强制学生完成其中的写作题，以至部分学生直接略过写作；很多教师对练习中的听力和阅读部分给予详细解释，同样忽略了写作部分，甚至有些教师只是让学生抄写范文，就当作是写作练习的讲解了。显而易见，教师对英语写作给予的重视程度不够，对学生缺少有针对性的训练，学生英语写作能力的提高也就极为艰难。学生写作成绩提高不明显，进而失去提高写作成绩的信心。英语写作已成为师生要共同面对的难题。为此，H老师思考：什么样的写作教学才能够在短时间内帮助高三学生在写作上取得突破，在英语写作能力上得到大幅度提升呢？

## 二、写作教学的出路

为了更加深入地了解学生在英语写作方面面临的问题，H老师在一次模拟考试中，收集了两个班学生的英语作文。通过分析测试结果，H老师发现近20%的学生得分低的原因是作文跑题，而70%以上的学生成绩不理想是源于作文质量不高。这次调查分析不仅加深了 H 老师对高中学生英语写作问题的了解，也明确了自己今后应从哪些方面来提升高中生的英语写作水平。

H 老师认为高中英语写作教学必须紧扣教学大纲对学生书面表达的要求。因此，她首先认真钻研《普通高中英语课程标准（2017 年版）》，明确高中学生必须具备的能力包括能够判断和识别书面语篇的意图，获取其中的重要信息和观点，能够在书面表达中根据交际目的选择不同体裁进行写作，例如能够根据交际场合的正式程度和行事程序，选择正式或非正式、直接或委婉的语言形式表达道歉、请求、祝愿、建议、拒绝、接受等，体现文化理解，以达到预期交际效果。也就是说，高中英语教学强调发展学生识别不同体裁语篇的交际功能的能力，并在此基础上发展学生的写作能力。此外，对学生的写作能力评价则参照基于课标的高考评分原则和标准。这套标准将课标中对写作能力的要求具体化，成为 H 老师平时训练学生练习写作时的指导原则。为此，她重新研读高考书面表达的评分细则，深入理解其中所提及的“高考作文需要内容要点完整；较多的语言结构和词汇；较强的语言运用能力；有效地使用语句间的连接成分，使全文结构紧凑；达到预期的写作目的”等具体要求。

H 老师清楚地认识到高中英语写作在文章体裁、交际目的、语言质量方面都对学生提出了较高的要求。教师不仅需要重视学生作文的词数、书写格式，而且还需要关心学生在作文中对语法结构以及词汇的运用，以及作文是否具备上下文的连贯性、语言的得体性，是否展现较强的语言能力，是否有效地使用语句间的连接成分使全文结构紧凑等。有鉴于此，她迫切需要找到一种有效的写作教学方法，并把这种教学方法踏踏实实地运用于实践，解决学生写作中的跑题、偏题以及文章质量不高的问题。H 老师查阅了与外语教学理论和方法相关的文献，最终确定采用体裁分析法进行英语写作教学，通过基于体裁分析和背诵的教学实践来探索有效的高中英语写作教学模式。

### （一）体裁分析

“体裁”源自“genre”一词，是指“文艺作品中的类型、风格、流派、体裁”，但语言研究者对其有着不同的解释。如果从应用目的出发，体裁是交际事件的一种分类，而“具有共同交际目的的一组交际事件”都可看作一种体裁，体裁分析的主要任务是如何应用某一种语言来完成某一特定的交际目的。在教学实践中，Swales 主张将体裁分析（包括语篇分析和文体分析）应用于写作教学中：语篇分析关注的是语篇中所使用的语言是否符合该语篇所要达到的特定交际目的，而文体分析则是用于解决语言使用的问题，即通过运用词汇、句式、结构的分析来回答文本含义的问题。在梳理文献的过程中，H老师发现：近年来，学者对体裁分析应用于英语写作教学研究的兴趣大增，出现了不少有关二者相关性的研究。这些研究让H老师认识到体裁分析在英语写作教学中的作用，比如可以让学生明白写作是按照一定步骤来实现的，也可以帮助学生撰写出符合特定体裁结构的文章，等等。

### （二）背诵

加拿大语言学家Bialystok（1978）认为，显性语言知识是学习者可以清晰表达出来的语音、词汇、语法知识等，而隐性语言知识则内化于学习者潜意识中，尽管他们并不一定能够清晰地表达，但却能不假思索地流利使用，就好比我们常说的语感。在H老师看来，通过背诵，语言知识会源源不断地输送进学生的大脑，内化为他们的隐性语言知识，进而改善他们的语言学习效果。H老师还发现学界对语言学习与背诵有关这一点早有共识。林语堂曾在《英文学习法》中提出："学习英语的唯一正轨，不出仿效与热诵，仿效即整句的仿效，热诵则仿效之后的回环练习，必须脱口而出而后已。"德国著名的考古学家谢丽曼则通过在外语学习中采用"完全背诵法"，取得了显著的成就。Cook（1994）指出，在背诵的过程中，学习者既能关注到自身语言体系中存在的问题，又能巩固已学的语言知识或获得新的语言认知过程。因此H老师认为，背诵既是一种强化学生语言输入的方式，也可以成为一种检验学生语言输出的方式，学生可以通过背诵获取语言知识，并在写作过程中将之有效地应用。

尽管体裁分析与背诵都对改善英语写作教学效果有很大的帮助，但H老师在以往的英语写作教学过程中并没有将它们结合起来运用。考虑到高三学生学习任务繁重、学习时间紧，而这两种方法单独实施起来都需要更多时间，H老师决定将这两种方法结合起来贯穿在英语写作教学过程中。

## 三、如何实施体裁分析和背诵相结合的英语写作教学模式

H老师首先以自己所教的高三学生为实施对象，使用体裁分析和背诵相结合的方法进行教学，具体分为以下五个步骤：

第一步：选择范文

围绕某种写作体裁，H老师精心挑选出3～5篇相关体裁的范文，且所选以历年高考英语作文题目的优秀范文为主。

第二步：体裁分析

H 老师首先要求学生在仔细阅读这些范文时应明确范文各个组成部分（开头、正文和结尾）的交际目的及其图式结构；其次，她要求学生总结范文中作者在每个组成部分为实现交际目的所采用的语言和修辞手段；最后，H 老师会和学生共同探讨特定体裁文本的体裁特征。

第三步：归纳并背诵范文模板

H 老师要求学生熟记与特定体裁的文本相关的体裁特征，归纳和背诵在范文各个组成部分（开头、正文和结尾）中出现的固定词块和句型结构，以便学生能够对相关的体裁特征形成规律性的认识。

第四步：独立成文

最后，H 老师会给学生布置写作任务，并让学生选取上述某篇范文，以注释的方式与自己的习作比较以促进学生更好地形成体裁意识。

下面以“建议信”体裁为例来呈现 H 老师如何基于上述步骤完成体裁分析和背诵相结合的写作教学。

## （一）选择“建议信”范文

在开始讲授“建议信”这一写作体裁之前，H 老师从《天利 38 套五年高考真题汇编详解》一书中选取了 3 篇相关体裁的范文，详见如下：

范文 1

Dear Peter,

I'm glad to receive your letter asking for my advice on how to learn Chinese well.

Here are a few suggestions. First, it is important to take a Chinese course, as you'll be able to learn from the teacher and practice with your fellow students. Then, it also helps to watch TV and read books, newspapers and magazines in Chinese whenever possible. Besides, it should be a good idea to learn and sing Chinese songs, because by doing so you'll learn and remember Chinese words more easily. You can also make more Chinese friends. They will tell you a lot about China and help you learn Chinese.

Try to write to me in Chinese next time.

Best wishes

Yours sincerely

Li Hua

范文 2

Dear John,

I'm glad to hear that you will come to China for further education.

As for how to get ready to study Chinese and Chinese culture, you'd better make adequate preparations in advance. For example, you can attend some Chinese training courses to lay the solid language foundations before going to China, which can help you overcome the language barriers quickly when studying and living here. Besides, you should try your best to search for much information, including the local culture about your destination, so that you can adapt to life easily.

By the way, thank you for your help with my English. It's my pleasure to provide you some assistance. If possible, I am looking forward to studying with you at the same university. And we can continue to help each other.

Best wishes

Yours sincerely

Li Hua

范文 3

Dear Terry,

How are you doing? In your last letter, you asked me about being a guest to a Chinese friend's home. Now, I am writing to inform you of some relevant details.

To begin with, according to our tradition, you are supposed to arrive early, so that you can help the family prepare the dinner, which is not only meaningful but also interesting. Besides, you'd better bring some gifts, such as a book or a Chinese knot. What's more, when you are enjoying the meal, you need to avoid making noises while chewing food.

Hopefully, these suggestions would be helpful for you. I have the confidence that you will have a great time. I am looking forward to your good news.

Best wishes!

Yours sincerely

Li Hua

**图 4-1　“建议信”体裁的 3 篇范文**

## （二）分析“建议信”的体裁特征

课前，H老师提前一周将3篇范文发给了学生，要求他们仔细阅读并认真思考每篇范文各个组成部分的交际目的及其图式结构，同时，明确每篇范文的作者在各个组成部分中为实现交际目的所采用的语言和修辞手段。课上，H老师让学生进行分组讨论，再由每组负责的学生进行小组汇报。最后，H老师在各组汇报的基础上指导学生共同探讨，得出“建议信”所具有的体裁特征。

**1. 交际目的**

“建议信”是英文写作中典型的书信类文体，写信人以书面形式向别人提出建议，说服对方接受自己的想法、主张，解决有关问题。

**2. 图式结构**

建议信通常为三段式，具体表现为：

（1）在第一段，点明主题，表明写作意图。

范文1：I'm glad to receive your letter asking for my advice on how to learn Chinese well.

范文2：I'm glad to hear that you will come to China for further education. As for how to get ready to study Chinese and Chinese culture，you'd better ...

范文3：In your last letter，you asked me about being a guest to a Chinese friend's home. Now，I am writing to inform you of some relevant details.

（2）在第二段，陈述事实，提出建议，给出理由。

范文1：Here are a few suggestions. First，it is important to ... Then，it also helps to ... Besides，it should be a good idea to ... You can also ...

范文2：As for ...，you'd better ... For example，you can ... Besides，you should ...

范文3：To begin with，you are supposed to ... Besides，you'd better ... What's more，you need to ...

（3）在第三段，表明希望采纳建议，并祝福。

范文1：Try to write to me in Chinese next time. Best wishes!

范文2：If possible，I am looking forward to studying with you at the same university. And we can continue to help each other. Best wishes!

范文 3：Hopefully, these suggestions would be helpful for you. I have the confidence that you will have a great time. I am looking forward to your good news. Best wishes!

### 3. 语言特征

建议信通常简明扼要，目的明确，具有合理性和说服力。提出的理由要入情入理，语气一定要礼貌当先。为了合理、礼貌地提出建议，写信人经常采用英语中的委婉语这一修辞手段，用文雅、温和的话语替代直接、生硬的话语。

I'd like to suggest that ...

May I suggest that ...

In my opinion ...

I would like to make a recommendation that ...

I am writing to advise you of ...

If I were you, I would ...

在希望对方采纳建议时，常用：

Please take good consideration of my advice. Thanks.

署名时常加：

Yours sincerely

## （三）归纳并背诵"建议信"的范文模板

分析"建议信"的体裁特征之后，H 老师要求学生结合这些特征替换 3 篇范文中的一些词块、句子结构。然后，H 老师和学生共同讨论、修改和归纳出 3 篇范文的模板。鉴于篇幅有限，在这里我们只呈现其中的一个范文模板：

Dear ________,

I am very glad to hear that you want to seek some suggestions about ________ in order to

________ .

From my point of view, ________. Also, to you, I highly recommend that ________. On the one hand, ________. On the other hand, ________ . Besides, it is unnecessary for you to ________. I believe that ________ .

I hope that my opinions are of help to you, and please feel free to contact me with more questions.

Yours sincerely,

Li Hua

最后，H老师让学生选择并背诵其中一篇范文模板，并在下一次课上检查背诵的情况。

### （四）给H老师的一封“建议信”

在完成以上三个环节的教学任务后，H老师让学生给她写一封建议信，在写作过程中运用所背诵的范文模板。建议信的题目和要求如下：

**给H老师的一封“建议信”**

在紧张的高三备考阶段，H老师为了提高同学们复习英语的效果，向同学们广泛征求有关英语复习的意见和建议。假如你是英语科代表李华，你将如何给H老师写一封信，表达你和同学们的需求和建议？

H老师经过了反复思考才确定这个作文题目，她认为这个题目贴近现实生活，学以致用更能增强学生写作的自信心。在批改学生作文的过程中，H老师发现没有一个学生写跑题、偏题，大部分人的作文都能覆盖要点内容，且正确地运用所学的高级词汇、短语乃至从句。看到学生已经对建议信的写作框架和句型结构有了明确认识，H老师感到非常欣慰。其中有几位学生所提的建议理由充分、条理清晰、连接自然、句式多样，H老师还将他们的作文作为范文在班上进行展示。

## 四、两种方法结合实施的经历

在刚开始实施体裁分析和背诵相结合的写作教学模式时，H老师感到步履维艰，甚至一度想要放弃。然而看到学生的写作态度、写作兴趣得到逐步改善后，她决定坚持下去，继续采用这种教学模式，并根据学生的实际情况适时进行调整，以便更好地提高学生的写作水平。

## （一）步履维艰

虽然体裁分析和背诵相结合的方法对提高学生的写作水平很有帮助，但是在实施过程中还是遇到不少困难，这些困难需要师生配合共同解决。在第一周的写作课上，H老师选择了10篇历年高考优秀范文，引导学生认识高考英语写作中经常涉及的写作体裁类型。然而在讨论过程中，H老师发现学生很难通过既有的语境知识去识别写作任务的体裁。面对这种情况，H老师会给学生提供背景知识，引导学生理解语境，联想一些相关词语，探讨文本具有的体裁特征，让学生了解体裁类文章的图式结构，讲解其需要用到的词块和句型，进而提炼出范文模板。

当然，体裁分析法的实施过程并不简单。首先，H老师感觉备课量明显增加，需要花费更多时间去做课前准备：不仅需要找到适合学生研读的范文，而且需要先对范文模板进行总结，还要尽可能查阅更多单词以及思考更多句式供学生使用。其次，阅读范文、学习体裁、思考总结、独立成文至少需要2个小时，如此繁重的任务对于很多学生来说是一大挑战。再次，体裁分析法更适合在小组合作学习中实施，然而小组合作在高中现行的大班教学中很容易流于形式，若教师要兼顾到大多数学生就得花费更多课时。

此外，学生的背诵完成情况也不理想，积极性不佳。在学生对相关体裁知识有一定的了解后，H老师会给学生布置背诵任务，明确检测背诵效果的方式——于每个周五检测学生的背诵情况。然而，第一周周五的检测结果就不是很理想。由于对背诵有抵触情绪，三分之一的学生没有完成背诵任务，其余的学生尽管按时完成任务，但他们中绝大多数人对此任务也十分反感，认为背诵枯燥无味。在H老师看来，这一心理源于学生很难在短期内感受到自己的进步：部分学生基础相对较差，背诵任务对他们而言难度太大；有些学生尽管花了大量时间来完成背诵任务，但背诵效果不佳，甚至还导致他们没有时间完成其他科目的作业和练习。

H老师针对这一情况做了一些调整，即根据学生基础水平对任务要求进行分级："单一化"背诵模式针对基础稍弱的学生，只要求他们背诵模板、好词好句，通过抽查过关的方式检测他们对模板、词句的理解是否到位；"复杂化"背诵模式针对英语基础较强的学生，他们需在背诵模板、词句的基础上，运用定语从句、名词性从句等复杂句型改写模板中的某些句子。做了这样的调整后，之前不愿背诵的学生感觉背诵任务没那么重，对背诵任务的抵触情绪有所缓解，背诵的效果自然也得到提升。但在实施过程中，分级任务也使教师的检测强度变大，耗时加长，长期坚持实属不易。

### （二）静待花开

语言的学习是一个积累的过程，英语写作更是如此，写作需要积累大量单词、固定搭配、固定句型以及不同的体裁模板，甚至需要辅以大量的阅读。积累单词、搭配、句型和模板能让学生在写作时不再出现单一表达或有想法却写不出来；大量阅读则能开拓学生的思路，使学生在写作时不会没有想法、不知道该写什么。

平日里，H 老师除了认真备课、完成基本的教学任务以外，还时刻关注着学生写作水平的变化，记录学生在历次月考中英语书面表达的成绩。在第四次月考中，H 老师发现学生写作成绩明显提高了：写作平均分从第一次月考的 17.10 上升到 19.04，并且有五位同学的作文取得了 24 分（满分 25 分）的好成绩。单从成绩去判定学生写作水平取得明显的提高，这显然缺乏充足的依据。为此，H 老师仔细阅读了每位同学在第四次月考中的作文，了解他们分数提高的原因，结果发现绝大多数学生在作文中增加了用词的变化，使语义衔接更加自然。例如，学生在之前写作中用得比较多的词是 worry、trouble，在这次考试中则改用 upset、bother；学生还有了一定的语篇衔接意识，尝试使用 for one thing … for another、nevertheless、moreover 等连接词；作文中的语法错误也有明显减少，原来一个句子里出现多个谓语的情况在这次月考中有所改善；基础较弱的同学用上了平时背诵的句型，基础稍好的同学则运用了强调句、同位语从句等复杂句型。鉴于以上这些情况，H 老师得出结论：在高三英语教学中使用体裁分析和背诵相结合的教学模式可以明显提高学生的英语写作水平。

## 结 语

通过背诵，学生的思维水平和思维能力可以得到很好的提升。学生在背诵范文的过程中，可以对材料形成一种记忆，这种记忆是一个非常复杂的心理过程，伴随着各种类型的思维活动的发生。因此，背诵可以很好地促进学生熟悉各种类型文章的写作风格和写作特征，进而提升他们的思维能力。在体裁分析教学的过程中，可以激发学生发现、比较、归纳等认知活动，更有利于学生形成特定的文本体裁意识。同时，体裁分析还可以引导学生注意自己的文本和范文之间的异同，进而培养学生在英语写作的过程中更好地做出语言、句型结构的选择，让学生同时从范文和教师处获得必要的写作知识和技能，使学生形成写作中的体裁意识，激发学生写作的主动性。显而易见，体裁分析和背诵相结合的教学模式不仅有助于从语言习惯、语言基本技能、写作技巧、思维能力等方面对学生进行综合性、多层次的英语写作训练，也有助于从更开阔的视野探索英语写作教学方法，构建英语写作教学新理念和新途径。

## 案例思考题

1. 除了背诵法和体裁分析法，还有哪些教学方法适用于高中英语写作教学？

2. 除了有效的写作教学方法会提高学生的写作能力外，还有哪些因素会影响学生的英语写作？

## 案例使用说明

**1. 适用范围**

适用对象：教师教育工作者、中小学英语教师、英语专业本科生、英语学科硕士研究生。

适合课程：教研课、高中写作教学。

**2. 教学目的**

（1）了解背诵法、体裁分析法的基本定义及运用；

（2）培养分析实际教学问题和解决问题的能力；

（3）培养探索创新性教学方法的品质。

**3. 要点提示**

（1）相关理论

背诵法、体裁分析法。

（2）关键知识点

背诵法、体裁分析法。

（3）关键能力点

了解写作现状，分析学习者因素，廾展教学实验。

（4）案例分析思路

通过分析背诵法和体裁分析法相结合的写作教学方法提高了学生写作水平的案例，引导学员进一步思考有助于提高学生英语写作水平的其他教学方法，并为学员如何通过实践开展教学提供了借鉴。

**4. 教学建议**

时间安排：标准课 3 节，共计 150 分钟。布置和预习 1 节，上课 1 节，讨论 1 节。

环节安排：提前一周布置预习内容→将学员分为4～6个小组→小组查阅资料、分析两种教学法在案例中的可行性、存在的疑惑，课下讨论→各组形成解决问题方案→上课汇报→课上学员研讨→教师点评。

人数要求：无。

教学方法：案例教学讨论为主，讲授点评为辅。

工具选择：摘要卡片、多媒体、案例打印资料。

组织引导：教师布置任务清晰，预习要求明确；提供给学习者必要的参考资料；给予学习者必要的教学中实施实验的方法指导；学习者课下讨论需要及时指导并给出建议。

活动设计建议：课前计划1节课，要求学生完成案例阅读，搜集与知识点和能力点相关的资料，体会案例设计者如何将相关知识点和能力点运用于教学。

**5. 推荐阅读**


[1] 李瑞芳.（2004）.体裁教学法在商务英语教学中的应用.西安外国语学院学报（1），68-70.

[2] 刘丽娟.（2009）.体裁教学法与大学英语专业精读课教学.山东外语教学（03），76-79.

[3] 天利全国高考命题研究中心与北京天利考试信息网编.（2008）.天利38套五年高考真题汇编详解.拉萨：西藏人民出版社.

[4] 王水莲.（2002）.整体语言教学的研究与实践.长沙：湖南师范大学出版社.

[5] Badger, R. & White, G.（2000）. *A Process Genre Approach to Teaching Writing*. New York: Longman.

[6] Bialystok, E.（1978）. A theoretical model of second language learning . *Language Learning*（28）, 69-83.

[7] Cook.（1994）. Repetition and learning by heart: An aspect of intimate discourse, and its implication. *ELT Journal*（48）, 133-141.

[8] Swales, J. M.（1990）. *Genre Analysis: English in Academic and Research Setting*. Cambridge, MA: Cambridge University Press.

## 案例 5

# 基于语篇分析的读写结合模式在高中英语写作中的应用

◎ 吕庆萍　黎　河

## 引　言

在高中阶段，语言能力听、说、读、写各方面应作为一个有机整体进行训练和提高，几方面缺一不可。其中，读写结合的方式得到越来越多的英语教师和研究者的重视。在本案例中，L 老师选择了人民教育出版社的《英语（必修 1）》第 4 单元“Earthquakes”作为教学内容，在基于语篇分析的阅读教学的基础上，进行了英语写作教学。本案例从问题提出、解决和教学反思等方面对 L 老师的课时教学进行展示。

## 背景信息

外语学习效率的高低取决于语言理解和产出结合的紧密程度。这两者必须结合才能产生协同效应，结合得越紧密，协同效应也就越强，外语学习效果也就越好。英语学习过程中，读写这两个技能在语言学习和交际中相辅相成，相互促进，读是语言的输入，写是语言的输出，教师在对学生进行语言输入的同时要尽可能多地引导学生进行输出，语言的交际功能方能真正地实现。

根据《普通高中英语课程标准（2017 年版）》对高中英语学业质量水平一和水平二要求，高中学生在英语阅读方面主要能够“抓住日常生活语篇的大意，获取其中的主要信息、观点和文化背景”；“区分语篇中的主要事实与观点；基于所读和所看内容，进行推断、比较、分析和概括”，“识别语篇的类型和结构，辨识和分析语篇的文体特征及衔接手段，识别语篇为传递意义而选用的主要词汇和语法结构”；“判断和识别书面语篇的意图，获取其中的重要信息和观点；识别语篇中的主要事实与观点之间的逻辑关系，理解语篇反映的文化背景；推断语篇中的隐含意义”；“识别语篇中的内容要点和相应支撑论据”；“识别语篇中新旧信息的布局及承接关系；理解语篇成分之间的语义逻辑关系，如：次序关系、因果关系、概括与例证关系；识别语篇中的时间顺序、空间顺序、过程顺序等”。同时，高中学生还应在英语写作方面主要能够达到以下要求：“运用语篇的衔接手段构建书面语篇”；“有条理地描述自己或他人的经历，阐述观点，表达情感态度；能描述事件发生、发展的过程；能描述人或事物的特征、说明概念；能概述所读语篇的主要内容或续写语篇”；“在表达过程中有目的地选择词汇和语法结构，确切表达意思，体现意义的逻辑关联性；能使用多模态语篇资源，达到特殊的表达效果”。

长期以来，许多语言学家非常注意对阅读和写作的研究。20 世纪全语言教学观在美国发起后逐渐风靡美国，它强调应全面发展语言技能，从整体出发将听、说、读、写综合起来进行教学，以培养学生的全语言技能。全语言提倡有意义的学习，因为持该语言教学观的学者认为学习者在使用语言的同时也在学习语言，要求在语言学习的一开始就将读写结合起来进行，并在真实的语境中使用语言。因此，全语言教学观提出了解放性读写模式，不能将读写视为简单的技能训练，而应当作一种批判性的实践。同时，全语言教学观强调学习的过程性，让学生在主动学习的过程中感受语言使用的技巧，引导学生根据背景知识和对文章的体验进行写作。因此，根据全语言的教学观点，阅读和写作应结合为一个整体，在实行有意义的教学中让学生主动体验语言技能的作用，内化语言知识。

## 案例正文

### 一、问题的提出和确认

#### （一）提出问题

L 老师毕业于省内一所师范院校，在完成了自己教育硕士专业学位的学习后，就职于省内某市高中，已有一年教龄。在工作期间，她积极向有经验的老师求教，经常到同行老师课堂听课学习，积极参加各种教研活动。

通过硕士阶段的学习，L 老师发现在目前的高中英语实际教学中，阅读和词汇、语法等教学占据了英语教学的大部分时间，阅读教学多注重培养阅读技能，教师在阅读教学之后更多地偏向本单元的重点词汇和语法知识，偶尔开展的写作教学也只是通过给学生提供范文，要求他们背诵并进行模仿写作，很少向学生讲授系统的英语写作知识，有时还把写作训练当作一种练习和巩固词汇、语法等语言知识的教学活动。因此在实际教学中，读写分离的问题十分突出。同时，大部分高中学生的英语作文都存在词汇匮乏、句型单一、表达不清、语篇结构混乱、上下文衔接差等问题，以致他们逐渐对英语写作失去兴趣。

在实际的课堂教学中常出现阅读和写作教学彻底分开的情况，并且实际教学中只强调语法，很少注意语言结构是如何在语篇中运用的，从而导致英语写作只停留在句子层次上，阅读也只是断章取义。不少英语教师可能有一些相同的教学感受，学习者在学英语的初期阶段语言表达吸收较好，语言输入在他们的口语和写作等语言输出活动中起着实实在在的作用，而在学英语多年达到一定的程度之后，即便接触和学习再多的语言输入，学习者的语言输出似乎也难有进展，甚至停滞不前。他们虽然掌握了一定的词汇和语法知识，但是仍不能在写作时用英语很好地表达自己的思想，有时甚至不知道写什么，怎么写。究其原因是高中学习者没能将学到的，或者说习得的词汇和句型在英语写作中加以运用。因此，当第二语言学习者在语言习得的持续过程中，经历了一到二年的中 级阶段 和五到六年的高级阶段后，他们已经学习了一定量的词汇知识和语法知识，但他们对这些语言输入的吸收和在写作中进行语言输出仍存在问题。

由此可见，传统的阅读理论受信息编码与解码模式的影响，把阅读看作读者通过视觉接受文字符号信息，运用词汇知识、语法知识，经大脑编码、解码加工，实现对课文字面意义理解的过程。目前的英语阅读课教学中，很多教师通过阅读材料传授语音、词汇、语法等语言知识，以教师为中心，以词汇、语法为主线，过多地强调语言知识的传授，过多地向学生讲解词、词组、句型结构的用法，在材料处理方面，往往将一篇完整的课文逐句逐段讲得支离破碎。这种教学方法使学生掌握了单词、词组、句型和语法，同时使他们在阅读语篇时也把注意力放在语言点上，忽略了语篇的整体性，忽视了文章的篇章结构和写作技巧，从而影响了对文章的理解和中心思想的把握。学生学习英语的主要目的是通过阅读语篇来获取信息。这种教学方法忽视了培养学生获取信息的能力。

同时，写作教学也流于形式，许多教师在教学中过于依赖教材为每单元设计的写作练习，而这些写作练习绝大多数只给学生提供一种接受性能力的训练，学生没有机会分析，练得比较被动。大部分的写作教学局限在词、短语、句子以及语法的层次，对词汇以及语法结构进行了充分讲授和训练，对于学生的篇章意识却没有给予足够的重视。

面对这样的实际情况，教师应该如何在高中英语课堂开展高效的写作教学呢？

### （二）确认问题

关于阅读和写作教学结合模式的研究从理论和实践上均有积极的意义。鉴于目前高中英语写作教学的实际情况、新课程标准要求和高考英语考试项目，L老师认为读写结合可以减少读写分离的现象，不仅可以为学生提供足够的可理解性输入，还可以检测学生的语言吸收和在写作中的输出情况。为此，L老师认为阅读和写作教学结合模式应该运用于实际教学中，即在阅读活动中学习词汇和句式的用法、学会篇章结构、学会各种写作技巧及如何借助于既有知识围绕主题进行论述。在写作教学中，系统地讲授篇章结构知识及写作技巧能够有效地提高学生的语篇分析能力，进而提高阅读速度和效率。

## 二、问题的解决

根据建构语言学理论，外语学习者必须在言语中掌握语言现象，不断地建构自己个体的语言体系，同时学会利用语言体系中的材料建构话语。

L老师认为在进行英语写作教学时，可以利用语篇分析逐步带领学生注意英语语篇的题材、体裁和结构模式，感受语篇作者是如何使语篇衔接更加连贯，从而使他们逐步掌握英语写作的内在规律。

通过篇章结构培养构建篇章的能力阅读和写作都建立在语篇的基础上，思想的交流，信息的传递并不是简单的"词汇语法"。可以说，脱离了篇章结构分析的阅读教学往往导致学生对文章内容的理解支离破碎。阅读心理学家把篇章的结构分为三种水平。第一种是句子水平的结构，它涉及的问题是句子是怎样被结合起来的；第二种是段落水平的结构，它涉及的乃是段落中的逻辑结构；第三种是作为一个整体的课文的上层水平的结构。这里所说的构建篇章的能力是指作者根据自己的写作意图，为文章谋篇布局的能力，也就是写作者安排文章整体框架和段落层次的能力。这种能力对作文的成功与否至关重要，因为即使词语再准确，内容再生动，没有一定的篇章知识和构建篇章的能力，就会有文无篇。而这些篇章知识和建构篇章的技能是可能在阅读教学中获得和发展的。

阅读模式认为高一级的信息影响着低一级信息的加工。所以，在英语阅读教学中，学生可以采用自上而下，先见森林后见树木的阅读方式，首先通过阅读，揣摩作者的意图，把握文章的整体框架结构，在此基础上通过对文章的各个段落层次的分析，领悟文章句与句、段与段之间的逻辑联系及写作者所采用的各种衔接手段，领会文章的各种表现手法和谋篇布局上的特点，并借以掌握英语写作的内在规律，采取自上而下的思维方式，明白组句成章的各种原则，进而增强篇章意识，学会从宏观的角度构筑文章的框架结构，为将来的英语写作准备必要的技能。从语篇的宏观结构入手，引导学生识别不同的组篇方式。谋篇布局是文章写作的重要环节，文章内容的组织和安排合理与否直接影响其交际效果。要使学生具有较强的组篇能力，首先就要培养他们对语篇结构的分析能力。

通过对各种文体的分析，使学生熟悉英语篇章的常见结构，如议论结构、描写结构、说明结构和叙事结构等和这些结构中常用的表现手法，如按因果关系发展情节，采取比较、对比的方式组织篇章等，并使学生熟悉不同文体的构成要素和不同要素的层次结构。例如，记叙文的构成要素为人物、事件和背景时间、地点，其篇章结构常按时空顺序构成，即作者一般通过时间的先后和地点、空间的转移来描述事件的发生、进程和结果。高中英语教材不仅涉及的话题覆盖面广，课文的体裁亦丰富多彩，有记叙文、说明文、议论文、描述文诗歌、戏剧、小说等等。面对不同体裁的课文，教师应采取不同的分析方法，让学生熟悉各种写作体裁和组篇方式。介绍体裁结构是一个很重要的教学环节，体裁框架虽然是高度抽象化的篇章模式，但它揭示了不同体裁语篇的本质特征和主要特点，表达了篇章内容的基本思路，了解这些框架有助于读者更准确地理解特定语篇的含义，抓住其要点。不同体裁的语篇具有不同的结构形式。学生只有熟悉了各种体裁的布局模式和写作手法，写作时才会感到轻车熟路、得心应手。因此根据文体特点来组织、设计阅读教学，是较好的切入口。教师应尽量让学生接触到各种体裁、内容、形式的文章，引导学生模仿，从文章中学习写作文的方法，训练自己的思维。

L 老师基于语篇分析的读写结合模式，在高一年级进行了为期十六周、每周各 1 课时的英语写作教学实验。该模式主要涉及两大部分，前后两周分别进行基于语篇分析的读写结合模式的写作教学和写作评价：写作教学内容主要分为语篇题材、语篇体裁、语篇模式、语法衔接和词汇衔接；写作评价包括课内评价和课外评价。

以下为基于语篇分析的读写结合模式的英语写作教学课时案例。使用的教材为人教版《英语（必修 1）》，课文选自第 4 单元“Earthquakes”的 Reading 部分：A Night the Earth Didn't Sleep。本单元的主要话题是地震，阅读部分主要围绕 1976 年的唐山大地震，详细介绍了震前、震中和震后发生的一系列事情。

### （一）学情分析

L 老师所授班级为某市某中学重点实验班，相对于本市其他学校和该校其他班级的学生而言，这个班学生的英语基础扎实，英语综合运用能力较强，学习主动性较好。

L 老师所教的班大部分学生性格较为沉稳，对知识的学习渴望较大，这就需要老师在设计教学计划时，尽量为其提供一些新知识或具有挑战性的内容，以丰富他们的知识储备。由于这个班学生已经在前一课时里学习了本课的重点词汇和短语，而本文语篇结构清晰，大部分词组和句型结构等表层信息对于本班学生来说难度不大，但部分长难句仍需 L 老师带领他们一起分析。同时，虽然大部分学生已大致了解与地震有关的背景知识，但是对于唐山大地震的具体情况还需要他们通过认真阅读本文才能更加熟悉。

### （二）教学目标

**1. 语言技能目标**

（1）学生能够快速识别和总结文章各段落主题句，并综合具体事实信息，归纳文章主旨大意。

（2）学生能够分析本文的体裁和篇章结构，并能列出相似话题的写作大纲。

**2. 语言知识目标**

（1）学生能够掌握与“地震”等自然灾害相关的单词和短语，如 earthquake、burst、ruin、suffering、injure、survivor、destroy、shock、rescue、trap、disaster、bury、damage、in ruins、at an end、dig out 等。

（2）学生能够识别文章中表示语篇衔接的信号词和涉及词汇复现的单词和词组。

**3. 学习策略目标**

学生能够有意识地去注意和选择积累所感兴趣和所需词汇表达。

**4. 情感态度目标**

（1）学生能够对英语学习保持主动和积极的态度。

（2）学生能够学习唐山人民勇敢面对自然灾害并且积极重建家园的精神。

### （三）教学重点和难点

**1. 教学重点**

（1）学生通过快速阅读，识别每个段落的主题句，并根据唐山大地震震前、震中、震后相关信息，归纳文章的主旨大意。

（2）学生根据记叙文的六要素来分析文章体裁和篇章结构，并以小组为单位，找出文中与语篇衔接和词汇复现有关的信号词。

（3）学生进行所熟悉的某一种自然灾害的构思和写作。

**2. 教学难点**

在写作环节前，是否需要再给学生提供一篇有关自然灾害的短文？如果提供，那又怎么确保学生明白文章大意？

解决方法一：可以提前准备一篇相关话题的短文，但是文章体裁和篇章结构尽量清晰明了，生词表达不应过多，便可以带领学生快速阅读该文。

解决方法二：该部分需要结合教学实际情况，在时间紧张的情况下，可以先让学生根据前面所讲内容列出大纲并进行写作。准备的文章可以让学生课下阅读，并认真完成阅读积累本的“生词”、“有用表达”、“我喜欢的句子”和“我的评论”这四部分内容。

（四）教学过程

**1. 头脑风暴**

以问题“Do you know any natural disasters?”导入，鼓励学生就他们所知道的自然灾害开展头脑风暴，这将有助于激发学生联想与“自然灾害”这个语篇话题有关的词汇、表达和相关内容。在这个过程中，有的学生并不能明确地用英语说出他们想描述的自然灾害，这可能促使他们在阅读过程中解决自己语言中的“漏洞”。

**2. 阅读**

在进行基于语篇分析的读写结合模式的写作教学之前，L老师会提前讲解本单元的生词和短语，在一定程度上减少了词汇对学生理解语篇内容的干扰和影响。因此在头脑风暴环节之后，学生需要快速阅读课文“A Night the Earth Didn't Sleep”。

**3. 分析与讨论**

（1）识别和总结语篇内容

Q1：What is the topic sentence in each paragraph?

Q2：How many parts can you divide the passage into? And what is the main idea of each part?

Q3：What does the passage mainly talk about?

学生快速阅读文章一遍之后，需要找出每个段落的主题句，并在主题句下面划线，然后尝试划分段落。L老师再给出以下表格，让他们总结各部分的主要内容，最后，结合学生勾画的主题句和表格内容，带领他们进一步综合信息和归纳文章主旨大意。

表 5-1　文章各部分的主要内容

| Part | Main idea |
| --- | --- |
| Part 1 (Para. 1) : Before the earthquake | Strange things were happening. |
| Part 2 (Paras. 2-3 ): During the earthquake | The disaster happened and caused a lot of loss. |
| Part 3 (Para. 4) : After the earthquake | All hope was not lost. |

（2）明确语篇结构和语篇模式

Q1：What is the genre of the text? In what order is the information organized in the passage?

Q2：What are the basic elements for this narrative writing?

由于该文章是一篇记叙文，因此 L 老师主要根据记叙文的六要素来带领学生分析文章体裁和篇章结构。学生在快速阅读之后，基本能明确本文的体裁和写作顺序，结合其语篇知识，他们能够快速根据表格提示补全信息，使其更加明确该语篇体裁涉及的结构。

表 5-2　根据记叙文六要素分析文章

| Key elements | Contents |
| --- | --- |
| When (Time) | At about 3：00 am on July 28，1976 |
| Where (Place) | In the countryside of northeast Hebei |
| Who (Character) | People in Tangshan |
| What happened | A terrible earthquake |
| Results | Huge damage |
| The feelings | All hope was not lost |

（3）积累语言表达

主要引导学生学会有选择地勾出他们感兴趣或者需要的重点词汇和有用表达，同时以小组为单位，找出文中与语篇衔接和词汇衔接有关的信号词。

首先，学生需要将他们感兴趣的新单词和表达勾画出来，并在课后做摘抄。同时，他们还需要去找出文章中表示语篇衔接的信号词，在此过程中他们可以与小组成员进行讨论。

然后，老师开始引导学生学习词汇衔接的第一种类型：词汇复现，同时要求学生尝试在文中找出涉及词汇复现的单词。例如，destroy、ruin、damage 这三个词就是同义词或近义词的复现。

**4. 写作训练**

在讨论文章内容、结构和衔接手段之后，L老师会给学生提供一篇有关自然灾害的短文，要求他们快速阅读，以加深他们对语篇题材、语篇体裁和语篇模式的理解，更有益于他们将本节课内容运用到写作中。如果时间不是很充裕，则要求学生在20分钟之内完成一篇100字的英文写作，文章内容主要涉及他们所熟悉的近几年内的自然灾害，并尝试运用本课所学内容。

在写作这一环节，学生必须首先列出写作大纲再进行写作。最后，学生需要将在课后上交他们的写作大纲和作文。

**5. 作业**

老师要求学生再次阅读本文或其他阅读材料，完成积累本。

以上为基于语篇分析的读写结合模式在前一周的具体写作教学内容，而在下一周里，L老师主要挑选两篇作文来进行课内评价。首先，学生经过小组讨论，各组分别挑选一名代表，结合之前所讲的语篇分析知识，给出小组的意见或修改方法。然后，L老师再提供自己的评价并说明理由。课堂最后的剩余时间留给学生自评和答疑。

### （五）教学反思

本课教学活动安排相对比较紧凑，教学目标基本完成，但是在实际教学中还是存在一些需要改进的地方，尤其是对某些部分的活动时间的把控上。例如，虽然学生平时的课上也大致了解过词汇复现的概念，但是第一次让他们在文章中找出涉及词汇复现的单词和短语时，所花时间比预计的稍多。不过，学生整体完成情况较为理想。相对而言，头脑风暴应该是一个能够很好地激发学生脑中已有知识的教学活动，但是在本次教学中，由于对该环节时间严格把控，造成了部分学生没能分享他们的词组。所以，在接下来的高中英语写作教学中，L老师还需要基于语篇分析的读写结合模式，不断地进行写作教学的探索，设计出更有效果的教学活动。

## 结语

高中英语教学任务艰巨，英语教师肩负的责任重大。阅读教学和写作教学作为高中英语教学中极为重要的组成部分，如何事半功倍地培养学生阅读理解能力和写作技巧，就显得格外重要。在此次教学实践中，L老师不只停留在传统的字词句的解读方式上，而是应用语篇理论指导自己的教学实践。当然，不同地区不同学校的教学条件有所差异，学生的实际情况也不一样，在具体操作中也应灵活应对。阅读和写作教学不是一蹴而就的事情，需要师生共同努力。一方面，教师要不断学习语篇分析理论知识，以此为指导改进阅读和写作教学方法。从文章构思到布局谋篇乃至文章的连贯，要进行有目的、有计划的系统训练。另一方面，师生要认识到阅读与写作的重要性，如何将之具体、高效地应用在高中英语课堂中，还需要教师进一步探索和研究。

## 案例思考题

1. 高中英语课堂中，基于语篇的读写结合的实质是什么？

2. 在上述课时案例中，L老师是如何在课堂中把读和写结合起来的？有何优、缺点？

3. 在全语言教学观下，英语课堂中读写与其他技能的关系如何？

## 案例使用说明

**1. 适用范围**

适用对象：教师教育工作者、中小学英语教师、英语专业本科生、英语学科硕士研究生。

适合课程：教研课、高中写作教学。

**2. 教学目的**

(1) 理解什么是语篇建构；

(2) 了解读、写结合模式的写作教学；

(3) 培养分析实际教学问题和解决问题的能力；

(4) 培养探索不同教学方法的品质。

**3. 要点提示**

(1) 相关理论

语篇分析、语言输入假设、语言输出假设。

(2) 关键知识点

语篇分析、读写结合模式。

(3) 关键能力点

能分析现阶段高中写作现状、分析学习者因素。

(4) 案例分析思路

通过对此教学案例的分析，引导学员了解如何结合语篇分析进行英语写作教学，进一步思考如何设计适合自己教学目标和教学对象的英语写作教学。并为学员在以后的学习或英语教学中如何通过实验开展有效写作教学提供借鉴。

**4. 教学建议**

时间安排：标准课 6 课时，共 270 分钟。布置和预习 3 课时，上课讨论 3 课时。

环节安排：提前两周布置阅读任务→学员以 5～6 人组成小组→查阅相关知识内容→小组内部进行读后讨论→各组对讨论结果进行梳理，准备进行课堂汇报→课堂汇报及讨论→教师点评。

人数要求：30 人以下。

教学方法：案例教学讨论为主，讲授点评为辅。

工具选择：多媒体、卡纸、案例打印资料、录音笔、录像机或者有录音录像功能的手机。

组织引导：教师安排预习任务时应布置清晰、要求明确；提供给学员必要的参考资料；给予学员必要的调查技能训练，便于调查工作展开；学员课下讨论需要及时指导并给出建议。

活动设计建议：

学员预习及资料查阅环节应做好纸面笔记。

课前小组讨论要有清晰记录，至少包含个人观点、论证、出现的问题、解决方案、小组意见等。

课中各小组要提供课堂汇报提纲和讨论记录表。课后一周内各小组提交反思及总结稿。

教师准备好点评的资料和提纲。

下课后教师及时总结案例教学的得失，以便改进后续的教学。

**5. 推荐阅读**

[1] 陈立平. (2001). 从阅读与写作的关系看写作教学中的范文教学. 外语与外语学 (7)，38-42.

[2] 程晓堂. (2005). 基于功能语言学的语篇连贯研究. 北京：外语教学与研究出版社.

[3] 胡曙中. (2012). 语篇语言学导论. 上海：上海外语教育出版社.

[4] 胡壮麟. (1994). 语篇的衔接与连贯. 上海：上海外语教育出版社.

[5] Aijmer, K. & Stenstrom, A. B. (2004). *Discourse Patterns in Spoken and Written Corpora*. Amsterdam: John Benjamins.

[6] Gee, J. P. (2011). *An Introduction to Discourse Analysis: Theory and Method*. (3rd ed). London: Routledge.

[7] Hadley, A. O. (2003). *Teaching Language in Context*. Beijing: Foreign Language Teaching and Research Press.

[8] Hyland, K. & Paltridge, B. (2011). *The Continuum Companion to Discourse Analysis*. London: Continuum International Publishing Group.

[9] Williams, J. (2007). *Teaching Writing in Second and Foreign Language Classrooms*. Beijing: World Publishing Corporation.

## 案例 6

# 高中英语写作初探

◎ 吕庆萍　黎　河

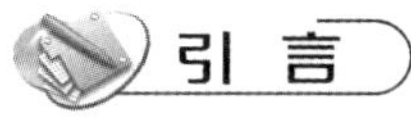

## 引 言

写作是人们进行社会交际的主要方式之一，其重要性不言而喻。写作教学一直是高中阶段英语教学中的重点和难点，一线英语教师们也一直就这个方面进行着探索和研究。近年来，英语教师们对语篇分析理论产生了越来越大的兴趣，力求从语篇分析理论中找到可以应用于指导英语教学的思路和可行的方法，以及进行阅读和写作教学时的不同切入点，因此，不少英语教师尝试将语篇分析理论和知识应用于读写教学，针对不同教学对象和教学内容设计出的不同的教学方案，将其付诸教学实践，并取得了一定的教学效果。本案例中的 L 老师正是将语篇分析理论应用于英语阅读和写作教学的若干实践者之一。其教学案例所具有的特色是将语篇题材、语篇体裁、语篇模式、语法 衔接和词汇衔接等语篇知识融入高中英语读写结合的教学模式中，实施了一项建立在语篇分析基础上的高中英语写作教学实验。

## 背景信息

写作是每个英语学习者必备的四种基本技能之一，在英语学习中占有十分重要的地位，在整个英语教学过程中应被给予足够的关注。依照《普通高中英语课程标准(2017 年版)》高中英语学业质量水平二要求，学生不仅应“能在书面表达中有条理地描述自己或他人的经历，阐述观点，表达情感态度；能描述事件发生、发展过程；能描述人或事物的特征、说明概念；能概述所读语篇的主要内容或续写语篇”，还应“能在表达过程中有目的地选择词汇和语法结构，确切表达意思，体现意义的逻辑关联性；能使用多模态语篇资源，达到特殊的表达效果”。那么，怎么在高中英语课堂进行有效的写作教学从而使学生写作水平能够达到上述课程标准呢？基于语篇分析的写作训练是高中英语教师努力和研究的一个尝试。

国外对语篇分析的研究始于1952年，自美国结构主义语言学家哈里斯（Z. S. Harris）明确提出“语篇分析”（discourse analysis）这一概念之后，它就一直是语言学的一大研究重点。不同学者从不同的角度对语篇及语篇分析进行了解释和定义。国内学者对语篇分析的研究则始于20世纪80年代，起步虽然较晚，但至今也已取得了很多成果。在我国，学者研究更倾向于将语篇分析与外语教学相结合，有的学者将语篇分析方法运用于英语阅读教学，有的将之与英语写作教学的研究结合起来。

## 案例正文

### 一、问题的提出和确认

#### （一）提出问题

L老师毕业于省内一所师范院校，后就职于省内某市高中，至今已有两年教龄。在工作期间，她发现：高中英语课堂教学中既没有安排专门的写作课，也没有专门的写作教材，加之课堂时间十分有限。大部分高中英语教师将大量时间和精力安排在讲授语法知识和讲解阅读理解，剩余的零碎时间才用来讲授写作，导致读写分离。有的教师单纯为了应付考试，仅向学生提供一些固定句型或范文，让学生课下进行模仿写作，但却未对学生讲解语篇方面的知识。学生虽掌握了一定的词汇和语法，却不能用英文流畅地自我表达，作文的结构安排不合理，条理不清晰，句与句、段与段之间衔接不自然，整体流畅程度不够好。

英语写作教学在课堂上的授课时间远远不足，课堂信息量和训练量不够。教师主要关注学生写作的最后成果，把考试作为主要的目的，教师批改学生习作时也主要侧重词语拼写、句子语法，忽略写作过程的训练。此外，由于缺乏写作动机，学生在真实语境下主动写作的需求不高，用英语写作的技能较其他技能的应用机会较少，学生写作方向不清，找不到内容可写，对英语写作无太多兴趣，甚至产生厌恶心理，谈何提高英语写作技能？

总的来说，目前高中英语写作教学中存在的一些问题比较突出，那么如何在实际的英语教学中有效地开展写作教学呢？

### （二）确认问题

L 老师认为，阅读在写作过程中起着重要作用，阅读是提供给学生大量语言输入的重要方式。通过阅读，学生能强化所学的语言知识，并能从中获得写作素材。教师如果能把阅读教学和写作教学结合起来，应该会实现事半功倍的教学效果。

同时，L 老师还认为：仅仅通过读写模式在课堂上向学生传授语言知识、教几个词汇或是语法结构是不够的，关键是如何把两者有效地结合在一起，找到一个合理的结合点来进行教学。

在读写结合的课堂上，阅读和写作都建立在语篇分析的基础上，语篇分析对于两者都至关重要。语篇分析不单独研究词汇、语法，是建立在句子层面上的建构和使用。语言学习者仅依靠掌握单一的词汇和语法句型是不足以从阅读材料中获得必要信息的，这时，语篇知识就会起到重要作用，帮助读者进行策略上的选择，真正实现语言上的交流。从英语书面表达来看，语言学习者的书面交际能力也体现在他的语篇知识的掌握程度和语篇能力之上。

《普通高中英语课程标准（2017 年版）》对高中英语学业质量水平一和水平二分别提出了高中学生参加学业水平考试和高考应达到的具体要求。在英语阅读方面，高中学生主要能够“抓准日常生活语篇的大意，获取其中的主要信息、观点和文化背景”；“区分语篇中的主要事实与观点：基于所读所看内容，进行推断比较、分析和概括”，“识别语篇的类型和结构、辨识和分析语篇的文体特征及衔接手段，识别语篇为传递意义而选用的主要词汇和语法结构”；“判断和识别书面语篇的意图，获取其中的还要信息和观点；识别语篇中的主要事实与观点之间的逻辑关系，理解语篇反映的文化背景；推断语篇中的隐含意义”；“识别语篇中内容要点和相应支撑论据”；“识别语篇中新旧信息的布局及承接关系；理解语篇成分之间的意义逻辑关系，如：次序关系、因果关系、概括与例证关系；识别语篇中的时间顺序、空间顺序、过程顺序等”。在英语写作方面，高中学生主要能够达到以下要求：“运用语篇的衔接手段构建书面语篇”；“有条理地描述自己或他人的经历，阐述要点，表达感情态度；能描述事件发生、发展的过程；能描述人或事物的特征、说明概念；能概述所读语篇的主要内容或续写语篇”；“在表达过程中有目的地选择词汇和语法结构，确切表达意思，体现意义的逻辑关联性；能使用多模态语篇资源，达到特殊的表达效果”。由此可见，语篇知识在英语教学中是必不可少的一部分，阅读、写作都离不开语篇的分析。

因此，L 老师认为在教学中，应大力培养学生们的语篇分析意识和分析能力，注重阅读与写作相结合。

## 二、问题的解决

根据当前《普通高中英语课程标准（2017 年版）》的要求与写作教学的实际情况，L 老师认为在写作教学中应加强读写结合，在语言输出前给予学生以丰富的可理解性知识的输入，强化学生语篇知识、提高学生语篇能力。因此，L 老师在实际的英语写作教学过程中运用了基于语篇分析的读写结合模式。

### （一）语篇分析是什么

1952 年，语言学家哈里斯明确提出语篇分析，而我国学者对语篇分析的研究则始于 20 世纪 80 年代。国内外学者对于语篇分析的研究方向大体一致，都是从研究语篇、语篇分析的相关知识理论开始，将语篇分析与语言学的其他相关学科结合起来，逐步把语篇分析研究的相关成果应用到其他领域。因此，L 老师尝试将语篇分析理论应用于英语阅读教学，再把阅读和写作相结合，运用到高中英语写作教学。基于黄国文（1988）、刘辰诞和赵秀凤（2011）对语篇分析的研究成果，L 老师主要从宏观和微观两大方面对基于语篇分析的读写结合模式在高中写作教学的应用进行设计和探索。

在宏观方面，语篇分析主要关注题材、体裁和语篇模式。语篇题材是语篇的重要组成部分，与语篇的语境紧密相关。在学习类似题材的语篇时，如果语言学习者拥有足够丰富的词汇储备和背景知识，将有利于他们理解语篇内容。各类语篇的语篇体裁不同，而对于不同的语篇体裁而言，其语篇结构也不尽相同。

《普通高中英语课程标准（2017 年版）》和《高考英语考试大纲》中涉及的阅读体裁主要有四种：应用文、说明文、记叙文和议论文。整体而言，各类语篇模式由其自身的宏观框架构成，这些模式可总结如下：（1）提出问题到解决问题模式，包括情景、问题、反应和评价四个部分，这种模式在科普文、实验报告和新闻报道等语篇最为常见；（2）提出主张与反主张模式，也称为假设—真实理论，由情景、主张和反主张构成，议论文的语篇布局主要采用这种模式；（3）从一般到特殊模式，主要涵盖一般陈述、具体陈述和总结陈述三部分；（4）从提问到回答模式，包括情景、提问、回答和积极或消极评价，这种模式重点关注问题的回答和解决，常见于广告、报道、演讲、政治评论等语篇。

在微观方面，语篇衔接和语篇连贯这两方面对于语篇分析和研究来说至关重要，所以 L 老师在英语写作教学中的微观方面也主要考虑这两方面。Halliday 和 Hasan

(1976) 认为："语篇连贯是语言要素之间的语义关系，主要由语篇的表层结构显示出来。"同时，语篇衔接也是实现语篇连贯的一种方式，又分为语法衔接和词汇衔接。语法衔接主要分为照应、替代、省略和连接：照应，是一种采用代词形式来指示和解释上下文中涉及的人、事物的语法方式，其又分为代词照应、指示照应和比较照应；替代，指利用名词替代、动词替代和从句替代来代替前文所涉及的某些部分，起到避免上下文重复和连接上下文的作用；省略，是一种在语言使用过程中用来避免上下文重复的语法衔接方式，可以看作替代的一种特殊形式；连接，是在语篇中用来连接相邻句子之间的逻辑语义关系的一种方式，包括递进、转折、因果和时间关系。

词汇衔接方面主要词汇复现和词汇同现两方面。首先，在语篇中，词汇复现主要是通过重复使用某一个词的原词、同义词、近义词、上义词、下义词、概括词或同根词等形式来实现语篇上下文的相互衔接。因此，词汇复现具体主要分为原词复现、同义词或近义词复现、上下义词复现和概括词复现。其次，词汇同现指相关词汇同时出现在同一语篇中的一种倾向性，包含互补同现和反义同现两种情况。

在教学中，L 老师主要从语篇分析的宏观和微观两大方面将英语阅读和写作结合起来，设计英语写作教学的过程和活动，依次涉及语篇题材、语篇体裁、语篇模式、语法衔接和词汇衔接等语篇知识。

### （二）如何运用基于语篇分析的读写结合模式

L 老师基于语篇分析的读写结合模式，在高一第一学期进行了为期 16 周、每周各 1 课时的英语写作教学，分为 4 个单元，每个单元需 4 个课时，即每个单元进行了 4 周的教学。该模式主要涉及两大部分，前后两周分别进行基于语篇分析的读写结合模式的写作教学和写作评价。该模式下的写作教学内容主要分为语篇题材、语篇体裁、语篇模式、语法衔接和词汇衔接，具体安排如下：

**表 6-1　基于语篇分析的读写结合模式的教学安排**

| 内容/时间 | 1～4 周 | 5～8 周 | 9～12 周 | 13～16 周 |
|---|---|---|---|---|
| 语篇题材 | 人际关系 | 语言学习 | 自然 | 社会 |
| 语篇体裁 | 应用文 | 说明文 | 记叙文 | 议论文 |
| 语篇模式 | 问题—解决模式<br>提问—回答模式 | 一般—特殊模式 | 一般—特殊模式 | 主张—反主张模式 |
| 语法衔接 | 照应，连接 | 替代，省略 | | |
| 词汇衔接 | | | 复现 | 同现 |

从宏观上来看，语篇体现为不同的体裁，而不同体裁又有不同的篇章结构，所以L老师根据《普通高中英语课程标准（2017年版）》对写作的不同等级要求，从易到难，依次分别进行2次应用文、说明文、记叙文和议论文的写作教学，并根据现行英语教材的主题和写作任务，以及近几年全国三卷高考英语作文的体裁、题型、要求设计了8次写作任务。

在前一周里，L老师首先引导学生依据人教版《英语（必修1）》所涉及的不同语篇题材（如人际关系、语言学习、自然、社会等）以及语篇体裁（如应用文、说明文、记叙文和议论文）深入分析和学习阅读材料的谋篇布局、遣词造句，掌握该类体裁的常见语篇模式（如问题—解决模式、提问—回答模式，一般—特殊模式，主张—反主张模式等），提高英文写作的谋篇布局能力。同时，L老师引导学生有选择性地选取阅读材料中的重点词汇和短语表达（第一次由教师选择作为示范）外，还引导学生掌握文中有关语义衔接的信号词。L老师主要带领学生依次学习语法衔接的照应、连接、替代和省略等四大方面，由易到难，在学生积累了一定的词汇量和表达法之后才向学生介绍复现和同现这两大词汇衔接类型。她为每位学生准备了一本包含了“生词”、“有用表达”、“我喜欢的句子”和“我的评论”四部分内容的笔记本，并向他们提供与本次写作课主题相关的阅读材料，要求学生自由选择好词佳句，结合课堂上下所学进行仿写练习，并互相分享，让学生熟悉所学词汇、语法等语言基础知识和语篇体裁、篇章结构、逻辑衔接词等语篇知识，将之正确地运用于写作。

在后一周里，L老师安排了课内与课外两种形式的作文评价。课内评价主要由学生在课上分组评价。L老师会在课前从作文中挑选出现典型问题的作文和优秀作文各1篇。在课上，她将学生分为小组，把这两篇作文分给各组，并提供根据高考写作评分标准制定的写作评价表。各组学生经过讨论，分别派一名代表结合写作评价表和上周所学的语篇分析知识，给出该小组的评价意见和修改方法。最后，L老师给出自己的观点及评价，并说明理由。课外评价则主要由学生在课下进行对自己的作品自评、修改，并提交其自评结果和改后作品。L老师还特别针对在写作上仍有困难的学生，进行了单独批改或小组面批。

由上可知，基于语篇分析的读写结合模式的写作教学主要包括4个单元，每个单元会进行2次写作教学。前一次主要结合阅读教材文章、带领学生对新的语篇知识进行分析和理解，并进行写作练习和写作评价，后一次则是对该内容的巩固教学，具体教学过程一致。基于语篇分析的读写结合模式，L老师对第1单元的英语写作教学的具体设计如下：

**表 6-2　基于语篇分析的读写结合模式在高中英语写作中的应用**

## 单元教学设计（1）

**Book 1 Unit 1 Friendship**

***Anne's Best Friend***

| | |
|---|---|
| 一、教材分析 | 课文选自人民教育出版社《英语（必修 1）》第 1 单元“Friendship”的阅读部分：“Anne's Best Friend”。本单元的主要话题是友谊，通过安妮最好的朋友——她的日记 Kitty，介绍了安妮及她的家人的遭遇，表达了她对大自然的热爱和对自由的向往。 |
| 二、学情分析 | L 老师所授班级为某市某中学重点实验班之一，该班学生的英语基础扎实，英语学习主动性较好，由于刚进入高中生活，对知识的学习渴望较大，对高中英语的学习也十分感兴趣。该班学生已经在前一课时里学习了本课的重点词汇和短语，能够理解课文中大部分词汇。本单元的话题是友谊，主要属于人际关系，题材贴近学生生活。但是由于本单元是学生在高中阶段学习的第一个单元，文章“Anne's Best Friend”还涉及二战背景的历史知识 和选文原著的语境内容，所以需要老师带领他们一起分析文章的语篇题材、语篇体裁、语篇模式和语法衔接等内容。 |
| 三、教学目标 | 1. 语言技能目标：<br>（1）学生能够通过标题和图片预测文章内容，并通过快速阅读文章首尾段或各段落主题句总结文章主旨大意，以证实自己的预测。<br>（2）学生能够分析本文的体裁和篇章结构，并能列出相似话题的写作大纲。<br>2. 语言知识目标：<br>（1）学生能够掌握与“友谊”等人际关系相关的单词和短语，如 upset、ignore、be good to、calm ... down、be concerned about、take care of、laugh at、get along with 等。<br>（2）学生能够识别文章中表示照应和连接这两种语法衔接的信号词。<br>3. 学习策略目标：<br>学生能够有意识地去注意和选择积累所感兴趣和所需词汇表达。<br>4. 情感态度目标：<br>（1）学生能够对英语学习保持主动和积极的态度。<br>（2）学生能够珍惜当前的幸福生活和热爱身边的人和物。 |
| 四、教学重点 | （1）通过文章标题和图片预测文章内容，以及通过快速阅读文章首尾段和各段主题句，归纳文章的主旨大意。<br>（2）带领学生了解文章题材、体裁、语篇模式和语法衔接，并以小组为单位，找出文中与语法衔接中的照应和连接有关的信号词。<br>（3）学生以友谊为话题，进行书信构思和写作。 |
| 五、教学难点 | 文章的书信部分长难句较多，如何确保学生识别该部分的语法衔接标志词？<br>（解决方法：先由教师带领学生分析在第一部分出现的标志词，让学生明白照应和连接的具体含义。再以小组为单位，让学生分别找出该部分的语法衔接标志词。） |

续表

| | 步骤 | 教学活动 | 设计意图 |
|---|---|---|---|
| 六、教学过程 | 1 | **Brainstorming：**<br>Q：Do you have a best friend?<br>Can you tell us the reasons why friends are important to you? | 以问题“Can you tell us the reasons why friends are important to you?”导入，激发学生联想形容朋友和友谊重要性的词汇和表达。如果学生在回答时存在语言表达问题，这可能促使他们在阅读过程中解决自己语言中的“漏洞”。该活动有助于实现语言知识目标一。 |
| | 2 | **Prediction & fast-reading：**<br>**Read the title and pictures and predict what the passage mainly talks abut.**<br>Q1：Who is Anne? Who is her best friend?<br>Q2：What can you see in the first picture? Who are they? What are they doing? How can you see that?<br>Q3：How about the second picture? What can you see from her face? Can you guess what happened to her?<br>Q4：Can you guess the main idea of the passage according to what we have discussed?<br>Read the passage quickly | 主要以问题的形式引导学生学会如何通过文章标题和文中图片预测文章内容，并通过快速阅读课文，检测自己的预测正确与否。此活动主要实现语言技能目标一。 |
| | 3 | **Discourse analysis & discussion**<br>1. Identifying and synthesizing the discourse content<br>Q：How many parts can you divide the passage into? And what is the main idea of each part?<br>2. Finding the discourse genre structure and discourse pattern<br>Q1：What is the genre (the writing type) of each part?<br>Q2：What are the characteristics of each part?<br>3. Building the language<br>(1) Q1：Why did Anne make her diary her best friend? Where can you find the answer? | 学生需要快速阅读文章之后划分全篇段落，总结各部分的主要内容。<br>带领学生关注文中两个部分的语言和语篇结构布局等特点，分析两个部分的语篇体裁（Part 1 背景介绍部分：记叙文；Part 2 日记部分：应用文，以书信的格式进行写作）和语篇模式（Part 1：提问—回答模式；Part 2：问题—解决模式）。并要求学生在分析的同时总结可学习的写作框架。此活动主要实现语言技能目标二。<br>以文章第一部分首段的最后一句话为例，以回答问题的形式，带领学生分析 the first kind 中定冠词 the 在语篇中的意义，以及该句里第三人称 she 的衔接作用，以让学生进一步理解照应的含义和常见类型：照应是一种采用代词来指示和解释上下文提到的人或事物的语法方式，分为代词照应、指示照应（the、this、that、there、here...）和比较照应。 |

续表

| | 步骤 | 教学活动 | 设计意图 |
|---|---|---|---|
| 六、教学过程 | 3 | （2） Q2：How do you make two or more than two simple sentences together?<br>（Anne Frank wanted the first kind，so she made her diary her best friend.） | 通过询问学生如何将两个或两个以上的简单句连接起来，让学生理解连接的含义和分类：连接是在语篇中用来连接相邻句子之间的逻辑语义关系的一种方式，主要有递进、转折、因果和时间关系。带领学生分析首段最后一句话来感受连接具体在语篇中显示的递进关系。 |
| | | （3） Group work：try to find out the signal words that can show reference and conjunction of the grammatical cohesion in the following four paragraphs in groups. At the same time，please underline the new words and useful expressions according to your own needs and write them down after class. | 以小组为单位，找出文中其余四段中与语法衔接的照应和连接有关的信号词，有助于实现语言知识目标二。<br>同时可带领学生学会有选择地选取他们感兴趣或者需要的重点词汇和有用表达，以实现学习策略目标。 |
| | 4 | **Writing：**<br>The students are asked to write a letter to introduce one of their best friends to their foreign pen-pal，Tom，and show their opinion on friendship. They are supposed to finish the passage with 100 words in 20 minutes and they are encouraged to apply what they learned in class to their composition.<br>Both the outline and the writing product need to hand in after class. | 让学生通过给他们的外国笔友 Tom 回信，向他介绍自己的好朋友及他们对友谊的看法，巩固和整合本课所讲内容（语篇题材、语篇体裁、篇章模式、照应、连接和相关词汇表达），并尝试将所学内容运用到写作中去，以实现语言技能目标二。 |
| | 5 | **Homework：**<br>Finish reading and the notebook. | 再次阅读本文或相关阅读材料，完成阅读积累本。 |

## 单元教学设计（2）
## Assessment

| | |
|---|---|
| 一、教材分析 | 课文选自人民教育出版社《英语（必修 1）》第 1 单元“Friendship”的阅读部分：“Anne's Best Friend”。本单元的主要话题是友谊，阅读部分体裁涉及了记叙文和应用文，两部分的语篇模式较为明显，主要是提问一回答和问题—解决模式，而本单元的写作要求为建议信，也是应用文中书信的常考内容，所以学生可以在分析阅读部分的同时，初步了解书信如何进行谋篇布局和遣词造句。 |
| 二、学情分析 | L 师已经在前一课时里带领学生分析了本单元阅读部分的语篇题材、语篇体裁、语篇模式，同时学习了语法衔接最常见的两种类型：照应和连接。并在上一课时进行了书信的首次练习。通过分析学生的作文，学生基本能按照书信格式要求进行写作，但仍有学生在正文结构布局上和具体的上下文、相邻句子的衔接上存在问题。 |

续表

<table>
<tr><td>三、教学目标</td><td colspan="3">1. 语言技能目标：<br>学生能够通过分析同学作文巩固语篇题材、语篇体裁和语篇模式等语篇知识。<br>2. 语言知识目标：<br>学生能够识别文章中表示照应和连接这两种语法衔接的信号词。<br>3. 学习策略目标：<br>学生能有意识地去注意和选择积累同学习作里的有用的词汇表达。<br>4. 情感态度目标：<br>学生能够正确、积极的态度听取他人的观点和评价他人的作文。</td></tr>
<tr><td>四、教学重点</td><td colspan="3">1. 通过回顾阅读部分的语篇题材、体裁、语篇模式和语法衔接等内容，再次明确语篇题材、体裁、语篇模式、照应和连接等含义。<br>2. 以小组为单位，分析所给出的两篇文章。<br>3. 对本次写作情况的总结。</td></tr>
<tr><td>五、教学难点</td><td colspan="3">学生可能在分析句子的衔接方面仍存在问题？<br>（解决方法：以小组为单位讨论，从每组随机抽选一名代表来分析，以确保每个学生都认真参与讨论。）</td></tr>
<tr><td rowspan="3">六、教学过程</td><td>步骤</td><td>教学活动</td><td>设计意图</td></tr>
<tr><td>1</td><td>Reviewing</td><td>带领学生回顾阅读部分：“Anne's Best Friend”的语篇题材、体裁、语篇模式和语法衔接等内容，以再次明确语篇题材、体裁、语篇模式、照应和连接等含义</td></tr>
<tr><td>2</td><td>Discussion<br>Explain the scoring standard<br>Score the two passages and discuss your reasons according to the scoring standard.</td><td>根据高考写作评分标准和基于语篇分析的读写结合模式，L老师主要从以下五个方面制定了写作评价表：语篇题材：0～6分；语篇体裁和语篇模式：0～6分；语篇衔接：0～5分；新学词汇或高级表达：0～5分；其他（如拼写、书写、标点符号等）：0～3分。在学生进行讨论分析之前，L老师会向学生介绍本课将使用的写作评价表，帮助学生明确讨论方向，最终实现本课教学目标。</td></tr>
</table>

续表

| | 步骤 | 教学活动 | 设计意图 |
|---|---|---|---|
| 六、教学过程 | 3 | Assessment<br>Assess the writing passage according to your group discussion.<br>Qs: How many points do you want to give this passage? And why?... | 各小组讨论之后，教师随机从各组抽选一名代表评价同学作文，要求发言代表尽可能根据写作评价表进行分析。<br>在这一环节，教师应多鼓励学生发表自己和小组的意见，并要求其他小组认真聆听他人的观点。 |
| | 4 | Summary<br>Summarize all the groups' opinions.<br>Give the teacher's assessments | 教师总结小组代表的观点，并且给出自己评价，提醒其他需要注意的问题。 |
| | 5 | Homework<br>Make a self-assessment on your own composition and revise your composition. | 学生应根据所讲内容进行自我评价并修改自己的作文。 |

## 三、教学反思

经过为期十六周的教学，基于语篇分析的读写结合模式能够更加有效地提高学生的英语写作成绩，主要体现在以下三方面：

首先，有助于丰富学生的英语语篇话题内容，使学生了解各类语篇的框架结构。在写作教学过程中，基于语篇分析的读写结合模式鼓励学生阅读更多相同语篇话题的文章，使得学生积累更多相关主题的知识和信息，丰富类似语篇内容的输入。这样，当学生碰到熟悉的话题时能够迅速地知道要写些什么，有哪些内容与话题相关。同时，学生能快速明确该篇章的结构、各部分的构成，从而写出主题明确、内容饱满、结构清晰的文章。

其次，学生开始注意在文中应用各种衔接手段和方式。他们开始关注段落、句子和词汇之间的关系，有利于提高在写作中运用衔接方式的意识，更加流畅地表达自己的思想，从而使得文章行文更加连贯。

最后，在一定程度上帮助学生在写作过程中使用新词和较好的句型句式。读写结合的模式能使学生在阅读过程中有选择性地记下一些好的语言表达方式，并鼓励学生在写作实践（如阅读评论和作文）中运用出来，以提高文章语言表达的多样性。

尽管基于语篇分析的读写结合模式在写作教学中取得了一定的成果，L 老师发现仍存在一定问题。写作是一个复杂的认知活动，十六周的写作教学过后，学生的写作成绩得到了提高，但是他们的写作能力是否提高、是否具有稳定性，仍需要学生利用更多的时间去练习，把所学的语篇知识运用到写作中并长期坚持。

## 结 语

在整个高中英语学习阶段，英语写作既是高考英语的部分，又是社会交际的重要方式之一。当然，英语写作的教学方法众多，教师可以根据学生的实际情况选择合适方法来进行教学。

L老师选择了把基于语篇分析的读写结合模式应用到她的写作教学中，分别从语篇题材、语篇体裁、语篇模式、语法衔接和词汇衔接等方面对学生进行读写训练。通过一定的训练，学生在写作学习方面得到了提高。L老师也在写作教学方面取得了一定成果，并将一直探索下去。

## 案例思考题

1. 什么是基于语篇分析的读写结合模式？
2. 此案例中，教学安排有什么优点和不足？
3. 此案例中，L老师是如何把读和写结合起来的？
4. 你还知道其他写作教学方法吗？

## 案例使用说明

**1. 适用范围**

适用对象：教师教育工作者、中小学英语教师、英语专业本科生、英语学科硕士研究生。

适合课程：教研课、高中写作教学。

**2. 教学目的**

(1) 理解什么是语篇分析及其包含内容；

(2) 了解读、写结合模式的写作教学；

(3) 培养分析实际教学问题和解决问题的能力；

(4) 培养探索不同教学方法的品质。

**3. 要点提示**

（1）相关理论

语篇分析、语言输入假设、语言输出假设。

（2）关键知识点

语篇分析、读写结合模式。

（3）关键能力点

能分析现阶段高中写作现状、分析学习者因素。

（4）案例分析思路

通过对此教学案例的分析，引导学员了解如何结合语篇分析进行英语写作教学，进一步思考如何设计适合自己教学目标和教学对象的英语写作教学方法。并为学员在以后的学习或工作中如何通过实验开展有效写作教学提供借鉴。

**4. 教学建议**

时间安排：标准课 6 课时，共 270 分钟。布置和预习 3 课时，上课讨论 3 课时。

环节安排：提前两周布置阅读任务→学员以 5～6 人组成小组→查阅相关知识内容→小组内部进行读后讨论→各组对讨论结果进行梳理，准备进行课堂汇报→课堂汇报及讨论→教师点评。

人数要求：30 人以下。

教学方法：案例教学讨论为主，讲授点评为辅。

工具选择：多媒体、卡纸、案例打印资料、录音笔、录像机或者有录音录像功能的手机。

组织引导：教师就预习任务布置清晰、要求明确；提供给学员必要的参考资料；给予学员必要的调查技能训练，便于调查工作展开；学员课下讨论需要及时指导并给出建议。

活动设计建议：

学员预习及资料查阅部分要求有纸面笔记。

课前小组讨论要有清晰记录，至少包含个人观点、论证、出现的问题、解决方案、小组意见等。

课中各小组要提供课堂汇报提纲和讨论记录表。课后一周内各小组应提交反思及总结稿。教师准备好点评的资料和提纲。

下课后教师及时总结案例教学的得失，以便改进后续的教学行为。

**5. 推荐阅读**

［1］程晓堂.（2005）. 基于功能语言学的语篇连贯研究. 北京：外语教学与研究出版社.

[2] 胡曙中.（2012）. 语篇语言学导论. 上海：上海外语教育出版社.

[3] 黄国文.（1988）. 语篇分析概要. 长沙：湖南教育出版社.

[4] 刘辰诞，赵秀凤.（2011）. 什么是篇章语言学. 上海：上海外语教育出版社.

[5] 中华人民共和国教育部.（2018）. 普通高中英语课程标准（2017 年版）. 北京：人民教育出版社.

[6] Aijmcr, K. & Stcnstrom, A. B. (2001). *Discourse Patterns in Spoken and Written Corpora*. Amsterdam: John Benjamins.

[7] Gee, J. P. (2011). *An Introduction to Discourse Analysis: Theory and Method* (3rd ed.). London: Routledge.

[8] Hadley, A. (2003). *Teaching Language in Context*. Beijing: Foreign Language Teaching and Research Press.

[9] Halliday, M. A. K. & Hasan, R. (1976). *Cohesion in English*. London: Longman.

[10] Hyland, K. & Paltridgc, B. (2011). *The Continuum Companion to Discourse Analysis*. London: Continuum International Publishing Group.

[11] Williams, J. (2007). *Teaching Writing in Second and Foreign Language Classrooms*. Beijing: World Publishing Corporation.

## 案例 7

# 基于语块理论的初中英语写作教学初探

◎ 余兴兰　黎　河

### 引 言

写作作为重要语言技能之一，一直以来被视为英语课堂教学中较难完成的一部分，主要挑战是写作课堂效率不高，学生学习效果不明显。在此案例中，Y 老师应用语块理论于初中英语写作课堂，希望借助基于语块理论的教学模式在初中英语课堂进行有效的写作教学。

### 背景信息

教育部颁发的《义务教育英语课程标准》提出：语言技能是语言运用能力的重要组成部分，主要包括听、说、读、写等方面的技能以及这些技能的综合运用。其中，写作常常被认为是上述四种语言技能中最难的一种。新课程标准明确要求初中学生达到英语五级水平，其中对写作的具体要求是：(1) 能根据写作要求，收集、准备素材；(2) 能独立起草短文、短信等，并在教师的指导下进行修改；(3) 能使用常见的连接词表示顺序和逻辑关系；(4) 能简单描述人物或事件；(5) 能根据所给图示或表格写出简单的段落或操作说明。然而在农村地区，初中学生英语写作水平并不理想，学生常常感到英语写作十分困难，缺乏写作信心与兴趣，一些教师对于英语写作教学也时常感到困惑。

为了解决写作教学问题，Y 老师积极查阅英语写作教学理论和相关研究论文，得知国内三种主要的写作教学流派是结果教学法、过程写作教学法和体裁写作教学法。同时，Y 老师也了解到语块理论自提出以来已引起国内外许多研究者的关注，并取得了丰硕的研究成果。许多研究者指出，语块理论可以应用于语言学习和语言教学，尤其可以用于英语写作教学。因此，Y老师决定尝试运用语块理论指导英语写作教学，解决英语写作教学难题。

案例正文

## 一、问题的提出和确认

Y老师从事农村初中英语教学已有三年，对农村英语教学和农村初中生的情况相对比较了解，为了更有效开展教学方法尝试，她首先对教学对象的特点进行深入的分析。

初中英语教学有着自身的独特性，其教学对象是一群处于青春期的孩子，他们无论在生理上还是心理上都正发生着显著的变化。理论上，初中阶段的孩子相对于小学时能够更加集中注意力，英语的听、说、读、写四种技能的发展应相对均衡。然而，在实际农村英语教学的过程中，写作教学无论是对老师还是对学生都是一项较大的挑战。农村学生相对城镇学生缺乏英语学习环境，英语学习几乎只局限于学校课堂。例如，哪怕学生能够读懂一篇作文范文，但当他们再次面对同样的作文题目时却无从下笔，或不知道怎么样把句子表达正确。Y老师经过综合分析后与同事探讨，认为这是因为学生的英文写作严重受到中式思维的影响。

Y老师通过查阅文献得知，二语习得中母语的部分句型结构和用词搭配会对英语写作学习产生负迁移的影响。学生无法注意到中英文表达的差异，即中文是一门意合的语言，而英文是一门重形式的形合语言。这最直接地体现在学生常常忽略英文“主谓一致”的语法要求，因为这一规则在中文中并不存在。在“The kid likes singing.”这样的句子中，学生常忘记在“like”后加上“s”表示谓语动词单数形式。学生还经常直接地简单套用中文关联词，出现“Although he is tired, but he feels happy.”这样的表达错误。在使用 listen to music、play the guitar、teach me English 等语块时，学生也常常依照中文思维写成 listen music、play guitar、teach my English。

经Y老师总结，究其问题产生的原因主要包括：(1) 学生英语基础较薄弱，英语有效输入不足，严重受汉语负迁移和汉语思维的影响，无法输出地道的英文表达，甚至屡犯基本的语法错误。(2) 教师缺乏写作教学的培训，很多教师面对写作教学任务时常感到困惑，写作教学方式单一化。(3) 家长、学生甚至教师对英语写作教学重视程度不足。(4) 教学所用教材缺乏针对写作能力对应的指导练习。如果写作学习一直不能引起学生和教师的足够重视，或者即使重视却找不到一个有效的教学方法，那么久而久之，学生会发现写作越来越难，渐渐丧失学习写作的自信和兴趣。

Y 老师通过研究写作教学理论，结合现实存在的主客观困难，认为语块理论或许能够有效地指导英语写作教学，帮助学生克服母语负迁移在写作中造成的影响。

## 二、解决问题的依据和思路

根据《义务教育英语课程标准》，九年级学生应达到英语五级学习标准，应能根据提示独立起草和修改小作文。因此，掌握基本的写作技巧是整个初中期间英语写作学习的关键，那么要怎样才能在课堂上高效地让学生掌握有效的英语写作技巧呢？Y 老师认为：语块的特点之一是具备能够在英语写作中直接应用的语法化功能和语用语义功能，这两种功能可以帮助学生避免大量的语法错误以及成篇的中式英文错误，帮助学生降低写作难度，提高学生写作信心。

### （一）语块理论

国内外不同学者对语块的定义有不同的理解。在国外，最早定义语块的是 Becker。他于 1975 年指出，语言的记忆和存储、输出和使用不是以单个词为单位，而是以固定或半固定模式化的语言板块结构来进行的，这些板块结构构成交际的最小单位。接着，不同学者纷纷对语块概念提出自己的观点。

Krashen 和 Scarcella 于 1978 年称语块为“半固定式的短语”（semi-fixed patterns）。Peters（1983）称其为“可解析填空的套语框架”（formulaic frames with analyzed slots）。Pawley 和 Syder（1983）采用了“词汇化句干”这一术语，将其定义为“与句子长短差不多，或者更长的单位，它的语法形式和词汇内容完全或大部分是固定的，它的固定成分构成了为文化所接受概念的一个标准标签”，认为本族语者大脑中储存有成千上万的词汇化句干，正是它们使本族语者能流利进行语言表达。1990 年，Newell 将其定义为一个记忆组织的单位，由记忆中已经形成的组块组成，又连接成更大的单位。Nattinger 和 De Carrico（1992）运用了“词汇短语”这一术语，他们的界定是“这一多词的词汇现象是介于传统的词汇和句子之间、约定俗成的、形式与功能的结合体，与按语法拼装起来的句子相比，其在交际中出现的频率更高、具有更为稳定的意义。”1997 年，Lewis 提出，语言不是由传统的语法与词汇组成，而是由多词构成的预制语块组成，这种词汇组合有自己特定的结构和相对稳定的意思，可整体或稍作改动后作为预制组块供学习者提取和使用。

而国内学者对这一概念的常见定义列举如下：在长期语言交际中形成固定化公式化的惯例语便是语块；语块是提前预制好且被频繁使用的多个词的组合；语块是比词语搭配更大的语言使用单位；语块是被语言学习者作为一个整体使用，同时结合词汇、语法、句法和交际功能于一体的组合体，等等。

Y老师由此总结出自己对语块理论的理解：虽然国内外学者对语块的定义各有不同，但不难看出所有学者的研究都围绕语块的基本特征展开。语块作为语法化的单词、短语或句子，学生在写作时能够直接提取语块，降低写作难度和写作负担，提高写作信心，对学生英语写作有促进作用。

### （二）解决思路

为了解决英语写作中出现的问题，Y老师基于语块能在写作中直接提取这一特点，运用语块教学法作为指导，以初中阶段四种主要的文章体裁作为引入，讲解语块在各种体裁中所扮演的角色以及重要性，并以 Nattinger 和 De Carrico 的语块分类标准为参照介绍四种体裁常用的语块，期望能在英语教学中为学生写作提供丰富的英语表达资源。

### （三）“语块”写作教学的实施

为了更好地运用语块理论指导农村初中英语写作教学，Y老师结合教材安排，将九年级一整学年（每周6个学时）分三个主要阶段，分段完成语块理论指导实践下的英语写作教学和训练，并在每一阶段后进行小测以巩固阶段学习成果。

**1. 第一阶段：语块识别阶段**

这一阶段主要为准备阶段，目标是让学生理解语块，这在整个语块理论应用于英语写作教学的指导过程中扮演着至关重要的作用。在写作教学的前期，Y老师总结了语块的定义、特点、功能、分类，并最终决定以 Nattinger 和 De Carrico 的语块分类标准为指导进行教学，具体分类如下：

**表 7-1　以 Nattinger 和 De Carrico 研究为基础的语块分类标准**

| | |
|---|---|
| 聚合词<br>(poly words) | 也叫多词词汇，是指由一个以上单词组成的固定短语 |
| 惯用表达式<br>(institutionalized expressions) | 主要是指不变的、规范的、被整体储存在大脑中的语言组块，使用时随时提取，具有语用功能，既可以是完整的句子，也可以是固定的句子开头 |

续表

| | |
|---|---|
| 限制性结构短语（phrasal constraints） | 是由一些固定词语构成的短语框架，可以按需要填写或替换相应的词或词组，在语言形式上有一定的变化，通常情况下可以填入比较短的语块。 |
| 句子构造成分（sentence builders） | 是功能和形式固定或半固定的短语，也就是我们俗称的句型和框架 |

Y老师先向学生举例讲解语块的定义、特点，功能和分类，结合人教版教材的特点（每个单元有两篇长文章），要求学生判别文章体裁类型，在文章中找出语块，与同学探讨语块在文章中的作用。本阶段为起始阶段，学生通过这一阶段的学习，能够理解语块是多个词的组合，而不是简单的独立字词；是一个同时具备语义和语用功能的语法化词块，既可以是短语，也可以是固定表达结构或者句型结构。这些语块可以直接应用于英语写作，即学生可以直接提取并且不需要做太多的加工，这能够为学生降低写作难度，节约写作时间。例如，句型结构“It is adj. for sb. to do something.”便是一个语块，相当于Nattinger和De Carrico（1992）的语块分类标准中的“句子构造成分”。学生能够通过变换其中个别单词以适用不同体裁话题作文的表达。教材文章中出现的惯用表达式也同样属于语块，学会运用“Practice makes perfect.”这类惯用句能够为学生的文章增添色彩。

简而言之，Y老师在这一阶段结合教材文章含有大量语块这一特点，在阅读教学中设计让学生学会在不同体裁文章中找出语块，布置相应练习来训练和巩固学生对语块的认识与辨别能力，从而为后面阶段教学奠定坚实基础。

**2. 第二阶段：语块积累记忆阶段**

在完成语块识别的学习和训练的第一阶段后，便进入应用语块于英语写作教学的第二阶段——语块积累记忆阶段。这一阶段的目标不仅仅是简单的语块识别，还要求学生进行语块记忆积累，方便学生在今后写作中能够直接提取使用，降低写作难度。Y老师认为：本阶段虽然单独为一个阶段，但实质上是伴随每一个阶段进行。因为学习的过程就是一个不断积累的过程，并无时间与层次的确定分界。之所以将其单独着重提出，是因为写作作为一种语言输出行为，需要有足够的语言输入作为保障，语块的积累便是语言输入过程中的核心。

在这一阶段，Y老师采取多种方式帮助学生更加有效地记忆和积累语块，例如联想记忆法。Y老师要求学生在不同的文章中找出引入观点的语块，通过让学生自行观察、总结的方式延伸他们的记忆链条。学生很容易就找出相关的语块，如in my opinion、in my view、as for me、as far as I'm concerned、according to somebody等，随后他们便可以用这些语块进行分类的组合练习。Y老师认为将语块积累应和Nattinger和De Carrico提出的语块分类标准相结合。

此外，Y老师设计了多种语块记忆活动，包括语块替换、头脑风暴、仿写、小组比赛等，以增加语块记忆的趣味性。例如，Y老师设计让学生以小组的形式进行头脑风暴，要求学生将例句中的语块替换成其他意思相近的语块，从而加深学生的记忆，丰富学生的语块库。Y老师认为，因为背诵记忆烦琐和枯燥，教师在这一阶段应设计更加丰富多样的活动，来帮助学生提升语块记忆的兴趣，从而为学生降低记忆难度。

**3. 第三阶段：语块应用阶段**

完成语块积累记忆之后便进入第三个实操阶段，即语块应用阶段。在这一阶段，Y老师的教学和训练主要围绕指导学生正确地在英语写作中运用语块。Y老师认为：对于初中生来说，一篇作文的构成是先从词到短语，再到句，最后到篇，学生掌握语块之后，可以直接加上主语成句，甚至直接组句，大大降低写作难度。

在本阶段，Y老师首先进行使用语块造句的练习，帮助学生学会怎样正确地使用语块。例如，提高第二阶段语块替换练习的难度，引导学生将语块组合成两个简单句，以此让学生切实地把语块运用到句子中。在学生对句子有了简单的把握后，Y老师结合教材引入不同体裁的文章，由易入难、循序渐进，让学生对不同的体裁都有所接触和了解。这样做的目的是训练学生具备判断作文题的体裁类型的能力，并能选择恰当语块进行写作。当学生对所学习的几种写作体裁有了基本的意识和判断力后，即使遇到没有接触过的作文题目时，也不至于手足无措。

具体来说，Y老师会首先提供范文，让学生了解不同体裁的特点、各个体裁下可选用的语块，以及各种体裁可能涉及的话题；紧接着，Y老师会给出某一体裁下的不同话题，让学生以小组的形式判别所给话题的体裁类型，通过小组头脑风暴写出尽可能多的相关语块，各小组自行挑选语块，并在10分钟内完成语块造句练习；学生可以通过模仿不同体裁的范文、结合其特点进行连句成篇，完成自己的文章；然后，Y老师要求各小组互批作文，要求学生勾出同学作文中使用正确的语块，指出使用错误的语块，并将很有用而自己却没有想到的语块记录下来，从而促进同学间的相互学习和帮助；最终，Y老师会对学生作文进行批改，挑选典型的作文向全班讲解分析，在讲解的过程中强调正确使用语块对写作的重要性。

Y老师认为采取小组讨论到独立写作再到小组互评的这个写作过程，既能培养学生的团队合作能力又能帮助学生进一步掌握将语块应用于写作中的方法，语块的应用有效地避免了学生以往频繁出现中式英文的表达错误。此外，Y老师在讲解语块时，注意结合不同体裁具有不同语块的特点，加深学生对体裁以及不同语块在何种体裁下如何使用的理解。教师可以采用循序渐进的教学方法，先对既定文章进行改写、仿写、缩写或续写，帮助学生理解相应体裁特点，再让学生自行运用语块对自己的文章加工润色。

完成这三个阶段的学习后，Y老师开展了综合性练习训练，对以前三个阶段进行整合并加以巩固，布置无范文的写作练习。学生要在没有范文参考的前提下，自行判断写作体裁，凭借过去的积累写出尽可能多的语块，将语块组合成篇章，以此训练学生应用语块和结合体裁的英语写作能力。

最后，为了检测教学效果，Y老师当堂布置写作任务，要求学生要在30分钟内独立完成，由Y老师批改给分。在批改过程中，Y老师结合整篇文章内容、语法、书写、表达以及正确使用语块的数量进行客观评分。同时，Y老师还统计了学生文章中所用语块数量，通过分析语块使用数量和写作水平之间的相关性后得知两者呈正相关关系，即语块理论能应用于英语写作教学，且语块教学法能有效帮助学生提高英语写作技能。

## 三、教学反思

### （一）取得的成果

运用语块理论指导英语写作教学颇有成效，Y老师明显感受到语块理论对其英语写作教学的积极推动作用。学生不再像以前一样无从下笔，中式英语的语法错误减少，对英语写作的态度发生了变化，写作的自信心明显提高。因此Y老师总结得出，基于语块理论的写作教学可以帮助农村初中学生降低写作难度，协助教师解决英语写作教学难题，为写作教学提供一定的参考和借鉴。

### （二）出现的问题

由于课程进度及时长的限制，Y老师只来得及讲解语块理论应用于初中英语写作教学阶段最常见的四种文章体裁，未能全面覆盖所有写作体裁所涉及的方方面面。Y老师虽在教学中对学生“授之以渔”，但部分基础较差的学生面对陌生写作题目仍然感到吃力。在未来写作教学研究和实践中，如何加深各种文章体裁下话题的延展性亟待初中英语教师进一步探索和实验。

## 结 语

Y老师总结自身工作实践经验后发现，将语块理论具体运用于英语写作，将写作体裁与语块理论结合是农村初中英语写作教学中一项切实可行的方法，能有效促进写作教学的成效。教师在英语写作教学中可根据实际情况设计多样的语块教学活动，比如语块替换、头脑风暴、仿写、改写、缩写、小组评分和语篇衔接，不仅有助于学生语块输入以及积累记忆，而且能激发学生对写作和语块理论的关注和兴趣，进而提高学生的写作能力。

## 案例思考题

1. 基于语块理论的初中写作教学有什么优缺点？
2. 在初中英语写作课堂中，除了基于语块理论的教学模式，你还知道哪些较有效的教学模式？
3. 案例中，最后对学生写作学习情况进行检测的过程有何不足之处？
4. 请思考并设计1个课时的基于语块理论的初中写作课。

## 案例使用说明

**1. 适用范围**

适用对象：教师教育工作者、中小学英语教师、英语专业本科生、英语学科硕士研究生。

适合课程：二语习得、英语教学法。

**2. 教学目的**

（1）理解语块理论的基本定义；

（2）了解基于语块理论的教学模式在初中英语写作课堂的运用；

（3）激发因材施教和研发教学材料的动机；

（4）培养分析实际教学问题和解决问题的能力。

**3. 要点提示**

（1）相关理论

二语习得理论：语块理论、母语迁移理论、教学最优化理论。

活动理论：外语学习的活动系统。

教师专业发展理论：教师知识和教师能力。

（2）关键知识点

语块的定义及分类、初中英语写作教学。

（3）关键能力点

分析学习者因素，能进行基于语块的写作教学，能进行自我总结和反思。

（4）案例分析思路

通过对此教学案例的分析，引导学员进一步思考如何结合初中教材设计适合自己教学目标和教学对象的初中写作教学。并为学员在以后的学习或工作中如何通过实验开展写作教学提供借鉴。

**4. 教学建议**

时间安排：标准课6课时，共计270分钟。布置和预习3课时，上课讨论3课时。

环节安排：提前两周布置阅读任务→学员以5～6人组成小组→查阅相关知识内容→小组内部进行读后讨论→各组对讨论结果进行梳理，准备进行课堂汇报→课堂汇报及讨论→教师点评。

人数要求：30人以下。

教学方法：案例教学讨论为主，讲授点评为辅。

工具选择：多媒体、卡纸、案例打印资料、录音笔、录像机或者有录音录像功能的手机。

组织引导：教师就预习任务布置清晰、要求明确；提供给学员必要的参考资料；给予学员必要的调查技能训练，便于调查工作展开；学员课下讨论需要及时指导并给出建议。

活动设计建议：学员预习及资料查阅部分要求有纸面笔记。课前小组讨论要有清晰记录，至少包含个人观点、论证、出现的问题、解决方案、小组意见等。课中各小组要提供课堂汇报提纲和讨论记录表。课后一周内各小组提交反思及总结稿。教师准备好点评的资料和提纲。下课后教师及时总结案例教学的得失，以便改进后续的教学行为。

**5. 推荐阅读**

[1] 丁言仁，戚炎.(2005).词块运用与英语口语和写作水平的相关性研究.解放军外国语学院学报（5），49-53.

[2] 濮建忠.(2003).英语词汇教学中的类联接、搭配及词块.外语教学与研究（6），438-445.

[3] 徐泉.(2010).外语教学研究视角下的语块：发展与问题.中国外语（2），75-109.

[4] 杨玉晨.(2005).英文写作中的汉语思维模式和逻辑推理——中国学生英文习作案例分析.外语学刊（6），79-81.

[5] 于秀莲. (2008). 语块教学法与提高英语应用能力的实验研究. 外语界 (3), 54-61.

[6] Ma H & Li C. L. (2016). A Case Study of Lexical Chunk Theory and Its Impact on Reading Fluency. *Cross-Cultural Communication* 12(3), 35-39.

[7] Nattinger, J., & Decarrico, J. (1992). *Lexical Phrases and Language Teaching*. Oxford University Press.

# 第2部分

# 英语教师教育类教学案例

# 案例 8

# 高中英语以读促写的教学行动研究

◎ 赵富荣　梁　梅

## 引 言

教学行动研究的目的在于确定教学或学习问题、探究如何解决问题，以使教学得到改进。在本案例中，一位高中英语教师通过教学行动研究调查并分析高中生英语写作能力低下的问题，继而通过反思和调整，以 Krashen 的输入假设和 Swain 的输出假设为理论基础，在过程写作理论的指导下，根据学生对英语写作学习的需求，制定了一套英语写作教学的行动方案。该教学行动方案中将英语写作教学分为写前、写中和写后三个环节，以语篇阅读为导向，引导学生在理解文本和语言结构的基础上，进行了两个阶段轮回的写作练习。在教学方案的实施过程中，这位老师观察学生的学习过程并收集学生的写作反馈，在此基础上对自己的写作教学设计、教学方法和教学实施过程进行日常反思，并进行必要的教学调整。通过一个学期以文本阅读促进写作的实践过程，在一定程度上解决了学生英语写作困难，同时他们的写作行为、感受和态度有了积极的变化。这体现了教师为解决教学中的实际问题而采取的自觉行动，通过这样的行动研究，教师在个人专业发展道路上又前进了一步。

## 背景信息

21 世纪以来，“教师专业发展”已成为各国教育界的热门话题，也是推进我国教育改革和发展的一项重要内容。这唤起了英语老师对自身专业发展的重视，而同时也将此与自己从事的英语日常教学紧密联系起来。首先，英语学科教学质量亟待提高，尤其是地处我国西部边远地区和农村地区的学校的英语教学存在的问题很多，教学水平和教学效果总是难以提高，一线教师为此深感困扰。虽然外语教学研究成果为外语教学改革提供了坚实的理论，但是却不能为教师直接提供针对具体问题的解决方案。在特定环境条件下，许多日常教学中的问题需要教师根据问题进行具体分析和判断，找到切实可行的办法加以解决。教育领域内探究和解决实际教学问题成为教师专业发展所强调的一个方面，教师自身专业成长的过程就是不断探索问题和解决问题的过程，因此，教师参与探究教学问题的教学行动研究成为教师专业发展的必然途径。

近年来，“教师发展、教师参与教学研究、教学行动研究这三个概念之间的联系更加紧密，也更加明确”（王蔷，2002）。教师在繁忙的日常教学工作中关注并努力设法改进教学效果，让学生的英语学习成绩不断提高。如果期盼得到这样的回报，那么参与教学研究便是帮助老师优化教学的途径，使其在教学劳动中获得理性的升华和情感上的愉悦，提升自己的精神境界和思维品位。正如苏霍姆斯基所说，“如果你想要教师的劳动能够给教师带来乐趣，使天天上课不至于变成单调而乏味的义务，那你就应当引导每一位教师走上从事研究的这条幸福的道路上来”（陈向明，王蔷，2002）。

以下案例是一位英语老师在英语写作教学进行的行动研究，其目的是解决高中学生在英语写作中的困难问题。

## 案例正文

### 一、问题的提出

#### （一）发现问题

Z老师是某县一所高中的英语教师，连续多年负责高三年级英语教学工作。为了提高学生高考英语成绩，她非常关注英语高考的写作要求和命题动向，并在教学中采用背诵和模仿范文等方式写作训练。尽管对学生们一再强调写作的重要性，布置学生多写，自己多改，然而英语写作仍不见明显改进，这影响了英语总成绩的提高。

新学期开始，Z老师又接手两个高三班。眼看学生的英语成绩低于其他科目，她非常着急，再次研读高中英语课程标准，寻求解决办法。《普通高中英语课程标准（2017年版）》针对语言知识各要素列出高中生应学习的内容和要求，其中对语篇知识这样说明：“语篇是语言学习的主要载体。语言学习者主要是在真实语篇中接触、理解、学习和使用语言，因此语言学习不应以孤立的单词或句子为单位，而应以语篇为单位进行。教师应该有意识地渗透有关语篇的基本知识，帮助学生形成语篇意识，把握语篇的结构特征，从而提高理解语篇意义的能力。同时教师要引导学生充分利用语篇知识有效的获取和传递信息，表达观点和态度，达到运用语言与他人沟通和交际的目的。”据此，语言学习中，语篇的阅读和写作是提高学生获取和传递信息、用英语思维表达观点和态度的主要途径，但是如何引导学生正确思维和表达，则是高中英语教学中有待解决的困难。Z老师反思后认识到自己虽然重视写作，但只是孤立地教授语言词句形式，忽略了从主题和语篇结构层面进行指导。当时Z老师是在读教育硕士，做一项行动研究的想法应运而生，她决定将学到的理论知识和研究方法用在教学实践中，一是为解决教学中迫切需要改进的写作教学问题，二是以此提高自己的研究能力。

根据行动研究的基本步骤，首先需进行问题的调查和确认。Z老师先根据个人经验对学生情况进行一般性分析。该校学生大部分来自农村初中，中考英语写作成绩低于当地学校的此项平均分，与初中英语课程标准五级写作水平的要求有很大差距。虽然学生学习英语已超过三年，但是语言基础普遍差，作文里的语言错误很多，例如时态混淆，句子结构不完整，句子之间不衔接，更无写作的谋篇布局意识，甚至有学生在考试时直接放弃写作部分。根据分析，Z老师对学生写作中存在的问题提出假设：

（1）缺乏词汇、语法和语篇的基本知识；

（2）缺乏有效的写作学习和训练；

（3）缺乏写作动机和积极性。

然后，她针对学生的问题设计了一份问卷，调查三个方面的问题：第一有关学习兴趣和态度，是否对英语有兴趣，有关英语学习的几件事中自己最不愿意做的事是什么，对自己的英语学习态度、水平和写作动机等进行自我评价；第二有关写作的问题，写作中的最大困难是什么，在写前、写中、写后三个环节里都做了什么，写作完成后教师对作文的反馈情况等；第三有关学生的英语阅读，是否了解英语文章体裁的基本类型等，其目的在于了解学生是否初步具有写文章需要谋篇布局等基本意识。问卷采用封闭型的设计，共有15个问题，每个问题下均有五个选项，要求学生在其中挑选一个符合自己情况的选项。

### （二）调查问题，确认问题

Z老师利用自习课时间将问卷发给两个班的学生，要求学生在规定时间内根据自己的情况填好问卷，然后她亲自对有效问卷进行统计，最终以百分数呈现统计结果。为了进一步了解学生写作的具体困难，她还采用访谈方式和学生个别交流，深入了解学生的想法，例如英语阅读方面是有否有困难，怎么才能改变现在读写困难的情况等等。访谈结果令Z老师认识到情况的严重性，访谈中不同水平学生都表示不喜欢英语写作，原因之一是写作结果使他们丧失兴趣和信心，尽管很不满意自己的写作，但是却不知道该怎么写，对作文主题缺乏自己的想法，甚至有时感觉即使用汉语也不知道该写什么，仅能写自己知道的几个单词和单调重复的几句话。谈到阅读时，几乎人人都认为文章中生词太多，需不时查词典，很难长时间坚持下去，因此学生迫切希望得到老师的帮助。Z 老师从问卷和访谈中了解到几乎所有学生都知道英语重要，也都愿意学习英语，可是涉及英语写作时，只是迫于老师和家长的压力而写，自己毫无写作热情和愿望，却不知道如何改变自己的被动状况。

调查结果使 Z 老师进一步反思自己的教学，她意识到自己的教学没有考虑学生的需求，过去总在学生身上找原因，批评他们被动、懒惰，却不是从自身教学理念、教学设计和教学方法上找原因。她发现自己在教学设计和实施过程中缺乏主题意义下语篇教学的意识，没有根据学生具体需求和困难进行有针对性的先阅读后写作的设计和训练，例如平时自己布置作文题目后，往往只简单说明需要多少词数之类的要求，未能引导学生注意写作主题的意义和内容，自己对一些作文主题也缺乏深度思考，也就无从启发学生思考，结果学生感觉脑子空空，无话可说，即使有一点想法也由于词汇有限而不知道如何表达；此外，也没有给学生提供关于写作体裁、内容的组织、表达的逻辑性以及特定语境中的词语选择等方面的具体指导。因此，提高学生的写作能力绝不是简单多布置几次强制性的写作任务就能够解决的问题。

### （三）查阅文献，提出问题

于是，Z 老师明确了解决问题的方向，并思考该如何解决。她再次学习有关二语习得和英语教学理论，查阅期刊文章和最新的教学成果介绍，其中 Krashen 提出的输入假说和 Swain 的输出假说给她很大启发。她认识到大量的英语语言输入是英语写作的基础，在没有充分的语篇输入情况下，学生不可能写出恰当的英语句子和段落。因此解决英语写作的问题要从英语语言的输入着手，而语篇的阅读就是语言输入的主要途径。此外，前人对写作教学进行研究时提出了过程写作原则，主张教师重在引导学生一步步完成构建文章的写作过程，而不是仅仅着眼于写作结果。因此，Z 老师决定以过程写作原则为指导，以语篇阅读为导向，引导学生在理解文本主题、内容、体裁和语言结构的基础上，进行写作练习，也就是采用“以读促写”的方式，改进教学以解决学生英语写作困难的问题。因此她重新思考原先的问题假设，并提出行动研究要解决的以下问题：

（1）基于“以读促写”而设计的过程写作教学对改进学生的写作有效果吗？有哪

些效果？

（2）通过“以读促写”过程写作学习，学生对英语写作的态度有改变吗？有哪些改变？

Z 老师认识到英语阅读与写作是两个相对独立又相互依赖、相互促进的技能。采用读与写相结合的方法，将阅读作为语言的输入途径，写作作为语言内化和输出途径，让学生在学习过程中，阅读一定主题的文本材料，观察范文的内容结构，从中提取能用于表达自己想法的词组和句子；另外，选择的阅读文本内容和写作主题必须贴近学生生活，使他们能有感而发。教学时应该将作文写作行动分解在动态过程中，发挥自己在“写前”、“写中”和“写后”对学生的启发和引导作用，使作文的写作成为从输入到输出“水到渠成”的过程，从而完成知识输入、内化和输出的有机结合，使陈述性知识向程序性知识过渡，即写作知识向写作技能的转化，最终学习者产生自己整合以后的“写作产品”。同时，只有在" 以读促写" 过程中解决学生的写作困难，才能促使他们的学习态度发生改变。

## 二、行动研究方案的制定

接着，Z 老师接着对这项行动研究做出周密的教学行动计划和安排。整个学期的写作教学分为两个轮回阶段，每个阶段包含四个环节或者步骤：计划→实施→观察→反思。每个阶段都针对学生的具体问题提出解决方案，选择与写作主题有关的短文作为阅读材料，符合通过阅读启发写作的设计思路，于是在写作课上安排了这样的活动：

（1）写作前：引导学生在写前进行阅读，理解文章的目的、语境和意义，观察和分析文章提供的信息，信息组成结构和遣词造句的特点，同时引出相关话题作为作文题，以问题导向，启发学生思考这个主题的写作从哪些方面入手。

（2）写作中：利用课前设计的学案，提供阅读文章的框架提示、写作的语言素材，例如表达句式和词语。学生在学案的引导下，思考这篇作文的写作目的和需要传达的信息，如何组织信息和构思作文，在写作中需要注意哪些要素，需要使用什么表达方式，如果自己记忆中储存的词汇量有限，该如何寻找资源和帮助，并按照写作框架完成写作。

（3）写作后：教师抽查学生作文，立刻用手机拍照，并在 PPT 上展示，和全班一起阅读、分析和评价这篇作文，提出修改意见，让学生自己修改。最后要求学生们反思自己的写作过程，自评写作行动，总结不同体裁作文写作注意要点。

Z老师决定在写作任务实施过程中坚持写教学日志，将课堂观察和教学感悟记录下来，为教学反思提供依据。

当研究第一阶段结束时，Z老师会反思该阶段的实施情况以及找到问题，并在接下来的第二阶段教学中调整教学方法和具体操作，继续进行方案的第二轮回的实施和反思。当一学期两阶段的教学行动计划完成后，Z老师将对收集到的数据结果进行分析，例如学生的作文、作文评价表、观察数据、学生的反馈，包括个人的反思日志等，最后进行综合分析和思考，回答行动研究要回答的两个问题。

## 三、行动研究方案的实施：第一阶段

一切准备就绪后，Z老师根据自己的行动计划方案开始了“以读促写”第一阶段的教学实施。

### （一）问题的诊断，写作的启动

写作活动的主体是学生，需要学生主动积极地投入，这首先需要进行动员，消除他们对写作的畏难情绪。Z老师以开学第一周写作测试开始，要求学生不参考任何书或词典，在20分钟内写下他们在清镇参观红枫湖的经历，然后根据《普通高中英语课程标准》提供的写作标准进行评分。Z老师对作文进行了分析，发现学生的普遍问题是（1）写作时不能抓住主题意义，缺乏写作目的和写作体裁的认识；（2）写作内容偏离主题，缺少作文的篇章结构意识，不能对写作内容进行有层次、有逻辑的组织；（3）作文中语言错误非常多，严重影响达意，例如，对句子的基本结构把握不准，一个简单句子里使用多个动词，但是缺少连词，或者先用中文写，然后逐字逐句地进行对应翻译；（4）不知道如何选择适当词语，包括衔接词、句子之间的过渡词语。

Z老师针对这次写作测试的结果在班里开了场动员会，强调英语写作的重要性，介绍高中英语课程标准中的写作要求及标准，即完整的信息，复杂的结构或适当的措辞，很少量的不合语法的结构和词汇错误，连贯和逻辑组织清晰和整洁的写作。然后Z老师现场分析了几篇优秀范文，并对全班的写作情况进行了总体的分析与评价。

接着Z老师先从语言形式入手，解决语法结构知识问题。她根据学生实际英语水平设计了一系列练习，帮助他们了解句子成分、简单句子的结构和动词的主要形式等基本的语法规则。Z老师还要求学生观察练习中的例句，尝试通过练习例句归纳词汇或句法。练习完成后，学生可以自己着手分析简单的句子结构和动词的不同形式，并尝试着运用于写作中，使自己的表达更准确恰当。

### （二）写前活动

Z 老师根据人教版《英语（必修 3）》的课文主题开展写作训练。例如涉及有关节日话题时，首先突出作文的主题意义，全班先以小组形式谈论和分享个人对节日的认识和体验，激发学生的兴趣和想象。接着 Z 老师布置学生阅读一篇关于父亲节的文章，阅读前提出问题 When is Father's Day? What is the festival about? What do people do on that day? 学生运用不同的阅读策略，快速浏览文章和搜寻信息，迅速回答问题。当学生对文章内容有了全面理解，便引导他们分析和讨论阅读材料中各段的结构，整理思路，为后续写作奠定基础。图 8-1 就是 Z 老师根据文章结构设计的写作框架图。

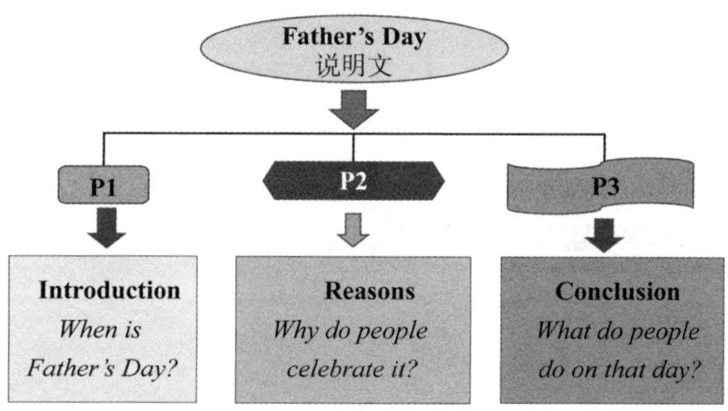


**图 8-1　文章结构框架**

下一教学步骤则是要求学生找出阅读材料中与节日相关的重要词汇、语法结构、表达方式和句型。为了帮助学生更好地学习语言表达方式，在阅读过程中和阅读之后，Z 老师以学案的形式解决有关语言形式的问题，学生根据学案学习词汇和句型的用法，完成归纳文章大意的练习。通过这些练习任务，学生们可以运用重点句式和词组较为恰当地表达自己的意思，见下例：

**Sentences from the text**

Many people in the United States and Canada think Father's Day is an important day to express thanks and admiration to their fathers ...

**Learning by heart**

As far as I'm concerned, the book is hard to understand.

就我个人而言，这本书很难理解。

**Summary**

The structure of the sentence: ______________________________.

**Translate the following sentence into English**

教师节是一个用来表达我们的感激之情的有意义的节日。

在该课结束时，大多数学生都能完成以上练习。少数学生仍无法顺利完成最后的翻译练习，Z 老师向他们提示了几个关键词，帮助他们分析句子结构，鼓励他们模仿句型结构尝试翻译。

接着，Z 老师进一步启发学生思考他们知道的节日所具有的特别意义。学生各抒己见时，Z 老师因势利导，布置了以“我最喜欢的节日”为主题的写作任务。因学生已有相关的词语和句型准备，也对该写作主题有了一些感想，这项写作任务对他们来说不再是一个困难的挑战了。

### （二）写中活动

Z 老师要求学生在写作以前思考自己要写的内容，并列出各项要点。因此向学生提出一系列有逻辑关系的问题进行引导：

What is your favorite festival? Why?

When is it?

What is the festival about?

How long can we have it for holiday?

What do we usually do in the festival?

学生回答上述问题时应尽量使用文章中可以用于写作的表达方式和句法结构。例如：

... is celebrated on ...

It falls on ...

... is a ... holiday celebrated to ...

The origin of ... can be traced back to as far as ...

The most common way in which people celebrate the festival is to (do)...

接着，Z 老师用 PPT 展示构思节日写作的关键点，例如内容的组织、写作形式、人物、时态以及其他细节。以下图展示文章应包含的三大部分：

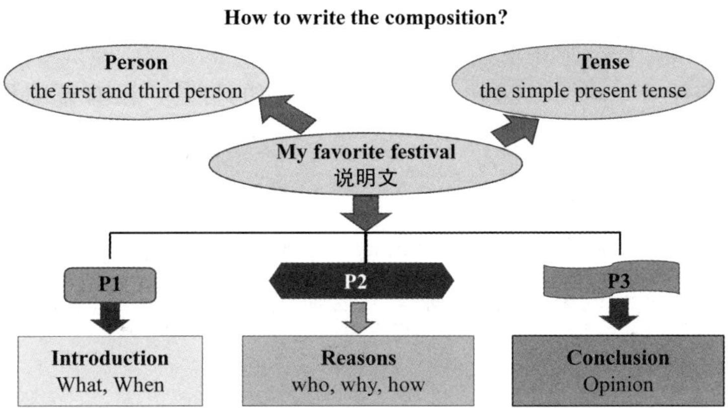


图 8-2　节日主题的写作框架

根据上图写作框架，第一段介绍节日的名称和日期，第二段说明人们庆祝它的原因和方式，第三段总结节日的意义，并表达个人的观点。

学生通过以上框架和步骤抓住了节日描述的要点，感知表达节日的词语意义、篇章意义以及文化内涵，明确写作目的是介绍一个节日。于是这个主题语境使他们有感而发，提笔时也有恰当的语句来表达心中所想。

### （三）写后活动

学生完成写作任务后，由 Z 老师对习作进行讲评。在肯定学生写作进步的基础上，Z 老师整理和归纳作文中普遍存在的典型错误，要求全班识别作文中的语言错误，并对常见错误进行分类，注意动词的使用、句子结构和上下文结构，例如：

（1）It celebrate the beauty of the full moon and harvest.（Wrong）

It celebrates the beauty of the full moon and harvest.（Right）

（2）Last Spring Festival，I ride the bike all day and visit my friends. I also get lots of lucky money.（Wrong）

Last Spring Festival，I rode the bike all day and visited my friends. I also got lots of lucky money.（Right）

（3）I looking forward to Spring Festival.（Wrong）

I am looking forward to Spring Festival.（Right）

I look forward to Spring Festival.（Right）

经过识别和分析句子层面的错误之后，Z 老师要求学生纠正这些错误并重写句子，遇到典型错误时，便和学生面对面交流进行纠正。此外，Z 老师还发现学生的作文整体结构方面仍存在一些问题。部分学生忽略了写作的目的，没有说明他最喜欢该节日的理由；有的学生没有合理安排作文内容，第一段写了很多，第二段内容很少，作文结构显得头重脚轻；有的作文不仅有语法错误，篇幅还过于简短，内容要点和词数均未达到命题要求。这些问题都需要在修改时有针对性地解决。

在每一次作文经过修改或重写后，Z 老师在全班进行例行的作文讲评和总结。

### （四）反思

Z 老师坚持在行动研究过程中写日志，以下是她在日志中对“节日”为主题的作文训练完成后的教学反思：

> 阅读后，准备写作时，学生开始了解节日的分类、节日对人们生活的影响以及各国节日的意义。我也将学生一开始写的作文拿出来进行观察和比较，发现学生在写以“节日”为主题的作文时都尽量运用了阅读文章中的表达和结构，虽然仍有错误，但是基本内容能得到体现。他们对“节日”这个写作主题感兴趣，并以不同的个人观点介绍他们最喜欢的节日。但是仍然存在问题。

Z 老师对作文训练中呈现的问题进行了思考：

> 一般来说，学生作文中的错误很复杂，难以面面俱到地一个个纠正。目前这个阶段，相当多的学生的英语语言表达能力刚刚开始形成，过多纠错不利于他们的自信心建立和写作技能发展，需根据不同情况处理错误，有的在目前英语学习阶段可以暂时忽略，但某些受汉语表达影响、无法达义的错误则需要学生加以重视，针对这些容易犯错误的表达要反复强调正确形式和加强练习。当学生对此有了意识，在写作时会尽量避免犯同样的错误。不断修改自己文章需要费点时间，那我就允许他们在课后修改好再交。

此外，Z 老师认为在写作教学中对学生的写作兴趣和积极性应该保持关注和维护，因为培养学生的写作兴趣和自信心也是写作教学目标之一。而通过归纳总结教学中的遗漏和不足，Z 老师也明确未来阶段的工作方向：

在以下的行动研究中存在一些亟待解决的问题，例如句子之间缺少衔接手段，或者没有逻辑关系，应帮助学生从写作逻辑上思考，使用恰当的衔接手段达到意思连贯等。这需要在下一步阅读训练中引导学生观察上下文中衔接手段的功能，他们是如何在文章中起承上启下作用的。同时，仍然要强调句子的写作、词语的使用和文章的架构这三项基本写作技能。此外还需要加强学生之间的写作交流，因为仍然有部分写作技能差的学生不知道该如何修改作文。因此在写后教学环节中，鼓励学生之间的互动和交流很有必要，至少一部分学生可以互相帮助修改。重要的是，同伴互改作文能够加强他们合作学习意识，学生之间的互动与协商会给学习写作带来积极影响。但是有时候学生语言能力有限，仍会有困惑和困难，那到下一阶段我必须再提供有针对性的具体指导。

## 四、行动研究方案的实施：第二阶段的调整和改进

Z 老师根据学生的实际需要解决第一阶段未处理的问题，对已设定的教学内容和设计方案进行了调整。例如，第二阶段行动研究的写前阅读步骤中增加了指导学生分析作文的上下文逻辑关系，加强训练语言运用和文章的谋篇布局；在写后步骤中，要求同伴交换作文，根据写作要点做出评价，提出改进意见，目的是互相学习和交流。在这个环节中，如果学生不能自主发现写作中的问题，Z 老师到“写后”环节结束后再给作文一个最终评分，提供评语和改进建议。

### （一）写前活动

下面以第二阶段的一次“以读促写”具体教学设计和实施为例。该课的教学主题为健康饮食。

阅读材料：Healthy diet

写作任务：写一封建议信

建议内容：健康饮食

为让学生写作时有话可说，Z 老师首先向学生展示了两张有各种食品的照片，启发学生从阅读文章中获取不同种类食物的相关信息，了解不同种类的食物对人类健康的影响，总结饮食与健康之间的关系。阅读完成后，按照以下要求归纳文章要旨：

Read the passage quickly and get the main idea of the passage.

How many things can a person do to stay in good shape?

In order to keep good health, we should________________.

The writer explains ________________________ in this passage.

学生做书面练习时还需要进一步阅读，对食物能量和健康食品有更多的了解，记忆一些有关食物表达的词语，做到写作时有词可用。Z老师要求学生将文章内容用一句话概括为“养成健康的饮食习惯是保持健康的最佳方式”。为了让学生更清楚了解文章语篇体裁和语言结构等方面的特征，Z老师通过图8-3引导学生分析文章各段的结构和句子，解释和强调阅读材料的具体写作步骤和特点，这有利于学生在写作时明确写作要点和写作框架：文章由三段组成，每段有一个主题句，其后有支持句，最后一段进行总结。随后，Z老师向学生展示一篇建议信作为范文，让学生观察建议信的体裁和语言表达的特点，同时提醒学生写作时注意格式正确。

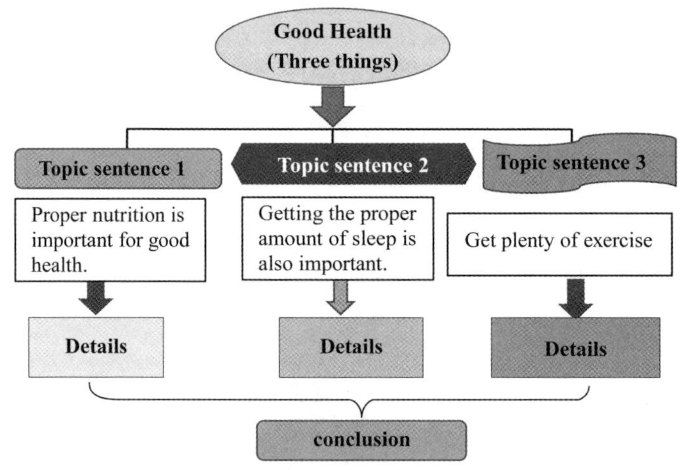


**图8-3　“健康饮食”为主题的写作框架**

## （二）写中活动

学生熟悉了阅读材料中的词语和句式（如图8-4），而且尝试将它们运用在自己的建议信中，例如：It is important to remember that ...，You'd better not ...，You may ...，If you do ... you will ...。此外Z老师要求学生注意段落中的过渡词（如图8-5），了解它们在上下文中的衔接功能，以及写作时如何恰当使用。

在写作之前，Z老师引导学生思考他们该写什么、怎样写等具体问题（例如动词时态和情态动词的恰当使用），通过表格填空的形式提醒他们列出主题句，构思主题涉及的内容和要点。然后学生在课内当场写作，互相阅读同伴作文并做出评价和提供修改建议。学生根据同伴的意见自行修改习作。

**表达建议常用句式：**

1. If I were you, I would ...
2. As far as I am concerned, .../ In my opinion, it would be wise of you to take the following action.
3. My suggestions are as follows.
4. Why not ...?
5. It would be a good idea if ...
6. I think it would be more beneficial if you could ...
7. You may...
8. You ought to...
9. You'd better...
10. You should...

图 8-4　表达建议的常用句式

图 8-5　衔接和过渡词

## （三）写后活动

Z 老师收集了两个班学生的作文，通过讲评指出作文内容普遍存在的问题和错误，例如内容是否符合命题要求，是否涵盖 who、to whom、what、why 等内容要点并体现写作目的。学生根据讲评进行第二次修改，完成第三稿。然后，Z 老师引导学生修订第三稿中的语法形式、句子结构、文章结构，包括时态、人称、语气、句式和篇章衔接词语以及单词的拼写。Z 老师对作文终稿评分，并提供书面评价和修改意见，这也是她在写作教学过程反思后的改进。她意识到评阅作文时仅仅给学生分数是不够的，因为有的学生只看作文得了多少分，并不关注文中有什么不足以及该如何改进。Z 老师改进了反馈方式，对每一个学生的作文都给予文字评价以及改进意见，以此引导学生对自己的写作进行反思，增强提高写作技能的意识。

为了帮助学生提高语言表达的准确性，逐步减少语言错误，Z 老师认为有必要提高他们的语言意识，引导他们采用恰当的写作措辞，纠正不得体的表达。因此，她汇集了学生写作中的一些错句，将错误分为三种类型：拼写和写作错误、词汇和语法错误、话语错误，并且要求学生进行错误识别和纠正，以提高表达的准确性。例如：

Correct the following sentences and give reasons.

（1）In order to prevent fish <u>eat</u> his body, people make Zongzi.（Wrong）

In order to prevent fish from eating his body, people make Zongzi.（Right）

(2) I put on new clothes went to Huaxi Park with my friends last year. (Wrong)

I put on new clothes and went to Huaxi Park with my friends last year. (Right)

Z老师认为这是对学生写作基本功训练的一种方式，经常进行这样的改错练习可以加强学生对英语语言形式的意识和判断能力，提高英语书面表达的准确性。

在行动研究的第二阶段里，计划实施的效果相比第一阶段有所改进，Z老师认为原因是学生对这种写作方式开始熟悉起来，知道自己该写什么以及该怎样写，而且比较积极地参与学习活动，第二阶段的训练循序渐进地继续进行。

这时Z老师发现，在写作前和写作过程中学生一般能够按照要求做，但是写后却相对比较懈怠，作文一旦完成就不愿再反复修改。Z老师认为，良好写作习惯的培养需要持之以恒，因此能否培养学生反复修改作文的习惯首先取决于老师自己能否坚持这种要求，这虽然会增加老师的工作量，但只要有实效就值得坚持。其次是改进评价方式，将最终作文结果的单一评价方式改为对整个写作过程的评价，即根据修改情况和次数进行评价，评价的关注点不仅是作文本身，还包括写作学习的行为和态度，因此过程评价方式在写作过程中发挥了积极的督促和引导作用。

（四）反思

以下是Z老师第二阶段教学日志中的总结性反思：

> 我根据学生需求和教学目标的要求，在互联网上精心挑选文章。为了帮助学生真正理解文章，我通过学案帮助他们对理解文本内容，进一步分析文本的写作结构，提取与话题相关的词组和句型，以便下一步帮助学生将其转化为自己的知识和写作技能。我发现只有当学生掌握了文本结构和整体布局后，他们才能构思自己的作文。我注意观察学生在写作过程中的表现，做出反思和调整，在写作作业1中，只关注阅读文本中的句子和写出的形式保持一致。从写作作业2开始，我做了一些调整，提供了一些结构与写作任务相同的阅读文本，通过这种启发方式，学生确定了自己写作的内容要点和关键词，能模仿例句和写作框架进行写作，经过三次修改，他们基本上都能在帮助下完成写作任务，这是因为在阅读和分析文本过程中提供了足够的支架，使他们有了完成写作任务的路径，因此获得写出或者写好一篇作文的信心。
>
> 在此阶段进行的写作过程评价和最终结果在不同学生那里取得了不同程度的

效果。一般说来成绩较好的学生收获较大，他们很自觉也很努力地要求自己做得更好；其次是中等程度学生，他们独立性和自觉性虽不如前者，但还是按照要求多次反复修改，只是修改的质量不够好，因为对基本语法和词汇的把握不够好，语言错误还是比较明显；而学习能力弱的那部分学生要独立完成写作仍有困难，发现有照抄他人作文的情况，对此我没有在对全班讲评作文时指出，只在作文评语中提到，可是这部分学生对此却没有任何反应。我思考这样的写作方式是不是仍然解决不了他们的困难？经分析后，我发现他们的困惑和作文主题有关，例如从对 How Life Began on the Earth 这篇课文的分析看出这部分学生对科普文章不很感兴趣，没有真正理解，同时该文和 How to Live a Low-Carbon Life 这一写作主题似乎没有直接相关性，尽管我在教学时分析和提供了内容结构的逻辑关系，但是这个写作主题和学生所熟悉的生活仍有一定距离，由此产生了表达困难。因此，今后遇到这类写作主题时，需要提供更多与内容相关的材料和句子结构方面的练习，为下一步写作进行足够的素材准备。

## 五、结果分析

当第一学期的行动研究结束时，Z 老师为了评估这次行动研究产生的成效，在两个班里又进行了一次写作测试。

这次写作测试与行动研究前进行的写作测试在基本要求和评级标准上保持一致，学生不参考任何书籍或字典，在 20 分钟内完成一篇以“自己最钦佩的人”为主题的作文。作文完成后，Z 老师将两次测试的结果进行了比较。结果表明，大多数学生在英语写作方面取得了进步。面对写作主题，他们初步学会审题，根据写作内容组织文章结构层次，选择恰当的句型和表达方式，部分学生写出结构比较复杂的句子，例如定语从句和状语从句，全体学生按照命题要求完成写作任务。

为了解行动研究是否对学生的写作行为、感受和态度带来变化，Z 老师在两个班里又进行了一次问卷调查，与行动研究开始前所调查的内容一致。比较前后两次调查问卷的统计结果可以看出，经过一学期的训练，学生开始对英语写作表现出自信和乐观的态度。数据显示，75.47％的学生表示这种从阅读到写作的过程使他们产生兴趣，75.47％的学生对写作文有了信心，78.3％的学生认为自己在英语写作上取得了进步。对于阅读是否有助于写作，30.19％的学生持肯定观点，83.02％的学生认为以读促写可以丰富写作内容，90.57％的学生认为能够丰富写作的表达。此外，77.36％的学生认为学会了如何组织作文，使作文有连贯性。同时，过程写作也对学生的学习态度和方式产生了很大的影响，82.08%的学生表示他们在写作时可及时向老师寻求帮助，写后仔细阅读老师的评论可及时纠正自己的错误。

Z老师认为问卷调查的结果还需要加以验证，因此她采用访谈方式分别了解英语水平不同的学生的看法，对所有学生都问了同样的四个问题：第一、采用先读后写的写作方式后，你的写作成绩有所提高吗？第二、通过先读后写的写作过程，英语写作还有困难吗？第三、在阅读和写作过程中，你最适应的是哪一部分的教学？第四、考虑下学期的写作课，你最希望得到哪方面的帮助？

Z老师对访谈全过程进行了录音，根据录音内容进行转写和整理，并分析了学生的回答。她发现学生的写作能力虽然有所不同，但是他们都一致肯定“以读促写”过程写作教学方法帮助他们在不同程度上提高了英语成绩。一位在英语写作时感到吃力的学生说，他写作时曾经不知所措，但先阅读后写作使他从文章内容中得到启发，对话题产生了自己的看法，逐渐感觉有话可说、有内容可写。Z老师说，现在这位同学的作文至少可以得8分了（作文满分为15分），这让他有了点成就感。学生都赞同采用这种“以读促写”的过程写作教学方法，这种方法帮助他们建立了写好英语作文的信心，对英语写作学习产生了一定的兴趣。他们说，可以模仿阅读材料的结构，知道该写什么内容以及如何谋篇布局，并且能把文章中的短语和句式运用在自己的作文里。一位学生说老师提炼出的短语和句式给他留下了深刻印象，他可以累积这些词组和句式，写作文时用得上。有的学生对同伴评价感到放松，可以就同学指出的一些错误进行纠正；但英语写作成绩较好的学生更相信老师的评价，他们认为老师可以帮助他们取得更大的进步，而从同伴那里似乎得不到什么帮助。也有的学生担心，如果没有阅读材料的帮助，不知能否写好作文。他们期望Z老师今后继续以这种方式指导他们写作文，同时组织水平相当的同学一起讨论作文；不过对此也有人持不同意见：如果大家水平都低，识别不了错误，互评也就没有什么作用。调查结果反映出一些教学问题还有待解决，Z老师将在今后的教学行动研究中继续探究解决的途径。

总之，“以读促写”过程写作教学取得了一定的效果。通过实施这项行动研究，Z老师得出了两个研究问题的结论：

第一，依据“以读促写”设计的过程写作教学能够有效促进学生写作能力的发展。大部分学生对如何写作有了基本认识，通过阅读相同和相关主题的文章，能够在理解的基础上模仿文章的写作框架，构思自己的作文，将原文的表达句式和词语用在自己的文章里。

第二，通过“以读促写”过程写作学习，学生对英语写作的态度有较明显的改变，相信自己能够写好作文的信心增强，从不喜欢英语写作到对写作任务不再排斥，尽力完成写作任务，学生由此获得了成就感。

## 结语

Z老师认为这项研究给英语“以读促写”过程写作教学带来如下启示：

第一，可理解的输入是成功写作的关键。所涉及的四个写作主题，即建议书、喜欢的节日、低碳生活和描述一个人，都与学生的日常生活密切相关。学生对生活中发生的事情很熟悉，这很容易让他们产生“有感而发”的写作动力。在完成一系列阅读任务（例如略读、浏览、细读）后，学生真正理解所读文本的深层意义和措辞表达方式，并了解文章结构。同样，学生在写作时也需要搭建自己文章的结构，知晓应该如何写作。此外，可理解的输入过程包括对语言知识的本能发现力，教学中需要引导学生注意不同的主题或话题与体裁有相应的语言表达形式，以培养他们对语言现象的自发注意。有明确目标和指向的输入也包括阅读中对特定主题下语言表达方式的提取和应用，这为写作奠定了良好的基础。例如在撰写作业3时，通过阅读文本总结关于如何描述问题、提出建议、表达愿望的不同句式。在编写作业4时，同样在相关文本的启示下，学生将词语分为家庭背景、外表、性格、爱好和评价等类别，这样有利于帮助学生积累不同的语言表达素材。

第二，输出环节必须利用真实的语境或者创设学生熟悉的语境，这样可以激发学生的想象力，促进语言的输出。如果学生只通过背诵单词、短语和语法规则，甚至背诵写作范文来掌握写作方法，那么他们很难学会如何恰当地运用英语表达自己的想法。写作是促进知识内化的过程，也是一种从模仿与体验，逐步达到扩展运用语言知识和写作技能生成表达意义的语篇的途径。当阅读内容和写作主题与学生所接触的真实生活有关时，学习内容与学生的生活经验及思想发生碰撞时，他们才会“有话可说”、“有感而发”，才有可能促进他们将阅读内容迁移到写作内容中去，产生表达自己思想的愿望，促使他们通过写作来发展自己分析和解决真实问题的能力。在写后过程中，学生相互评价同伴的作文，提供反馈，这有利于他们学习同伴作文的优点，从不同角度看到自己作文中的不足。在读与写这个循环过程中，教师不断增加英语语言输入和的输出的实践机会，从而帮助学生真正学会使用英语。

总之，“以读促写”过程写作是一种有效的教学方法，可以提高学生的写作积极性，使他们更愿意完成每个写作任务。学生与同伴交流过程中提高了合作意识。在写作过程中，学生能够更好地根据语境用恰当的英语表达自己，同时自己对今后英语写作技能的提高、逻辑思维的培养和情感态度的升华增添信心。

Z老师切身体会到这项教学行动研究给学生和自己带来的收获，学生在此过程中提升了英语写作技能，提高了学习积极性，改进了学习方法；自己则通过教学行动研究和教学反思，提高了对教学理论的认识并尝试解决教学中的实际问题。然而，这项“以读促写”行动研究仅仅是自己在教师专业发展道路上向前迈出的一步，这项研究并未就此结束，“以读促写”教学中出现的新问题需要继续进行探究和解决。

## 案例思考题

1. 你认为该案例体现了教学行动研究的过程吗？

2. 你能够以教学行动研究基本原则对此案研究做出评价吗？

3. 你认为该案例中展示的行动研究过程有没有什么不足？你认为可以如何改进？

4. 英语教学中“以读促写”与语言学习的“输入、输出、产出”有什么样的关联？

5. 你对此案例的写作教学中写前、写中、写后三个环节的活动设计有什么评价？

6. 除了该案例提到的“输入—输出”假设，你认为还有哪一种教学理论可以对该案例中的过程写作活动做出较为合理的解释？

## 案例使用说明

**1. 适用范围**

适用对象：教师教育工作者、中小学英语教师、英语专业本科生、英语学科硕士研究生。

适合课程：二语习得、英语教学研究方法论、教学案例研究、教师专业发展。

**2. 教学目的**

（1）分析和评价以上案例中“以读促写”的写作教学过程与方法；

（2）解释行动研究和教师专业发展的关系；

（3）描述教学行动研究的基本方法和过程；

（4）设计一项教学行动研究。

**3. 要点提示**

（1）相关理论

社会文化理论、最近发展区与支架、活动理论。

（2）关键知识点

行动研究方法、教学反思、活动观、英语写作教学。

（3）关键能力点

根据设定主题进行写前、写中、写后的英语写作教学设计；发现英语教学问题，并能够辨别和判断该问题能否采用行动研究方式进行研究；初步把握行动研究的基本程序与步骤。

（4）案例分析思路

该案例分析的第一步可以是观察和思考“以读促写”英语写作教学的合理性，第二步可根据教学行动研究的基本方法和原则，观察、分析和判断 Z 老师采用的行动研究途径和行动设计步骤是否恰当与可行。分析的目的在于进一步巩固对教学行动研究必须遵循的原则和方法的认识。

**4. 教学建议**

时间安排：8 个课时。

环节安排：案例教学采取课前布置任务、分小组讨论、课上小组代表发言、全班评论、教师点评和答疑。

人数要求：30 人以下的班级教学。

教学方法：案例教学讨论为主，讲授点评为辅。

工具选择：多媒体、PPT，案例打印资料。

组织引导：教师布置任务清晰，预习要求明确；提供给学员必要的参考资料和分析提示。

活动设计建议：课前在阅读材料的基础上，每个小组自选一个分析要点，并且准备好呈现发言提纲和讲述要点的 PPT，用邮件发给任课教师，以便教师做好点评学员发言、总结和分析知识要点的准备工作。下课后教师应及时总结案例教学的得失，以便改进后续的教学行为。

**5. 推荐阅读**

[1] 顾永琦，胡光伟，张军.（2011）. 英语教学中的学习策略培训：阅读与写作. 北京：外语教学与研究出版社.

[2] 杰里米·哈默著，邹为诚译.（2011）. 如何教写作. 北京：人民邮电出版社.

[3] 王蔷编.（2002）. 英语教师行动研究——从理论到实践. 北京：外语教学与研究出版社.

[4] 杨鲁新，裘晨晖.（2016）. 反思性英语课堂教学：理论与实践. 北京：外语教学与研究出版社.

[5] 中华人民共和国教育部.（2018）. 普通高中英语课程标准（2017 年版）. 北京：人民教育出版社.

[6] Burns，A.（2011）. *Doing Action Research in English Language Teaching：A Guide for Practioners*. 北京：外语教学与研究出版社.

[7] Campbell，C.（2004）. *Teaching Second Language：Interacting with Text*. 北京：外语教学与研究出版社.

[8] Chandrasegaran，A.（2007）. *Intervening to Help in the Writing Process*. 北京：人民教育出版社.

[9] Hadley，G.（2007）. *Action Research in Action*. 北京：人民教育出版社.

[10] McKay，L. S.（2007）. *The Reflective Teacher：A Guide to Classroom Research*. 北京：人民教育出版社.

## 案例 9

# 小学英语教育戏剧教学初探

◎张　琪　梁　梅

### 引言

英语教育戏剧是一种以教育为主要目的、带有戏剧性质的教学方法和教育模式。一位小学英语教师在生本理念指导下，根据小学英语教学目标，从小学生年龄特征和认知能力出发，探索在小学英语学习的起步阶段将戏剧中的人文教育融入英语学习过程，在戏剧语境中学习英语，在表演过程中塑造角色和英语语音形象，同时也在经历人物塑造和学习过程的情感体验。英语戏剧教学的尝试表明了在小学阶段进行英语戏剧教学具有适用性和可操作性。戏剧表演式的学习培养了学生对英语的兴趣和学习信心，为学生未来英语学习的自我意识发展奠定基础。

### 背景信息

当前小学英语教学在不同地区和不同学校的教学效果参差不齐，虽有各种复杂原因致使学习效果不佳，其最明显的共同点是相当部分的小学生在此阶段并未对英语产生学习兴趣，由此引发教师对课堂教学进行反思，是否在教学内容、教学模式和教学方法诸方面造成小学生种种不适应，使他们在一开始学习就产生对英语学习的畏难情绪和与英语的距离感，从而失去学好英语的兴趣和信心。教师在教学过程中感到很被动，尤其到了小学六年级，课堂教学中大有“拉不动”的感觉。

在当前教育改革中，如何使小学英语课堂学习更加生动活泼，唤起小学生对英语的感知和兴趣，成为英语教学改革的热点问题。有教育者提出首先得改变传统的师本课堂状况，以生本教育理念贯穿于课堂教学，强调学生“做中学”、“先做后学”。尤其学习语言时，如果将语言学习作为一种有意义的活动，在说和做的过程中学，更符合小学生的认知规律（郭诗乐，2001）。

此外，承担小学英语教学的教师首先需要认识语言的本质：语言是为人所用，语言是用来做事的，语言代表了人的存在。在英语学习过程中如能使学生感觉使用“自己的话语”对周围世界的反应，以及语言和行为的密切关系，正是把英语学习纳入“生本教育的课堂或者整个生本教育体系，正是把社会规范的要求与学生的天性统一起来，使得学生乐而忘返的活动恰好就是社会希望他们的：做班级游戏，做小课题研究，阅读，寻找资料，写自己最喜欢写的东西，演课堂剧，创作小小说，编谜语，编儿歌，读书会，故事会，讲演会，小竞赛，观察实验，等等。学习生活如此丰富多彩，而且充满智慧的力量和人格精神。还有什么样的力量能够比受到普遍赞誉的智慧之光、人格之光更能吸引儿童的心灵呢”（郭诗乐，2001）？因此有必要把课堂进行根本的改造，使之成为儿童自己的课堂，使儿童的生命活动与社会需求统一起来，从而产生最活跃的、共生或共振式的学习和教育生态，在这个过程中，师生都感到更加精神振奋、更加自由开放，更能够接受自己和他人，更乐于倾听新的思想……这种新的学习生态，将是一种情感和认知相统一的生态。它实现了人在社会中自我实现的和谐，从而造成了最美好和最强烈的情感”（郭诗乐，2001）。如果说学生对课堂学习无兴趣，感受不到学习带来的乐趣，他们绝不会认为课堂学习活动属于他们自己的活动，由此“他们就处在个人兴趣与以课堂为表征的社会规范要求的对立之中”（郭诗乐，2001）。如果我们的英语教学改革不触及核心问题，没有形成生本的课堂，始终难以解决如何使学生对英语学习产生兴趣这个问题。

## 案例正文

### 一、提出问题和确认问题

Z老师在G市的一所小学已从事英语教学多年，她很热爱英语教学工作，在工作中投入极大的热情，满怀希望自己的学生在英语学习中得到最大的乐趣和收获。由于Z老师个人对文学的热爱，总试图把文学作品融入英语教学，在日常教学中不时尝试着指导学生演一些英语儿童剧，取得较好的效果，并曾在市内学生课本剧的比赛中获奖。

然而，课本剧演出仅仅是作为课外活动，而且参与学生人数有限，一般是英语学习情况比较好的学生被挑选出来参加演出，因此英语课本剧表演并未使广大学生受益。英语教学改革应该面向所有学生，那么是否能够以课本剧为小学英语课堂学习的主要内容，从课程的核心内容进行大胆的改革？Z老师向自己和同事提出这个问题。新学期开学前，Z老师接受的教学任务是教一年级新班（虽然教育部颁发的《义务教育英语课程标准（2011年版）》规定一般在有条件的小学，三年级才开设英语课，但是该校根据该校生源和师资条件多年来从小学一年级开始开设英语课），面对新的教学任务，Z老师设想是否可以不使用学校推荐教材，以英语戏剧表演为课堂教学内容。

Z老师根据自己多年教学经验，提出了将课本剧纳入教学的三点主要原因。第一、同时学习汉语拼音和英语字母、发音，给一年级学生造成认知和记忆的困难。绝大多数一年级小学生需要借助汉语拼音学习汉字，而现行英语教科书一开始就是学习单词和字母发音，学生学习汉语拼音的同时还要学习英语，很容易混淆英语字母和汉语拼音的读音，既不利于英语字母和发音的学习，也给汉语拼音学习带来负面影响；第二、学校推荐教材的内容类似于看图识字，缺失连贯性和真实语境，学生难以保持学习、记忆单词的兴趣；第三、学生（年纪一般在6～7岁）缺乏学习体验和经验，难以保持对英语的好奇。好奇心固然是学习的原始动力，然而如果教师不能对这种好奇心因势利导，它很快会随着不顺利的学习体验而消失。

为了了解自己的决定是否具有实施条件和可行性，Z老师决定首先对自己本学期的教学对象，即一年级新生，进行调查。

开学前，Z老师与新生见面时以一对一谈话方式进行了交流，了解他们的英语学习背景，例如学生是否在学前教育阶段初步接触英语，是否认识一些汉字或者汉语拼音，以此进一步确认自己根据教学经验判断可能存在的问题，同时也和同事、家长以及学校领导沟通，以了解各方是否赞成不用学校推荐的教科书进行教学而使用自编课本剧作为教材，他们对此是否存在顾虑或者意见。

为了使教学决策更加合理、教学思路更加缜密，同时帮助各方打消顾虑，Z老师基于6～7岁的小学一年级学生的教学目的（即启蒙对英语的最基本认知），反复阅读文献，了解前人对戏剧教学的定位和定义，最终找到法国启蒙思想家和教育学家卢梭的话作为课本剧为教学内容的理论依据。

卢梭指出："孩子的学习不是透过文字，而是透过经历；不是透过书本，而是透过生活"（陈世明等，2014；转引自卢梭，2007）。戏剧为孩子提供了一次从"过程中学习"（learning by doing）的受教育经历，他们可以通过戏剧表演途径，进入与自己不同的角色，在那些角色中进行想象、体验、创作和表演，将具体生活经验和抽象的意念以戏剧化的形式加以表达（陈世明等，2014）。

在确认问题的基础上，Z老师得到的解决方案是采用英语课本剧作为教学内容。如何找到适合一年级学生使用的英语课本剧，这又是一个新问题。Z老师根据自己指导学生排演课本剧的经验，在没有现成剧本情况下，以安徒生童话《冰雪女王》改编的卡通电影《冰雪奇缘》为教材蓝本，将其改编为供一年级小学生表演的课本剧，并希望在一个学期的英语教学过程中，将教学变为一种让学生感受“过程中学习”的教育艺术活动。

Z老师大胆尝试课本剧作为教学材料的设想和实施计划得到同事、学生家长以及学校有关领导的支持，下一步就是为选材和编辑进行细致的准备工作。

## 二、课本剧教学的前期准备

为了将童话变成小学生能够自己扮演角色、自己讲述的故事剧，Z老师在教学前和过程中进行了大量准备，准备工作从以下几个方面进行：

（1）编写剧本。反复观看卡通电影《冰雪奇缘》，选定情节后剪切视频、记录台词，使用简单英语改写剧本台词，使台词难度较低至一年级学生的水平。

（2）制定一学期使用的教学计划。根据每周一课时确定教学内容，教学内容基本随故事情节发展排序，制作录音和PPT课件，突出故事剧的画面和声音。

（3）进行教学设计。为每一课时设计详细教案，包括教学目标、教学内容中的重点和难点、教学方法以及教学步骤。

（4）设计课堂观察和评价表。此表用于及时记录和评价每一个学生在课堂学习过程中的具体表现和取得的进步。

（5）确立与学生家长的沟通方式。建立家长微信群，和学生家长保持联系，传递课堂学习内容，方便家长督促课外练习，例如分享角色的台词录音或者视频，要求学生模仿录音，反复进行说台词的练习。

（6）查阅关于戏剧教学的资料。

通过学习英语教学理论和前人的教学经验，Z老师明白这次教学改革的尺度比以往大得多。虽然她已经有比较充分的思想和行动准备，但是多方面的客观因素以及不利条件必然会给教学改革造成一定困难，究竟能否成功地达成教学目标主要还靠自己。对此，Z老师也有充足的信心，认为只要自己把握英语教学的正确方向，根据当今提倡的“生本”教学理念、二语习得输入假说中“可理解语言输入”和“情感过滤”原则，创设故事情景，使之和教室学习情景融为一体，在情景中教授学生剧情需要的英语表达方式，在教学过程中不断反思和改进，从“做”中“学”，以“学”推动“做”，预计最终可以达到教学目标，使学生对英语学习产生兴趣和信心。

因此，Z老师兼任舞台剧的编剧和导演，力求简化这个英语卡通故事，使台词转写为一年级小学生可以上口的语言表达形式，改编出切换不同场景的多幕剧本，设计不同场景的背景音乐和不同人物的动作表情，预想舞台的调度方式……一句话，Z老师对整个课本剧的计划和设计真是颇具匠心。

## 三、英语戏剧表演的教学实践

### （一）颇具匠心的教学设计

Z老师将《冰雪奇缘》的英语剧表演作为小学生入学第一学期的英语教学内容，参考《义务教育英语课程标准（2011年版）》，确定了教学目的：激发学生学习英语的兴趣，帮助他们建立自信心并获得英语学习成就感。Z老师以动画电影《冰雪奇缘》英语版视频为主要教学资源，取代传统的纸质教材，同时采用图像截屏创设了一幕幕不同场景，附上自己录制的角色对白音频以及背景音乐，制作成PPT教学课件。Z老师还设置了如下课堂教学目标：

通过表演《冰雪奇缘》，学生能够做到：

（1）在英语单词中辨认和正确读出英语的26个字母，并能辨别读音中的升调和降调；

（2）根据故事的视频截图和英语录音，听懂图中人物对话；

（3）根据故事的视频截图和背景音乐，模仿场境中人物的英语对话；

（4）唱英文歌曲“Frozen Heart”和“The Snow Queen”；

（5）根据剧情使用简单的肢体语言表达情感和态度，积极参与表演并且相互合作。

将《冰雪奇缘》的故事变成供学生模仿表演的剧本是一个教学的创造性设计过程。第一步是编写剧本。Z老师根据卡通视频写下故事发展脉络的大纲，依据这个童话故事的主题思想，记录剧中的不同事件发生的时间、地点、场景、角色对白、动作、情绪以及变化发展，然后再根据脚本设计改编角色对白，增加旁白说明故事情节的发展。这些是童话剧表演教学中的关键部分，同时也是英语教学中处理语言输入时的核心问题。

设计剧本对白之前需要转写视频中人物的对话。虽然童话剧的对话内容及语言形式都比较简单，但Z老师还是花了好几个晚上反复听写对白，最终写下满满15页对白，根据剧情发展和教学课时把对白分为若干幕（act）和场（scence），以便作为教学单元。剧本完成后的下一步是针对每个单元的课堂教学设计。Z老师在根据学情和教学内容的分析，确立各堂课具体教学目标时，立刻遇到困难：如何才能将目标设定为具有可操作性？Z老师有点犯难了，这些看似简单的英语句子对一年级学生而言还太难，因为大部分学生在学龄前教育阶段基本没有接触过英语，不可能记住大量英语表达，并根据剧情的场景脱口而出。就这个问题，Z老师听取了同事的建议，把一些复杂的表达处理成最简单的形式，例如下述台词包含 even though、worried + that clause、would fear、isolate ... from 等词组（见下句中划线部分）：

> Narrator：Even though Anna got better，her parents worried that people would fear Elsa's powers. They isolated Elsa from others，even Anna.

Z老师将复杂句分解为简单句“Anna gets better. Her mom and dad are afraid of Elsa's power”，把动词的过去时改为现在时，以简单的表达方式替代难度较大的词语和句子结构，比方说，用 are worried about... 取代了 worried that people would fear...，以常用词组“keep off”替代“isolate from”，即“They keep her off.”。这样处理降低了英语表达的难度，使初学者更容易上口。尽管表达简化后有时会影响原句的准确性，甚至在语义上产生较大出入，但是考虑初学者的年龄、认知水平和发音能力，Z老师认为灵活变通地处理教学材料是必要的。由于原先台词的语意表达受限，Z老师设计了相应的面部表情和肢体动作，以配合角色台词，表现人物情感、态度、行为，等等，这些伴随故事情景的肢体语言符号不仅降低了语言表达的难度，同时更有助于学生理解人物对话的意思。例如，表9-1是第12场景修改前和修改后的对白和旁白。原来的旁白中“Anna heard the clang of Hans's sword. Elsa was in danger”改为“Hans will kill Elsa”，学生通过表演者的动作得知汉斯要用短剑刺向艾尔莎时，立刻异口同声地发出了“No”，可见情景激活了学生对场景的理解。

**表 9-1　场景 12 中的对白与旁白的改编**

| 修改前 | 修改后 |
|---|---|
| Anna：Hans，please show me your true love. | →Anna：Hans，please save me. |
| Hans：No. I don't love you! | →Hans：No!（*Hans shakes his head.*） |
| Narrator：Anna was still getting weaker and weaker. Meanwhile，Hans told Elsa about her magic blast to Anna's heart. | →Narrator：Anna is very cold.（*Anna falls down slowly，and Hans shows his magic blow to hit Anna's heart.*） |
| Hans：Elsa! Your sister is dead... because of you! | →Hans：Elsa! Anna is dead. |
| Elsa：No! | Elsa：No!（*Elsa shakes her head angrily.*） |
| Narrator：Anna heard the clang of Hans's sword. Elsa was is in danger. | →Narrator：Hans will kill Elsa.（*Hans puts his sword toward Elsa.*） |
| ... ... | ... ... |

人物话语和肢体语言将学生带入故事情景，使他们将英语和肢体语言融合，在语境中体验故事中人物的话语意义和他们的喜怒哀乐，例如，当故事情节中出现狼时，学生先是高喊“Wolfs!”“Wolfs!”，然后一边跳跃表示躲狼，一边喊“Jump! Jump!”。

### （二）英语语音塑造的形象

Z 老师认为，小学阶段是学习英语语音语调的关键时期，而通过阅读有关外语学习研究的论述则进一步提高了她对这个问题的认识。例如，王初明教授（2010）指出，“初学外语的人，学习体验不够，倾向于将发音与外语学习能力等同起来。语音学的好，别人羡慕赞扬、自我感觉好，外语容易坚持学下去。语音学不好，他人评价消极、自我感觉差，外语学习动力减弱。”这些话给 Z 老师带来很大启发，语音对小学阶段的英语初学者有这么大的激励作用，那么英语启蒙学习就应该从语音入手。尤其这个年龄段的学生有很强的模仿力，那么教师就更应该重视英语正确发音的指导和训练，帮助学生塑造良好的英语语音形象，感受由此带来的愉悦，以此增加学习兴趣和信心。正如王初明教授（2010）所说，“我们可以理出两个打造积极外语学习动机的因素。一是愉快的具体学习体验，一是未来愿景，也就是理想的外语自我。”

Z 老师根据课堂观察发现，有百分之三十的学生英语发音比较到位，百分之五十二的学生的发音一般，另有百分之十八的学生发音有困难，语音模仿不到位，而这三部分学生的语音各自都有提高的空间。她重点研究了学生的语音和语调存在的问题后发现：大多数学生能大声且相对准确地发出单词中的元音音素，但辅音却发不清楚，甚至出现错误，如把 dead 的词尾 /d/ 发成 /s/，把 cut 尾音/t/误发成 /ts/，love 的尾音/v/成了/f/等等。学生在模仿超过三个音节的单词时（如 beautiful）很不顺畅，要一口气说出“Elsa，Anna is dead!”这类句子就更加困难。此外，朗读单词和句子缺乏恰当重音，在语流中的停顿、节奏和语调方面也有很多模仿不到位之处，话语对白中缺乏恰当的情感色彩。

针对这一系列的问题，Z 老师反思了自身教学工作，试图找出这些问题的原因，及时进行了有针对性的教学调整。虽然每周只有一节英语课，但是在课堂上，她用更多时间让学生反复模仿录音的语音语调，大声朗读，加深他们对英语语音和语调的感知。然后，安排了课后练习语音和语调的家庭作业，录下台词和单词的朗读，使学生可在课外继续听音进行模仿练习，加大英语听力输入。Z 老师也经常和家长沟通，了解学生在家里是否复习课堂教学内容，请家长鼓励孩子大声朗读单词和句子，听三遍或者三十分钟以增强听力和朗读练习的效果，学生们模仿视频剪辑中来自母语者的正确发音和语调，并且在父母面前表演。

对于语音学习上接受速度较慢的学生，Z老师把多音节单词截成几个单音节，如beautiful →beau-ti-ful、amazing →a-ma-zing等，带着学生一起先发准单音节，再把几个音节连起来。Z老师对学习上有困难的学生给予了更多关注和帮助，鼓励他们多做简单的口语练习以建立信心；课后，她还在办公室进行个别辅导。部分学习能力强的学生试用拼音拼写法拼写英语单词，针对这一现象，Z老师认为汉语拼音不仅是学习汉语的工具，对掌握英语单词的发音和拼写也有一定的迁移作用，这些学生的做法是在语言正迁移下的一种学习方法，因此她鼓励学生进行这样的尝试，引导他们照此方式逐步过渡到运用英语的自然拼读法读出单词。由于模仿是儿童学习英语语音语调的主要途径，学生在Z老师引导下通过模仿正确的语言语调感知英语话语特点，以此塑造所扮演角色的语音形象，并把自己也融入这个语音形象里。

### （三）戏剧语境中的语言学习

除了塑造语音形象外，学生还需要在表演上进入角色。为了让学生感受到这是“真正的演剧”，Z老师采用拍电视使用的场记板。每次排练，学生争相拍板启动表演，随着场记板开拍的一击，马上各就各位，进入角色，开始表演。

除了场记板外，Z老师设计了另外一些小道具，例如用硬纸板制作头饰，代表不同的角色和角色的身份，还设计出用不同肢体语言演示不同的行为。例如，在排演为女王加冕（coronation）的场景时，即使用汉语向小学生解释“加冕”这一词义，他们也未必能够理解。因此，Z老师在给学生戴上硬纸板做成的女王王冠时，带领他们重复说“coronation”。当学生轮流带上王冠表演女王加冕场景时，其他学生都能大声说出“coronation”一词。反复练习后，学生都明白了“coronation”指给某人带上头冠，意思是他或她成为国王或女王。虽然这是Z老师解决教学难点的一个设计，即让学生通过语境感悟词义，其效果却有出乎意料之处，学生非但很快就记住这个来自陌生文化语境中的词，而且还能准确发音，表达自然，反应迅速。这验证了Z老师采用童话剧创造语境教英语的做法是行之有效的，貌似比较难懂的语言表达可以在特定语境中显得易于明白，也易于模仿。同样，针对剧中有一些打招呼，表感谢、道歉等日常交际情景中的礼貌用语（例如Hi、Sorry、Thank you），还有某些抒发情感的表达（例如艾尔莎和安娜姊妹俩和好如初时互相说“I love you.”，或大家共同的心声“Love is an open door.”），学生在这些情景中都能够准确地理解这些话语的意思和功能，并通过对角色的演绎，充分体验不同人物的情感、态度以及价值观，懂得“爱”是一种高尚的情感，赞扬善良美好的行为，唾弃自私冷漠和损人利己的行为。在排练表演的过程中，学生可以很快地进入各自的角色，很自然地把对话和表演融合在一起。

在学习表演的过程中，学生通过视觉、听觉、话语和肢体动作演绎这个童话故事，感受英语语音、节奏、韵律，体验角色以表情和行为所表达的喜怒哀乐，语言难以表达之处便充分利用肢体动作，于语境中完成从听到说以及表演的学习过程。戏剧表演正是提供了凸显“全身反应法”所倡导的学习英语最充实的环境，教师和孩子之间的口语交流达到最充分的理解。因此，Z 老师很注意学生情绪和态度的反应，不以纪律为由干涉一些在常规课堂内被禁止的行为。在学习表演时有的学生情绪高涨，情难自已地站上椅子，甚至站到课桌上高喊台词。Z 老师认为只要学生是在投入地表演，并且需要以此展现其角色特点时，就绝不多加干涉，即使全班模仿这样的举动也得到教师默许。正是这“全身反应”的表演活动激发了学生的参与，此刻他们已经进入学习者角色，学生的个体“他”或“她”忘记了自己，认为自己就是剧中那个“人物”。角色扮演是学生自己的活动，而不是教师的活动。因此，这种“全身反应”的戏剧教学较有成效地培养了学生的主体意识，改变了传统的“师本”观念，充分体现了当代教育所提倡的把“教转化为学”的生本课堂（郭诗乐，2001）。

### （四）“过程中学习”的情感体验

Z 老师在开学后第一堂英语课就充分感受到小学生参与课堂活动的高涨热情。课上，学生首先观看中文配音的《冰雪奇缘》，对故事中各角色有了大致了解。当 Z 老师告诉大家将在未来的英语课扮演剧中人物时，部分性格比较活跃的学生立刻表现出兴趣，部分学生脸上显出好奇的疑惑，但是几乎每一位学生都充满好奇，究竟要用英语怎么表演。于是全班在 Z 老师带领下互相打招呼，跟随老师大声说出“welcome”，并且知道这个词表示的是“欢迎”的意思。

在整个教学过程中，课堂变成了舞台，随着动画片丰富多彩的画面，听着“Frozen Heart”“Love Is an Open Door”“In Summer”等动听的歌曲，学生们被带入《冰雪奇缘》这一童话故事语境，在其中享受学习英语的乐趣。英语对他们来说已经成了活生生的“故事语言”，他们都认可了必须用英语来表演这个故事。Z 老师一人担起多重身份：首先是讲故事者，她声情并茂地对学生描述故事情节，让学生了解故事的前因后果、人物之间的关系、每个人物的品质和性格特点；其次是教学者，她耐心地教学生说英语，从如何认读整体音节到单词再到完整台词，反反复复，循序渐进，让全班都能够自然地描述情节，将角色台词脱口而出；最后是导演，她同时示范多个角色，一招一式地教学生如何表演。除此以外，Z老师还不时地表扬那些态度认真的学生，鼓励学生大胆参与表演。开始时，有的学生比较胆怯，迟迟不敢张口，在老师的鼓励和其他同学的带动下，他们也能够逐步开口说英语，并参与到活动中。Z老师说："看来小伙伴们的积极热情的态度会互相感染，连那些比较内向、一开始不敢说或不愿说的孩子也参与其中，这就是课本剧演出活动的吸引力吧。"

学生对这个童话剧充满了模仿、学习的热情。通过三个月的表演排练，学生对《冰雪奇缘》剧中的各个人物都非常熟悉，也都能够将对白脱口而出，有艾尔莎、安娜、爸爸、妈妈、汉斯克、里斯托夫、驯鹿斯文、雪宝奥洛夫和动物朋友们。Z老师的教学原则是让所有学生掌握扮演所有角色的方法，因此将学生分为小组，不分配固定角色，让他们在小组内把需要饰演的角色都尝试一遍。女生们渴望饰演艾尔莎和安娜，男生们则争相扮演汉斯和克里斯托夫，对他们来说，剧中哪一个角色都不可缺少，而他们把自己视为小演员，无论哪个角色的台词都记得很熟，一有机会就站出来试一试，有的时候未扮演某角色的同学会不约而同地与扮演者一道说出该角色的台词，变成了集体念台词，还有时候某个角色扮演者忘记自己的台词，或者说得不利落时，旁边的同学不等老师开口就迫不及待地提醒或纠正。人人都积极参与表演，并情不自禁地融入角色。

每次轮换角色时，同学们的小手举得高高的，一双双眼睛渴望地看着Z老师，期待老师把此刻心中最想尝试的那个角色分配给自己，"老师，我来演。""老师，让我试一试……"的请求此起彼伏。Z老师说："这部剧的内容比较简单，就那么几个主要角色，可是孩子们都想演，真是不忍心看到有的孩子那失望的神色，只好安慰'下一次，还有下一次……'。"同时Z老师也借此鼓励学生："看谁先把英语台词记得牢、说得准，就让她/他先演那个角色。"学生们尤其喜欢善良的安娜，从这个角色的台词、形象到动作表演全都记得牢牢的，一招一式地认真演绎这个角色。

在一学期的英语课堂学习过程中，学生始终保持高度的参与热情，甚至回到家还不能平息，不少学生迫不及待地要家长拿出手机，收听Z老师当天用微信语音形式发来的台词范读，一边听一边模仿。家长看到孩子对学习英语表现出有如此高涨的热情，听到六七岁的孩子就能够说出一句句完整的英语台词，还能记得那么多英语单词时，倍感惊讶的同时也充满喜悦。"为什么英语学习成了一件乐事?"，不少家长不解地问孩子，听到的回答都是"喜欢!"。

### （五）戏剧表演带来的兴趣和自信

为了让学生进一步感受学习收获的喜悦和成就感，Z 老师和其他老师一同筹划了一场汇报演出。学生翘首以待，因为受邀观众是爸爸妈妈、爷爷奶奶等亲属，人人都想把《冰雪奇缘》这部剧演得更好。经过充分的准备，终于在音乐声中，全班 50 名学生一起走上舞台，完整地呈现了一场英文版《冰雪奇缘》课本剧表演。

台上的学生和台下的家长全都激动不已，小演员们在热烈的掌声中向观众谢幕。“这就是最好的学习汇报，”家长们赞许地说。有一位家长很感动地谈起自己的孩子：“一个害羞的小男孩在性格上有了变化，居然能够上台表演，还能把英语台词说得准确流畅……表演给孩子带来了自信。能这样学英语，孩子有兴趣，很快乐。”学生虽然不认识所有单词和句子的文字形式，但是他们能够根据不同的剧情画面讲述简单的故事内容，并演绎在该场景中人物的对话，这一点令家长感到惊讶。

Z 老师为了让学生在学习过程中建立自信心，采用了课堂学习评价表，对学生的学习态度、表演和口头表达情况进行了阶梯式等级的评价。一学期下来，评价表内上升的曲线表明学生表现得越来越活跃、积极和自信，语音语调不断改进，这种不断形成的积极自我形象将有益于对他们在今后的学习中保持对英语的兴趣和自信。由此，英语戏剧教学使英语课堂成为一个真正属于学生自己的、自主的、有生命意义的强烈的活动空间（郭诗乐，2015）。

## 结　语

“课本剧表演教学的案例给我们带来教学启示，显然，充分体现‘做中学’或者‘先做后学’的这种教学模式有助于实现小学阶段英语听说教学目标，”Z 老师总结道。首先，在学习表演过程中，学生在故事情节和场景中体验不同的文化，感知不同语言形式的互动和语言表达方式，通过穿插在剧中的歌曲和动作表演学习和记忆，没有文字，只有实物、声音和形体的动态帮助理解，把抽象的文字变为具体声音和动作符合小学生身心发展特点。其次，戏剧教育对英语初学者学习情感能产生积极影响，尤其体现在增强学习英语的兴趣和自信心方面，模仿和体验式学习有助于学习者“建立良好的英语语音的自我形象”，为实现“理想外语自我”奠定良好开端。最后，课本剧的演出体现了集体性主体意识，每一个学习步骤都是在集体的互动活动中完成，就如同儿童游戏，学生在活动中能够而且乐于接受自己和他人，更乐于倾听和交流。因此课本剧表演模式的教学符合学生的情感需求和认知水平，学生乐于通过故事表演学习英语，在表演中获得成功扮演一个社会角色带来的积极体验和积极情感，这证明了课本剧表演有效地达成一年级英语教学的知识技能、情感态度的目标。

Z老师最后总结说：戏剧教学是一种很灵活并且充分体现“生本理念”的动态教学过程，以学生表演为主的学习过程体现了对特定语境中语言使用的“感知—模仿—体验—运用”过程。英语课堂是学生自己的课堂，无论对老师还是学生，这个学习过程是开放性的，师生一同构建的活动在英语学习氛围中产生“最活跃的、共生或共振式的学习和教育生态”(郭诗乐，2001)。教师要思考戏剧教学目标与学生的需求以及具体学习难点之间的差距，调整教学目标、教学方法以及教学手段，不断反思和调整的过程必不可少。因此，要让戏剧真实有效地走入小学英语课堂，而不流于形式，小学英语教育实践者还需要挖掘其深刻的“树人”内涵，使之达到一种情感和认知相统一的英语学习生态，使外在知识、体验和情感内化达到升华。这种教学过程对教师本人的专业素质是一种很大的挑战，因此教师必须在个人教学实践经验基础上，不断学习、不断实践，努力提高自己的学科专业素养和能力，才有可能促使小学英语教学达到多维度立体化的生本教育目的。

## 案例思考题

1. 你认为该案例体现了“生本课堂”的理念吗？为什么？如果是，那么在哪些教学设计、教学过程、教学策略的处理上体现了“生本课堂”所建立的“学习生态”？

2. 以“戏剧表演”为模式的“生本课堂”与英语语言学习语境有关联吗？

3. 根据“语境创设”作为学好英语的这一必要条件，分析戏剧表演是否能够体现英语教学中“可理解的语言输入”，为什么？这与“生本课堂”有关联吗？

4. 英语教学中“情感过滤原则”与以上提到的“生本课堂”理念之间有关联吗？如果有，那么在“戏剧表演”课堂中如何得到体现？

5. 你能用“活动理论”分析和解释该案例的教学活动吗？

6. 你认为该案例有实用性和启发性吗？为什么？

## 案例使用说明

**1. 适用范围**

适用对象：教师教育工作者、中小学英语教师、英语专业本科生、英语学科硕士研究生。

适合课程：二语习得、英语教学法、教学案例研究、教师专业发展。

**2. 教学目的**

（1）了解将戏剧教学引入英语课堂的育人意义；

（2）分析“生本课堂”与“语境创设”、“可理解的语言输入”、“情感过滤原则”及“活动理论”的内在关联，认识宏观教学理念与外语学科教学理论的关系；

（3）举例说明将“过程中学习”这一生本概念应用于其他英语教学活动形式。

**3. 要点提示**

（1）相关理论

Krashen 的二语习得输入假说、社会文化语境理论、现代教育活动理论、主体间性教育理论。

（2）关键知识点

课本剧教学设计、生本课堂、语境创设、可理解的语言输入、情感过滤原则、活动观。

（3）关键能力点

以英语课本剧教学为例，分析和解释外语教学实践和学习过程中所体现的“生本课堂”教学原则，以及其他外语教学原则。

（4）案例分析思路

该案例可遵循以学生“理想的英语自我”需求为切入点，以激发学生学习热情和兴趣为目标，以英语课本剧为载体的英语教学活动和行为是如何体现了“生本课堂”以及其外语教学原则。分析的目的在于进一步认识英语教学和学习活动必须遵循的原则和理念。

**4. 教学建议**

时间安排：6 个课时。

环节安排：案例教学采取课前布置任务、分小组讨论、课上小组代表发言、全班评论、教师点评和答疑。

人数要求：40 人以下的班级教学。

教学方法：案例教学讨论为主，讲授点评为辅。

工具选择：多媒体、PPT，案例打印资料。

组织引导：教师布置任务清晰，预习要求明确；提供给学员必要的参考资料和分析提示。

活动设计建议：课前在阅读材料基础上，各小组自选一个分析要点，准备好呈现发言提纲和呈现要点的 PPT，用邮件发给任课教师，以便教师做好点评的准备以及总结知识要点和分析要点的准备。

下课后教师及时总结案例教学的得失，以便改进后续的教学行为。

**5. 推荐阅读**


[1] 陈世明等.（2014）. 儿童戏剧的多元透视. 上海：复旦大学出版社.

[2] 郭宝红.（2016）. 通过英语课本剧学习“活的语言”. 中国教师：课程与教学（08），57-60

[3] 郭诗乐.（2001）. 教育走向生本. 北京：人民教育出版社.

[4] 郭诗乐.（2015）. 改革核心：课程与教学的再造. 人民教育（04），21-26.

[5] 贾冠杰.（2010）. 英语教学基础理论. 上海：上海外语教育出版社.

[6] 卢梭，彭正梅，译.（2007）. 爱弥儿. 上海：上海人民出版社.

[7] 马利文.（2014）. 以教育戏剧为载体的行动研究：教师自我发展过程案例研究. 教育学报（1）75-87.

[8] 王初明.（2010）. 外语是怎样学会的. 北京：外语教学与研究出版社.

[9] 中华人民共和国教育部.（2012）. 义务教育英语课程标准（2011 年版）. 北京：北京师范大学出版社.

[10] Asher，J. J.（1981）. The Total Physical Response：Theory and Practice. *Annals of the New York Academy of Sciences*，(379)，324-311.

[11] Carter，C. & Sallis，R. Dialogues of Diversity：Examining the role of educational drama techniques in affirming diversity & supporting inclusive educational practice in primary school. NJ. Australia Journal Routledge. http：//www. tanfonline. com.

## 案例 10

# 基于情景创设的初中英语听说教学设计

◎ 陶鲤华　何　杨

## 引 言

情景创设是寓于语境中的外语教学思想具体落实到外语技能教学中的条件，即在某一话题引领下创设真实或模拟的具体情景，让学生通过以意义为中心的情景教学活动学习语言和运用语言。何老师在初中英语听说教学中充分利用教材里的话题资源，合理创设相关情景，将与话题相关的英语语言表达方式、词汇等放在情景中引导学生学习、运用，激发初中学生学习英语的兴趣，引发学生对生活中存在的各类问题的思考，从而培养他们的英语听说能力。这里主要展示何老师基于环保情景创设的听说教学设计。

## 背景信息

在《义务教育英语课程标准（2011 年版）》的课程分级目标中，五级目标明确规定学生“能听懂有关熟悉话题的陈述并参与讨论。能就日常生活的相关话题与他人交换信息并陈述自己的意见”。而课标在对语言技能的分级标准描述中，五级听力标准要求学生“能听懂有关熟悉话题的谈话，并能从中提取信息和观点，能借助语境克服生词障碍、理解大意”；五级说的技能标准之一是“能根据话题进行情景对话”。

为了给学生提供英语实践的机会，有效地培养他们的听说能力，英语教师要通过创设与实际生活接近的各种情景，循序渐进地引导学生开展英语学习实践活动，使学生理解和掌握相关话题的英语词汇、句型的真实意义和用法，并逐步内化，从而提高学生的英语综合运用能力。为了达到上述目标，教师需要根据学生的认知水平和年龄特点结合他们的生活实际提供真实或模拟的情景，激发学生的学习兴趣，促使学生用英语主动获取相关信息并进行回应，学生在教师创设的情景中通过各种学习活动进行语言的应用实践，开展真实的语言交际。

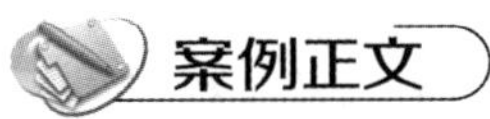

## 案例正文

### 一、提出问题和确认问题

何老师目前在某市某区一所公立中学担任英语学科教研组长，她在工作之余不断提升自己的专业素养，积极参加市、区教科所的英语教学研究课题以及优质课比赛和展示等，不断学习新的英语教育、教学理念，在日常教学中充分利用初中英语教材中的话题，在听说教学活动中创设恰当的情景，培养学生的学习兴趣，提高他们的英语听说能力。

#### （一）什么是情景创设

情景是对某一场景、局面的描述，学习语言只有在一定的情景中才能理解和表达，因为社会语言情景是揭示语言意义的因素。情景创设则是教师利用视频、动画、声音、图片等创设生动形象的情景，模拟生活激起学生学习兴趣的一种教学手段。

#### （二）怎样在教学中创设情景

教师在教学中根据学生的认知水平、年龄特点和心理特征，设置适当的情景，学生通过角色扮演、参访、小组合作等多种方式引起学生的情感共鸣，在基于情景创设的课堂教学活动中，教师要提供一些开放性、生活性、现实性的信息，让学生根据教师创设的情景，用教学目标语提出并解决情景中的问题，使课堂教学更接近现实生活，使学生在感知、体验中实践、运用相关情景中的英语词句，从而达成教学目标。

### 二、基于情景创设的初中英语听说教学设计案例

**——第 13 单元“We’re Trying to Save the Earth!” Section A 1a-2d 听说课**

#### （一）学情分析

学生经过近三年的英语学习，对本课需要讨论的环境保护问题具备相应的词汇（描述环境的单词或词组）储备以及知识结构（对于情态动词、被动语态、一般过去时、一般现在时以及一般将来时的掌握）储备。学习及生活中的点点滴滴，例如当下

提出的绿色环保出行方式等都与本课的环保主题紧紧相扣，学生对于该为环保做些什么已具有一定意识和知识储备。

## （二）教学目标

### 1. 语言知识目标

（1）能在对话和练习中正确使用下列词语：bottom、fisherman、coal、advantage、industry、law、gate、bottle、president、work、metal、litter、cost、afford、recycle、ugly、wooden、plastic、cruel、harmful。

（2）能在对话和练习中正确使用下列常用表达：take part in、turn off、pay for、throw away、put sth. to good use、pull ... down。

（3）学生能正确理解下列句子：

① We're trying to save the earth.

② The river used to be so clean.

③ The air is badly polluted.

### 2. 语言技能目标

通过听说练习，学生能从听力材料中获取有关环境问题、造成原因和解决措施等关键信息，并能口头复述环境问题、造成原因和解决问题的建议。

### 3. 学习策略目标

通过学习本单元三个核心问题即“我们面临的环境问题有哪些？为什么会出现这些问题？我们怎么解决这些问题?”，学生能：

（1）对与环境问题有关的词汇进行分类；

（2）运用听前预测信息的策略；

（3）合作学习。

### 4. 情感态度目标

通过本单元的学习，学生能够对环保问题有更深的认识，能够从自己做起爱护环境卫生，为环保尽自己的一份力。

## （三）教学重点和难点

### 1. 教学重点

听前提供以环境保护为主题的情景和与之相关的词汇和句型；在听中获取关键词和关键句，判断说话者的意图；听后进行口头表达。

**2. 教学难点**

技能拓展：听后能运用本单元所学的重点词句来谈论环境污染问题及其治理方法。

## （四）教学准备

**表 10-1　教师和学生的教学准备内容**

| 教师准备 | 学生准备 |
| --- | --- |
| 多媒体<br>教具<br>学案 | 预习作业：<br>收集整理身边的环境污染案例，并对其产生的原因进行分析 |

## （五）情景创设

教师以单元主题“We're trying to save the earth”为出发点，创设了一个街头采访的情景。在课堂热身阶段，教师带领学生练习两段绕口令，之后进入本课话题，并告知学生今天学习的三个重点问题：（1）What was the problem?（2）What caused the problem?（3）How should the problem be solved? 学生通过独立思考，初步形成自己的观点后，与小组同伴进行交流讨论，再带着接收到的不同想法进行听说练习。在此过程中，教师对学生的观点不进行任何干预与评价，而是让学生独立思考，自由地交换观点。待学生完成所有听说任务之后，教师引导学生就该问题展开讨论，并以小组为单位呈现街头采访的情景。为了完成采访任务，学生必须与同伴合作，学会知识层面的词句表达。同时在采访的过程中，学生的口头表达能力、逻辑思维能力以及批判性思维能力等都得到了一定的锻炼。可以说，环境保护与学生生活息息相关的这一情景贯穿了整堂课的教学设计，调动了学生学习的积极性，引发学生进一步思考生活中的环保问题。

## （六）问题框架

我们现在面临哪些环境问题？
为什么会出现这些问题？
我们怎么解决这些问题？

## （七）教学流程

Warming-up → Listening Training → Speaking Training

## （八）教学步骤

Part One：Introduction

**Step I. Warming-up（5 分钟）**

带领学生练习两段绕口令，之后进入本课的话题：环境保护。学生需要思考的重点问题是如何对环境进行保护，提醒学生认真听，大胆说。提出本节课要关注三个重点问题：

（1） What was the problem?

（2） What caused the problem?

（3） How should the problem be solved?

设计目的：在课堂一开始就运用两段绕口令来帮助消除课堂紧张感，吸引学生的注意力，让学生明确本节听说课的学习目标，三个问题的提出有助于学生做好听和小组讨论的准备，以便在听和说时聚焦于环保话题涉及的"问题、原因、解决办法"三个关键点。

**Step II. Teaching new words and phrases（4 分钟）**

根据学生的回答，引入课本 1a 部分的教学，用不同的图片引导学生学习并记忆跟环保相关的词汇及短语，并对这些词汇和短语分类。

设计目的：通过上一环节的独立思考后，让学生从中文的思考模式向英文思考模式转换，打开思路，用图片而不是中文翻译对新的词汇及短语进行教学，并且进一步熟悉本课的主题。对所学词汇进行分类实则是在对环境问题进行分类，为接下来的听力环节做好准备的同时也为最后的采访环节做好了铺垫。

Part Two：Listening 1

**Step III. Pre-listening（4 分钟）**

完成课本 1b 部分 Listen and complete the sentences.

从上一环节的三个不同类型的环境污染中，选择水污染问题，提问：Will you be sad if Nanming River is polluted? 由学生回答后，教师继续这个话题：Well，if the river is polluted，I think nobody wants to go close. 假设听力材料中的 Tony 和 Mark 是自己的朋友，看看他们得知河流被污染了，会怎么办？要求学生预习 1b 部分的内容，预测可能填入的答案，之后播放第 1 遍听力材料。

设计目的：通过对上一板块的衔接，将听力材料中的人物生活化，让学生了解听力材料的背景并进行预习，避免不熟悉的听力内容可能会产生的唐突感。要求学生预测答案，学会思考在前，培养他们运用听前预测信息的策略。

**Step IV. While-listening 2（3 分钟）**

学生 2 人一组讨论第 1 遍听出的答案，教师播放第 2 遍听力材料。

设计目的：学生会对自己听到的内容进行讨论，由此知道自己和同学听到的内容有何区别，并在听第二遍时关注不同之处，获取精确信息，同时学会与同伴合作学习。

**Step V. Post-listening（4 分钟）**

学生 2 人一组再次讨论后，选择自己最有把握的答案与同学分享，如有不同意见时，老师再放一遍录音，学生在 key words 或 key sentences 的部分要求暂停，并核对答案。最后要求学生朗读 1b 部分的句子并记忆。

设计目的：培养学生独立思考和判断的能力，老师只是引导者，做题、讲题都由学生完成，培养学生的合作与自信。学习并记忆关键句型，为接下来的学习做准备。

Part Three：Listening 2

**Step VI. Pre-listening（3 分钟）**

完成书上 2a～2b 部分。Listen to the interview. Circle the kinds of pollution that Jason and Susan talk about，and then complete the sentences.

接上一部分的听力内容，告知学生接下来的听力内容是街头采访的片段。要求学生先完成 2b 部分，同样预习并预测答案。播放第 1 遍听力材料。

设计目的：让学生了解听力材料背景，继续培养思考在前的听力策略。

**Step VII. While-listening（3 分钟）**

学生 2 人一组讨论答案后，播放第 2 遍听力材料。

设计目的：培养学生合作学习。

**StepVIII. Post-listening（4 分钟）**

学生 2 人一组再次讨论后，与同学分享答案。全班一起完成 2a 部分。最后要求学生朗读 2b 部分的句子并记忆。

设计目的：培养学生自主学习的能力，老师引导，学生完成，让学生找到自信。学习并记忆关键句型，为接下来的对话表演做准备。

Part Four：Speaking

**Step IX. Pre-speaking（2 分钟）**

播放 2d 部分内容，学生填写学案上的相关表格。

设计目的：对于本阶段的学生而言，他们的语音语调仍具有很强的可塑性。通过跟读录音，不仅能够让学生模仿纯正的语音语调，同时还能帮助学生在语境中记忆词汇和表达。学生通过填写表格，可以更清楚这个部分在说什么，也是在给自己构建接下来的对话框架。

**Step X. While-speaking (10 分钟)**

学生 5～6 人一小组，模仿 2a～2d 部分的内容，以街头采访的形式讨论身边的环境问题及解决方法。学生准备过程中，老师播放 2 遍 2d 部分录音，之后进行口头汇报。

设计目的：给学生创设情景，用所学内容来演绎生活中的情景，思考身边的环境问题，学会解决遇到的问题。播放录音给学生再次进行语音学习的机会，同时给学生计时，让学生拥有时间观念。口头汇报能帮助学生展示自我，树立说英语的信心。

**Step XII. Post-speaking (5 分钟)**

学生小组间对口头汇报进行评价，老师再给出评价（评价维度有语音、语调、流畅度、表现、音量）。

设计目的：通过互评，学生能发现同伴的优缺点，养成相互学习的好习惯。老师从以上 5 个维度给出评价，学生能明确自己的问题，从而确定自己的努力方向。

**Part Five: Assignment**

1. 背诵 1a 中所列举的短语；

2. 跟读听力材料及 2d 部分内容。

设计目的：让学生通过完成家庭作业掌握巩固所学知识，通过跟读让学生模仿，练习准确发音。

## （九）导学案

**1. Try the tongue twisters below**

(1) Fat cat, catch that fat rat.

(2) Good cookies could be cooked by a good cook, if a good cook could cook good cookies.

**2. Main topic and questions**

**Pollution**

(1) What was the problem?

(2) What caused the problem?

(3) How should the problem be solved?

**3. Look and classify**

| | | | |
|---|---|---|---|
| loud music | cars | rubbish | planes |
| littering | ships | factories | smoking |
| building houses | | mobile phones | |

| noisy pollution | air pollution | water pollution |
| --- | --- | --- |
| ________ | ________ | ________ |
| ________ | ________ | ________ |
| ________ | ________ | ________ |
| ________ | ________ | ________ |

**4. Listen and complete the sentences**

| **What was the problem?** |
| --- |
| The river was ________. Even the bottom of the river was full of ________. There were no more ________ for fishermen to catch. |
| **What caused the problem?** |
| People are throwing ________ into the river. Factories are putting ________ into the river. |
| **How should the problem be solved?** |
| We should write to the ________ and ask them to ________ the factories. Everyone should help to ________ the river. |

**5. Listen and repeat**

**6. Listen and complete**

(1) The air is badly polluted because there are ________ on the road these days.

(2) Factories that burn coal also ________ the air with a lot of black smoke.

(3) There is also too much rubbish and waste. People ____________ things every day.

(4) People are also littering in ________ like parks. This is turning beautiful places into ugly ones.

**7. Listen and complete the chart**

| Pollution | Solution |
| --- | --- |
| air pollution | |
| waste pollution | |
| | |
| | |

**8. Interview**

Sit in small groups of 4～5，and use the picture you have to prepare for the interview.

Tips：

（1）You need only 1 interviewer and the others will act as the passersby（路人）.

（2）Your scores will be given according to the following 5 aspects：pronunciation，intonation，fluency，performance and voice.

**9. Assignment**

1. Recite the words and phrases in 1a.

2. Read the listening scripts of Section A.

## 三、何老师的反思

本堂课的开始是热身的环节，我带领学生练习两段绕口令，让学生放松心情，轻松进入今天的听说课堂。接着采用两张与环境污染有关的图片导入主题，引发学生思考并进行短暂讨论，然后，引导学生聚焦于本堂课的三个重点问题：（1）What was the problem?（2）What caused the problem?（3）How should the problem be solved? 紧接着在学生中展开头脑风暴，以此唤起学生对那些与环保相关词语的记忆。事实证明，学生进行的讨论确实能帮助他们打开思路，明确本节课的主题，顺利开展学习活动。情景的创设是使这堂课完整的必要条件。在课堂教学过程中，这一点有效提升了课堂效率，因为我不需要把过多的时间花在处理教学环节之间的自然过渡上。课堂上学生可以很轻松地跟上我的每一个步骤，并感受到以他们自己为主体的课堂氛围。听力策略和口语评价的引入也给学生明确的指导与反馈，让学生在课堂上免于走弯路。另外，整堂课需要注意的是时间的把握，在几次授课中，面对不同程度的学生，听力播放的次数是截然不同的，这也是对这堂课完整性的考验。所以在授课前，一定要针对不同的学生二次备课，预估好每一环节的时间，适当的增加与删减，尽可能完成这堂课的全部内容。

## 结 语

教师在英语听说教学中创设情景时一要考虑教学重点，二要充分考虑学生的年龄特点、认知水平、心理特征，不超出其生活经历范围。真实有效的情景创设能充分调动学生的学习积极性，为他们提供足够的语言输入和实践运用英语的机会，帮助他们提升英语听说水平，并促进他们自主学习、探究的能力，进一步达到老师教与学生学的和谐统一。

## 案例思考题

1. 你认为该课的教学设计有什么优点和不足？

2. 在初中英语教学中，还有哪些教学方法能有效地提升学生的听说能力？

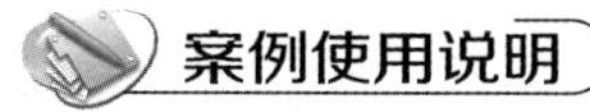

## 案例使用说明

**1. 适用范围**

适用对象：教师教育工作者、中小学英语教师、英语专业本科生、英语学科硕士研究生。

适合课程：二语习得、英语教学法。

**2. 教学目的**

(1) 了解情景创设与提升学生英语听说能力之间的关系；

(2) 积累通过情景创设进行教学的知识和经验；

(3) 掌握基于情景创设的教学的方法及策略；

(4) 培养教学研究和反思、批判的意识，增强教学研究和反思能力。

**3. 要点提示**

(1) 相关理论

二语习得理论：建构主义、可理解性输入假说。

活动理论：外语学习的活动系统。

(2) 关键知识点

建构主义、交际法、情景创设、任务型语言教学。

(3) 关键能力点

分析学习者因素，灵活运用情景创设、交际法和任务型语言教学策略。

(4) 案例分析思路

通过对此教学案例的分析，引导学员进一步思考如何充分利用中学英语教材中的话题，设计适合教学目标和教学对象的教学活动，并为学员针对如何创设情景提升学生英语听说能力的问题提供借鉴。

**4. 教学建议**

时间安排：标准课 6 课时，共 270 分钟。布置和预习 3 课时，上课讨论 3 课时。

环节安排：提前四周利用一节课时间布置预习内容→学员分为 4～6 个小组→小组

查阅资料、走访学校、班级和课下讨论→各组形成解决问题方案→上课汇报→课上学员研讨→教师点评。

人数要求：40 人以下的班级教学。

教学方法：案例教学讨论为主，讲授点评为辅。

工具选择：摘要卡片、多媒体、案例打印资料、录音笔、录像机或者有录音录像功能的手机。

组织引导：教师布置任务清晰，预习要求明确；提供给学员必要的参考资料；给予学员必要的调查技能训练，便于调查工作展开；学员课下讨论需要及时指导并给出建议。

活动设计建议：

课前计划 3 课时，要求学生完成案例阅读，搜集相关知识点和能力点的资料，走访案例教师或者有类似教学体验的教师。

上课前做好教学准备。将桌椅分组摆成弧形，为每个小组准备编号和姓名的桌签。每个小组提供一张小组讨论记录表，包括每个人的发言记录和综合的观点。同时，通知相关人员做好录像或者录音工作。教师准备好点评的资料和提纲。

下课后教师及时总结案例教学的得失，以便改进后续的教学行为。

**5. 推荐阅读**

[1] 教育部基础教育课程教材专家工作委员会.（2012）. 义务教育英语课程标准（2011 年版）解读. 北京：北京师范大学出版社.

[2] 鲁子问，康淑敏.（2008）. 英语教学设计. 上海：华东师范大学出版社.

[3] 束定芳，庄智象.（2008）. 现代外语教学：理论、实践与方法. 修订版. 上海：上海外语教育出版社.

[4] 中华人民共和国教育部.（2012）. 义务教育英语课程标准（2011 年版）. 北京：北京师范大学出版社.

# 案例 11

# 初中英语听说有效教学中的教师智慧

◎ 陶鲤华　余明杨

## 背景信息

根据《义务教育英语课程标准（2011 年版）》的分级目标描述，初中学生毕业时的英语听说能力应达到第五级，即“能听懂有关熟悉话题的陈述并参与讨论”，“能就日常生活的相关话题与他人交换信息并陈述自己的意见”。

在全面实施素质教育、深化基础教育课程改革的新形势下，如何切实提高初中学生的英语听说能力成为英语教师所面临的艰巨任务，这也成为英语教师运用相关的教学策略并体现其教学智慧的一个方面。

目前，应试教育仍旧主导着不少教师的日常教学，素质教育多停留在表面。日常教学中老师只重视英语知识的传授而忽视了对学生的学科技能尤其是听说能力的培养；教学过程重教师主导，轻学生有效实践；日常教学模式单一化，忽略激发学生内在的学习积极性和主观能动性。这类教学的最大问题是没有把学生作为学习主体，而没有学生积极主动参与的课堂是难以达到以有效性为目的的课程学习。在此背景下，英语教学需要教师充分运用其教学智慧和策略唤起学生学习英语的热情。

余老师自 2007 年 7 月于省属重点师范大学的英语专业毕业以来，一直在一所市属优质初中从事英语教学工作。早在参加工作之初，余老师就开始思索如何激发学生学习英语的积极性、如何有效提高学生的英语技能尤其是容易被忽视的听说能力。在这十多年的教学探索过程中，余老师遇到了哪些问题？她如何解决这些问题？经过一番辛勤耕耘，她和学生又有什么收获呢？

## 一、提出问题和确认问题

余老师热爱英语教学，非常关心学生的学习。为了提高学生的英语语言各项技能，她不断学习新的英语教育理论、教学理念和方法，不断思考、探索有效教学措施，以获得激发学生学习英语的主观能动性和提高学生的听、说、读、写各项技能的教学效果。余老师深知要做到有效教学光凭自己的一腔热情还远远不够，必须运用教师的智慧，以解决英语听说能力问题为教学的突破点，在有限的课堂教学和课外练习中达成课标提出的听与说分级目标。

### （一）何为有效教学?

有效教学就是教学过程的有效性，即符合教学规律的教学，是有效果、有效益、有效率的教学。

有效教学是以一种最有利于学生学习的方式进行的教学，它促进学生学习和掌握学科知识。有效教学意味着教师不但自己要把握好学科知识、理解教学目的，还应该根据自己对学科知识的理解，用自己的智慧探索一种走进学生心灵、激发学生学习动机的有效教学方式，教师教学活动的目的是带动学生有效的学习(Hem，Jessel & Griffiths，丰继平、徐爱英译，2009)。

### （二）怎样教得有效?

怎样教得有效是指教师为了实现教学目标或教学意图采用的一系列解决问题的行为。有效教学可以分为三个阶段：教学准备、教学实施和教学评价，而教师在每一个阶段都具有针对具体问题的解决思路，在每个阶段都涉及确定教学的学科知识和教师制定教学方案所采用的策略（崔允漷，2010）。

要做到有效教学，在教学准备阶段首先要明确学生的学习目标，将其具体化，并配以合适的检测和评价方案；其次要设计相应的学习活动，编写教学方案。在教学实施阶段，教师首先要考虑如何针对教学目标和教学内容有效地运用教学策略和实施教学操作，接下来教师应用准确的语言、连贯的语流、适中的语速以及得体的手势语，有组织、有逻辑地呈现教学内容，并辅以主次分明、条理清晰的板书和恰当的多媒体。

教师还应根据教学内容的难易程度设计、实施能够激发学生参与热情、提供学生练习和反馈、启发学生思维、促进学生学习内化的师生或生生互动活动。教学是否有效，检测和评价始终贯穿于教学过程，评价不能泛泛而评，应该针对学生参与的学习活动结果给予清晰的、个性化的、具有建设性的评价反馈。

## 二、有效教学的教师智慧

余老师利用自己的智慧较好地实现了提高学生听说能力的、进而促进学生语言技能全面发展的有效教学。

### （一）课堂教学的有效性

余老师注重课堂教学的有效性，重视学生的参与性。

例一：在课堂上，针对每个单元 Section A 的内容，余老师会通过简单的问答训练学生的听、说能力，在 2d 练习中，她会要求学生做本单元听说内容的综合呈现，英语基础较弱的学生可以只呈现书本上的内容，英语基础较好的学生可以拓展内容呈现；Section B 的对话内容复杂，还涉及之前所学的内容，余老师不断增添细节，不断完善，做成综合性的对话。

在初中一年级和二年级的课堂上，余老师通常让学生展示两三组对话并点评学生的语言运用、对话结构，然后要求学生修改、重新做一次。课后要求学生两三个人一组，每天到她办公室还原每个单元的对话，从对话的内容、结构对学生进行指导，让学生与同伴相互学习。余老师还要求学生在每个单元中选择一组对话或者阅读文章里的一个选段进行背诵。

例二：余老师在教学中很重视课本提示的“本课的语言目标能力”，每堂课都会给出模板句型式的例句，例如，Loud music *is related to* noise pollution，帮助学生记忆和使用，引导学生了解每个部分的学习指令和要求。课堂教学中余老师更是注重自己教学用语的规范性，因为教师的课堂用语实际上也是学生模仿的实例，她要求自己和学生用完整的句子提问和回答问题，避免使用“How to make banana milk shake”这种不完整、非正式的英语表达。同时，余老师还把课本文章中的主要词句挖空，要学生听写补完，以此强化巩固本课的语言知识，达成提升学生语言听、说运用能力的目标。

例三：在课堂教学中，余老师充分利用教材内容，要求学生在理解的基础上改编课文并表演，比如“Mr. Cool's Clothes Store”、戏剧《糖果屋》等。

**课例一：Section A 内容的简单问答**

以人教版《英语（新目标）》八年级上册第 5 单元“Do You Want to Watch a Game Show?”为例，在教授了新单词、短语以后，用提问“What do you want to watch? What do you think of talk shows?”引导出在 Section A 中学生需要掌握的主要句型：①I want to watch ... ②I love/like/don't mind/can't stand ...

在课堂上尽量创设真实的语言交流情景，并创造机会让学生发言并谈论自己所想谈论的电视节目，例如学生之间的自由交谈；发言（至少 10 名同学），并对同学的错误进行纠正，比如同学极有可能犯的错误是忘记使用名词复数表示泛指概念，通过个人发言、教师纠正错误的过程帮助学生巩固句型并检查自己是否可以正确地运用目标语言；让学生与周围的同学继续谈论并且提醒要选择不同的对象以及有意识地检查自己的表达是否正确；最后让两个学生一组进行问答训练。

**课例二：Section A 2d**

在 Section A 2d 的学习过后，要求学生模仿 2d 的场景、句型、表达，结合自身的情况呈现一个简单的对话。这是一个分层次的教学任务，英语基础薄弱的学生可以少做替换，尽量依托 2d 的原文，而基础好的学生可以灵活地处理，结合自己的情况以该话题为中心从而进行自由的对话。

**原文：**

Grace: What did you do in class today, *Sarah*?

Sarah: We had a discussion about TV shows. My classmates like *game shows and sports shows*.

Grace: Oh, I can't stand *them*. But I love *soap operas*. I like to follow the story and see what happens next.

Sarah: Well, I don't mind soap operas. But my favorite TV shows are *the news and talk shows*.

Grace: They're *boring*.

Sarah: Well, it may not be very *exciting*, but you can expect to learn a lot from them. I hope to be a reporter one day.

**课例三：综合呈现**

在学完 Section A 和 Section B 的听力部分以后，仍然以谈论 talk shows 为中心，但是对学生提出了更多的语言任务与要求。从整体而言，围绕以下几个问题展开讨论：

What do you want to watch?

What comedy shows do you like to watch?

Do you plan to watch the sports show tonight?

What do you think of talk shows?

What can you expect to learn from the news?

学生不仅可以谈论自己对电视节目的评价，也可以谈论他人对电视节目的评价。余老师要求学生以上述几个问题为中心，开展一个比较有思想层次的对话。在对话过程中，英语基础较好的同学会突破问题的限制谈论其他的内容，比如谈及看电视的频率或喜欢的节目和明星等；也有同学在对话中呈现自己与他人（朋友、同学、家人、老师等）对节目的评价。余教师认为需要纠正对话中的语法错误，指出需要改进的地方，例如哪些地方可以谈论得更加深刻，哪些地方可以增添细节，甚至对于学生的价值观进行正确的引导，比如很多同学可能会提到 I can't stand news because it is boring，这时余老师便进行引导：News helps us learn what is happening in the world。对话完成后，余老师会再给学生几分钟时间把自己的对话重新练习一遍，第二次练习的过程就是学生进行自我纠正、学习、借鉴其他同学的对话的过程。

**课例四：单元对话考核**

每个单元以 2～3 人一组，以本单元的话题为中心，自行设计对话，在规定时间内到办公室向余老师进行汇报展示。这是一项常规的作业，对于学生表达的流利程度、内容以及对话长度都有要求。因为课堂时间有限，不是每个同学都有展示的机会，因此这项作业提供给了学生一个发言机会。该作业可以视为 Section B 综合对话的延展，很多同学都会选择把课堂上已经初具模型的对话进行修改和巩固，也有比较喜欢挑战的同学会选择与课堂上所呈现的对话完全不同的内容，甚至还有同学将场景设置得非常真实，并加入了自己的表演。以下是学生展示的真实对话内容：

A：Hi. Everyone. This is *My Favourite*. Today we are going to talk about our favourite TV shows and we have Jack for our radio program. Hello，Jack.

B：Hi，Nikki. Nice to be here.

A：I'm happy to have you for our program here. So，what do you want to watch after you finish your homework?

B：I like comedies and sports shows because I want to relax myself after hard work.

A：Many teenage boys like sports shows. What sports shows do you usually watch?

B：I like basketball so I usually watch NBA.

A：Do you like news?

B：I don’t mind them. They are not interesting but I can know what is happening in the world. So I sometimes also watch news.

A：How about your best friend?

B：My best friend is Tom. He likes talk shows because he thinks they are educational.

A：I like talk shows，too. Jack，thanks for your coming.

B：You are welcome.

对上对话中的语言错误，例如 news 误用为复数名词以及其他问题，在余老师下一步的教学中得到酌情处理。

### （二）课后听说训练的教师智慧

例一：在初中一年级，余老师采用朗读录音的方式训练学生的语感和听力，要求学生每周模仿朗读教材上的两段内容，比如 role-play reading，将自己的朗读录音后发给老师检查，然后余老师挑选读得好的录音在班里展示，后期则在全班随机挑选录音进行展示并点评语音、语调。

例二：在初中二年级，余老师采取三种方式培养学生的听说能力：

①听写。余老师挑选听力语段作为素材发给学生，要求学生听写，余老师随堂带领学生订正，讲解听力技巧。听写训练初期，余老师以教材内容为基础，改编句子进行听写，训练后期则在课外听力材料中选择与课程内容难易程度相当的素材给学生听写并订正。

②英语趣配音。在训练初期，允许学生自由选材，练习配音并发送录音给余老师检查。余老师随机抽取配音在课堂展示并开展师生点评，学生互相学习；训练后期则针对课文相关体裁，限定素材，学生模仿练习配音，学生比拼谁的配音更逼真。

③全民 K 歌。利用假期时间，让学生自选歌曲或者用余老师课堂上教的歌曲进行练习，开学后在课堂上随机抽取学生进行展示。这些训练方式不仅提高了学生的语感，还训练了他们的听力和语音语调，让学生保持了学习英语的热情。

④复述文章内容。余老师提供课文的关键词，当堂抽查学生根据关键词复述课文。

例三：在初中三年级，余老师布置形式多样的听说练习，上课期间由学生自选素材；假期布置十个素材，开学后连续每次课抽取一、两个学生展示，师生点评，学生再模仿、练习、改进。

## 三、充满教师智慧的有效教学所获得的效果

余老师提高学生英语听说能力的教学探索既有成就、突破和感动，也有不断的反思。余老师运用教师智慧实施有效教学，在提升学生语言技能的道路上继续前行，并期待通过总结反思现有的经验与教训，不断改进教学，追寻更有效的教学效果。

### （一）学生成绩的提升

余老师目前教的两个班中一个班基础较好，但进校测验的英语平均分与同年级名列第一的班仍有较大差距。经过一个学期的学习后，到初中一年级上学期期末考试，该班平均分超过 97 分，下学期期末考试班平均分超过 96 分；初二上学期期末考试班平均分 94 分多，下学期期末考试班平均分 93 分多，比当初年级第一名的班级高出 3 分多，而且在全年级也只有余老师这个班的平均分超过 90 分。该班每次月考的平均分比同年级第二名高出 12 分之多，最大差距曾达到 14 分。

余老师班里有一名学生进校时的英语测验只考了 20 多分（入学考试卷面满分 100 分，该生进入初中之前一直在当地一所有名的英语培训学校补习英语），现在该生月考和期末考试都能考 140 多分。余老师教的另一个班虽然考试成绩没有在年级里名列前茅，但学生们学习英语热情高，进步较大，学生和家长对此比较满意。

### （二）学生和家长的反馈

一个家长反映，孩子的表弟在同校其他班级就读，英语老师不用英语授课，课堂更偏重语法讲解，表弟的英语成绩不如自家孩子。表弟的父母问孩子怎么学英语，孩子得意地说：“我们余老师不讲语法，但我知道选哪一个”。

初一年级学生做录音练习，许多家长用手机帮孩子录音发给老师。到初二年级不做录音练习了，家长问孩子“怎么现在不用录音了”，孩子说：“现在不用录音了，余老师让我们学习的花样多得很，不用你操心。”这说明余老师针对学生不同的阶段和听说水平，用不同的方式激发学生的学习热情和积极性，提升听说能力。

班里一个学生在初中二年级上学期结束时到越南旅游，开学后其家长高兴地告诉余老师说自己的孩子在国外用英语交流完全没问题；还有个学生去美国游学，家长反映其在美国能够顺畅地进行日常英语交流。

学生有几次在路上遇到外国人问路，他们能清晰、流利地用英语指路。

### （三）余老师的反思

教完一届学生后，哪些背诵是有效的，哪些是无效的？背诵的作用：哪些内容是培养学生的语感，哪些内容是培养学生的英语使用能力？背诵的有效性：如何选取背诵的材料？

小组活动对培养学生的个性、情商很有作用，激发学生对生活的热爱，促进学生在学习中体验式的成长。

同事一开始并不理解："你让学生做口语练习有什么用？考试又不考口语"，后来见到余老师班里学生的进步，主动问余老师怎么操作，余老师毫无保留地将自己的经验与这个同事分享，该同事也照样布置学生做听说练习，但效果不佳。余老师觉得该同事可能缺乏对学生听说练习的反馈。

教师对学生练习的反馈非常重要，学生能从教师的反馈中知道自己的长处或做得正确的地方，亦能知道自己错误之处或不足之处，在教师的帮助下纠正、反复练习直到满意为止，同时学生也能通过点评同伴的练习，提高自己识错、纠错的能力，这些练习能帮助学生巩固正确的语言知识，练习语音语调，增强语感，提高语言表达能力。对此，余老师有如下思考：

> 曾经有人告诉我想让学生学好英语就是把英语书全部背下来，书上所有的内容一个都不要遗漏地背下来，学生的英语自然好了。在最开始踏入这个岗位的时候，我在教学上摸索、探寻，也让学生背诵了大量的内容。不可否认，背诵的确是学习英语当中非常重要的一环。随着学生学业不断地加重，初二多了物理，初三多了化学，并且还要权衡各科，渐渐地能完成全部背诵作业的同学变少了，我却意外地发现一个问题，某些并没有完成背诵作业的同学成绩并不比完成了背诵作业的同学差，这让我对"背"认真地思考了起来。学生背了这么多东西，真的都是有用的吗？学生要学习那么多科目以及完成那么多作业，老师不经加工便把课本抛给学生背，真的合理吗？初二、初三教材中的阅读文章已经很长，其实已经非常地不适合背诵，那么背还是不背呢？背，太长；不背，学生如何熟练地掌握课文？
>
> 我认真地对教材进行了梳理，在 2013 届的时候，定了一条规矩，要求同学背诵每个单元的 Section A 2d 的内容，因为这部分的对话包含了本单元学生需要掌握的目标语言，而且内容不长，学生背诵起来不难；背诵以后，我会抽时间默写对话、听写对话中的句子，或者整理成翻译帮助学生巩固自己的背诵。针对单元重点不一样，

有时也会要求同学背诵reading里面的某个段落，甚至自行选背一段。

我把以前泛泛的背诵做了精细化处理，希望学生通过背诵得到的是入木三分的理解与随心自如地使用。教师应对教学内容进行分析和斟酌，把握教学重点，深入挖掘教学难点。

在每单元的阅读部分，没有了背诵作业的巩固，如何帮助学生深入理解与掌握文本又成了一个问题。我一般会对文章的重点段落进行挖空，要学生根据自己的理解来填空，从而达到巩固阅读语篇的效果。

**Example 1：八年级下册 Unit 1**

| **3a on page 3** | |
|---|---|
| Para 1 | ________9：00 a. m. Yesterday，bus No. 26 was going along Zhonghua Road ________the driver saw an old man________on the ________of the road |
| Para 2 | He ________most or all of the passengers to________ ________and________ ________the next bus.<br>But ________ ________ ________，they all agreed________ ________ with him. |
| Para 3 | ________ ________Mr. Wang and the passengers，the man________ __ ______by the doctors________ ________. |
| The language point：________ | I think I sat in the same way for too long without________.（move）<br>He stopped the bus without________ ________.（think twice）<br>He only thought about________ ________ ________.（save a life） |

| **3a on page 3** | |
|---|---|
| Para 1 | At 9：00 a. m. Yesterday，bus No. 26 was going along Zhonghua Road when the driver saw an old man lying on the side of the road |
| Para 2 | 1）He expected most or all of the passengers to get off and wait for the next bus.<br>Butto his surprise，they all agreed to go with him. |
| Para 3 | Thanks to Mr. Wang and the passengers，the man was saved by the doctors in time. |
| The language point：介词 ＋ Ving | I think I sat in the same way for too long without moving.（move）<br>He stopped the bus without thinking twice.（think twice）<br>He only thought about saving a life.（save a life） |

**Example 2：八年级下册 Unit 6**

Your Name：________________

1. One year，the weather was ________ ________ that no food ________ ________.（一年，天气如此的干燥以至于农作物都无法生长。）

2. The wife told her husband that ________ he ________ the children to die in the ________，________ ________ family would die.（妻子告诉丈夫：除非他把孩子们留在森林里自生自灭，不然的话全家都会死的。）

3. Gretel ________ this，and Hansel made a ________ to ________ himself and his sister.

4. Hansel went ________ to get white stones ________ ________ ________.（月光下）

5. Hansel ________ white stones ________ ________ ________.（Hansel 把白色的石头丢在地上。）

6. ________，when the moon is ________ ________，we'll be able to see the ________.（今晚，当月光照耀明亮的时候，我们就可以看见石头了。）

7. ________ ________ ________ you ________ ________，you must go to the ________ with your father.（你们一醒来，必须和爸爸一起去森林。）

8. Hansel didn't have white stones，so he dropped pieces of bread. "When the moon ________，we can ________ them ________."（当月亮升起的时候，我们可以跟着面包屑。）

9. Maybe some birds ________ the bread ________ ________ ________.（可能有鸟把地上的面包屑吃掉了。）

10. "If we ________ ________，we will ________ our ________ ________."（如果我们一直走，我们会找到路出去的。）

11. That bird's song ________ them ________ a wonderful house ________ ________ bread，cake and candy.（那只小鸟的歌声引导他们到了一个糖果屋。）

**Example 3：八年级下册 Unit 2**

Your Name：________

1. Some students ________ ________ ________ ________ ________ ________ ________ ________ ________.（一些学生每周牺牲几小时的时间来帮助别人。）

2. It's ________ ________ but I want to ________ ________ about ________ ________ ________ ________ ________.（这是很难的工作但是我想更多了解怎么照顾宠物。）

3. I get ________ ________ ________ ________ of ________ when I see animals get better and the ________ of ________ ________ their ________ ________.（当我看见动物好些和他们主人脸上愉快的表情我就有一种强烈的满足感。）

4. Mary is ________ ________ ________ and she ________ ________ ________ ________

________ ________ ________ ________ ________.（玛丽爱看书并且她在四岁的时候就能自己阅读。）

5. She still ________ there ________ ________ ________ to help kids ________ ________ ________.（她仍然一周在那儿工作一次来帮助孩子学习阅读。）

6. The kids are sitting in the library but you can see ________ ________ ________ that they are ________ ________ ________ ________ ________ ________ ________ ________ ________.（孩子们坐在图书馆但是在他们眼中你可以看见每本新书都给他们带来一段不同的旅程。）

7. I can do ________ ________ ________ ________ ________ and ________ ________ ________ ________ ________ ________.（我可以做我喜欢做的事情并且同时帮助别人。）

| | |
|---|---|
| Para 1 | I'd like to thank you for ________ ________ （捐钱） to Animal Helpers which is a ________ to help ________ （帮助残疾人的组织）.<br>You helped to make ________ possible for me to have Lucky. |
| Para 2 | I can't ________ my arms________ legs ________, so ________ ________ like ________ the telephone, ________ and ________ doors, or ________ （搬） things are difficult for me.<br>Then one day last year, a friend of ________ helped me ________. She talked to Animal Helpers about ________ me a ________ ________ dog.（给我一只特别训练的狗）<br>I love animals and I ________ ________ ________ the idea of________ a dog.（一想到养狗我就很激动） |
| Para 3 | After six months of________, I________ ________ ________ ________him home.（六个月的训练以后，我可以把他带回家。）<br>You see, I________ only ________ ________ have a dog helper ________ ________ ________ ________.（因为你的善良，我才可以拥有一个狗帮手。） |
| Para 4 | I'll________ you a________ ________him if you like, and I could________ you ________ ________ ________ ________.（如果你喜欢我可以寄一张他的照片并且我可以向你展示他是怎么帮助我的。） |

## 结 语

教师智慧是一个比较抽象的概念，是指教师把自己对教育教学的理念、方法，付诸有效的教学实践（林崇德，2005）。有效教学则需要教师能根据学生的实际情况灵活地、创造性地运用教学策略达成教学目标，而教师的教学研究则是有效教学更高层次的内容，较强的学习能力、良好的反思批判能力是一名优秀教师应该具备的重要素质，教师的学习能力也反映在学生的学习方式上。教学是实践性很强的活动，理论学习是一回事，能否把教育教学理论运用于教学实践又是另一回事。在基础教育课程改革之中，教师在教学中的自主空间更大了，但对教师的要求也更高。课程改革提出了许多新的教育教学理念，如何在教学中实践、体现这些新的教育教学理念，即如何发挥教师的智慧做到有效教学，是每一个教师需要研究的课题。

余老师在英语课堂和课后的听说教学中积极探索，运用自己的智慧，注重课堂教学的有效性，重视学生的参与性，不断提高学生的英语听说能力。我们所有的英语教师都应思考：如何运用教师智慧实施有效教学提升学生的语言技能？通过总结和反思，如何不断改进教学，追寻更有效的教学效果？

## 案例思考题

1. 关于提高学生英语听说能力的有效教学，除了案例中提到的例子，你还能采用哪些策略？

2. 在英语听说教学中，余老师的智慧是如何在有效教学中体现的？

3. 在提高教学的有效性方面，教师还会遇到什么困难？

4. 如何看待教师智慧和有效教学之间的关系？

## 案例使用说明

**1. 适用范围**

适用对象：教师教育工作者、中小学英语教师，英语专业本科生，英语学科硕士研究生。

适合课程：二语习得、英语教学法。

**2. 教学目的**

（1）了解教师智慧与有效教学之间的关系；

（2）积累有效教学方面的知识和经验；

（3）掌握有效教学的方法及策略；

（4）培养教学研究和反思、批判的意识，增强教学研究和反思能力。

**3. 要点提示**

（1）相关理论

二语习得理论：建构主义、多元智能、可理解性输入假说。

活动理论：外语学习的活动系统。

教师专业发展理论：教师知识和教师能力。

（2）关键知识点

建构主义、多元智能、可理解性输入假说。

（3）关键能力点

分析学习者因素，灵活运用教学策略。

（4）案例分析思路

通过对此教学案例的分析，引导学员进一步思考适合自己教学目标和教学对象的有效教学策略，并为学员有效应对英语听说教学中出现的问题提供借鉴。

**4. 教学建议**

时间安排：6 课时，共 270 分钟。布置和预习 3 课时，上课讨论 3 课时。

环节安排：提前四周利用一节课时间布置预习内容、学员分为 4～6 个小组、小组查阅资料、走访学校、班级和课下讨论、各组形成解决问题方案、课内汇报、课内学员研讨、教师点评。

人数要求：40 人以下的班级教学。

教学方法：案例教学讨论为主，讲授点评为辅。

工具选择：摘要卡片、多媒体、案例打印资料、录音笔、录像机或者有录音录像功能的手机。

组织引导：教师布置任务清晰，预习要求明确；提供给学员必要的参考资料；给予学员必要的调查技能训练，便于调查工作展开；学员课下讨论需要及时指导并给出建议。

活动设计建议：

课前计划 3 课时，要求学员完成案例阅读，搜集相关知识点和能力点的资料，走访案例教师或者情形类似的教师。

上课前做好教学准备。将桌椅分组摆成弧形，为每个小组准备编号和姓名的桌签。每个小组提供一张小组讨论记录表，包括每个人的发言记录和综合的观点。同时，通知相关人员做好录像或者录音工作。教师准备好点评的资料和提纲。

下课后教师及时总结案例教学的得失，以便改进后续的教学行为。

**5. 推荐阅读**

[1] 崔允漷.（2010）. 有效教学. 上海：华东师范大学出版社.

[2] Herne，S.，Jessel，J.，and Jenny Griffiths. 丰继平，徐爱英译.（2009）. 学会教学：教师专业发展导引. 上海：华东师范大学出版社.

[3] 教育部基础教育课程教材专家工作委员会.(2012).义务教育英语课程标准(2011 年版)解读.北京:北京师范大学出版社.

[4] 林崇德.(2005).教育的智慧:写给中小学教师.北京:北京师范大学出版社.

[5] 中华人民共和国教育部.(2012).义务教育英语课程标准(2011 年版).北京:北京师范大学出版社.

## 案例 12

# 小学英语语音教学之自然拼读法初探

◎ 黎　河

### 引 言

语音学习在小学英语教学中占有很重要的地位，而单词语音又是其中最为基础的部分。在小学阶段，直接通过音标认读单词对于小学生来说较困难，特别在他们刚接触英语之时，所以在此阶段，自然拼读法更能展示其优势。本案例中，L 老师从 26 个字母常见读音规则、常见元音发音规则、常见辅音发音规则三个方面对小学生进行语音教学和训练，希望通过自然拼读课程的学习使学生发现单词拼读与拼写的内在规律，培养较准确的音感，在听写单词时能察觉遗漏字母或字母顺序颠倒的情况，进一步帮助学生增强学习英语的兴趣与学好英语的信心，为后期学生的听力、阅读能力的提升和学习兴趣培养等做铺垫。

### 背景信息

语音是语言结构中不可分割的组成部分，在英语教学中占据极其重要的地位，是整个英语教学过程的基础。小学生在学习语音方面有很大的优势，他们的自我表现欲望强烈，愿意大声地跟着教师读，不怕出错，善于模仿，机械记忆的能力也较强。小学英语新《课标》在语音方面的具体要求二级时要达到：能够借助拼读规则拼读单词；使用正确的语音、语调朗读学过的对话和短文；借助句子中单词的重读表达自己的态度与情感；感知并模仿说英语，体会意群、语调与节奏；在口头表达中做到语音基本正确，语调自然、流畅。小学生的语音学习在英语教学中占有很重要地位。学生只有打好了语音的基础，才能为下一步的学习创造良好的条件。语音学不好将影响学生对英语的接受速度，将影响学生语言能力的提高，导致对英语学习失去兴趣。

自然拼读作为教学方法最早起源于 18 世纪 90 年代的美国，20 世纪以来开始被广泛采用。目前，加拿大、澳大利亚、韩国、新加坡等国家以及我国台湾、香港、澳门地区的学校都在进行语音规则知识和拼读教学的实践和研究。学习者是根据“字母”本身代表的发音，以及不同“字母组合”的发音，进行有规律、有系统、有条理的整合。英语初学者可以借着认识的字母以及所代表的音源，从最基本的音与音的结合开始，反复练习以建立字母与发音的直觉音感，从语音入手，直接学习字母及字母组合在单词中的发音规则。因此，将自然拼读法引进小学英语课堂，能够帮助学生解决英语单词发音困难的问题，有利于学生学会按字母的发音去认读单词、记忆单词。

## 案例正文

### 一、问题的提出和确认

L 老师从事小学英语教学 15 年。任教以来，L 老师热爱英语教学工作，课堂上富有热情，课下也积极关注和思考一切有助于英语教学的理念、方法和动态。

#### （一）问题的提出

小学英语教学有其自身的特点，它之所以不同于初中、高中甚至大学的英语学习，主要体现在教学对象的不同上。就理论上来说，小学生在语音学习上的学习能力应是强于对于语法、阅读、写作的学习的。但在实际教学的过程中，L 老师却发现语音教学效果不尽如人意。比如学生词汇认读自学能力较弱，教师在课堂上教过而学生能记住的单词，学生回家后能大部分进行认读，反之遇到新单词或是在课堂上没有记下的单词，学生就不能通过自学的方式进行认读。通过和其他英语老师探讨，L 老师发现英语语音教学过程中主要出现以下问题：

首先，对英语语音教学重视不够。任何事情的成功与否都由内在因素起决定作用，小学期间任何科目的学习离不开三大主观要素：学生、老师和家长。三方对语音学习的重视程度首先会决定语音教学是否有成效。现在，人们对英语学习成绩的评定主要还是体现在卷面考试分数上。从英语教师的角度来看，每周教学时间有限，教学内容包含词汇、句型、语法、听说、阅读、写作等，教学任务不轻。在语音教学方面，虽然大部分教材单元基本设计都有语音部分的练习，但如果没有行之有效的教学方法，语音教学效果就不理想。久而久之，学生越学越吃力，越学越没有信心。从家长角度来看，部分家长不知道语音学习对于整个英语学习的重要性，缺乏对学生课后英语语音学习的重视。

其次，二语习得中母语迁移对英语语音学习有影响。母语的语音会对英语语音的学习产生负面的影响。母语语音体系知识的影响，会使儿童在英语语音的学习过程中产生混淆和误用。造成这些问题的原因有许多，主要是由于母语的迁移作用。在外语教学过程中，母语能够起到中间语的作用，学习者可以借鉴母语学习的策略和方法，但如果想当然地认为母语和外语中的某些语音完全对等，以母语发音方式替代英语发音，便会影响外语发音的准确性，从而影响外语学习效果。以汉语与英语为例，二者属于不同语系，虽然有个别相似语音，却不能机械地套用语音。因此，当母语与二语有相应因素时，母语对二语教学有正迁移作用，反之则有负迁移作用。

最后，传统语音教学方式过于单一。很长时间以来，人们对于英语语音学习都是从英语音标的学习开始的，但英语音标的学习对于部分小学来说学习难度较大、方式也过于单一。L老师反映，学生从三年级刚开始学习英语时，如果直接进行音标的学习，部分学生会觉得很难掌握。虽然音标规则全面、系统，但要脱离音标标注进行自主学习难度较大。这样的学习方式较单一，影响认读的速度和流畅性。

那么，该如何有效解决实际教学过程中出现的这类问题呢？

### （二）问题的确认

L老师认真研究后发现，课堂中英语语音教学问题出现的因素是多方面的。语音教学经历了被忽视，然后逐步被重视，之后确定了科学的语音标准，最后形成一定的教学法的发展过程。在不同时期，语音教学方法在不同程度上得到研究者的重视，逐步有了更深入的发展。国家也意识到在整个英语学习基础过程中加强语音学习的重要性，按照英语课程的总目标要求，我国教育部颁发的《义务教育英语课程标准（2022年版）》要求小学六年级需要达到二级语音要求：能够借助拼读规则拼读单词；使用正确的语音、语调朗读学过的对话和短文；借助句子中单词的重读表达自己的态度与情感；感知并模仿说英语，体会意群、语调与节奏；在口头表达中做到语音基本正确，语调自然、流畅。

“正确读出26个英文字母和了解简单的拼读规律”成为整个小学期间英语语音的学习过程的基础，学习效果也会影响后续其他的英语能力的培养。那么怎样在课堂上高效地让学生掌握常见的拼读规则呢？L老师认为：自然拼读法能够较有效地解决语音教学中最基础的读音规则部分的教学。

## 二、问题的解决

L老师在实际教学过程中运用了自然拼读法来辅助语音教学。那么什么是自然拼读法？L老师又是如何在课堂上结合教材运用该法的呢？

### （一）自然拼读法是什么

自然拼读法并不是新鲜事物，在国外早已运用于英语课堂教学中。自然拼读最早见于1700年，用于圣经诵读过程中的单词拼读和识记；而作为一种教学方式，自然拼读教学法最早见于18世纪90年代的美国阅读教学；19世纪早期，全词教学法替代自然拼读教学法成为主流词汇学习方法，这一教学法主张字母及其拼读音的学习和巩固应该是在识记单词的过程中逐步完成；到了20世纪50年代，由于Rudolph Flesch的不懈努力和奔走提倡，自然拼读教学法才得以回归大众视线，受到人们的重视；20世纪60年代，一场有关自然拼读教学法的大规模调查，引起人们对该方法的再次关注；关于自然拼读法的大批研究出现在20世纪的六七十年代，影响虽大却没能动摇全词教学法的统治地位；20世纪90年代，北美教育改革，呼吁教育回归基础，加强读写能力的培养。由于这次“回归基础，加强读写”改革的呼声高涨，北美大量学校开始使用自然拼读法教学。

对于自然拼读法的定义，专家的表述稍有不同，但核心意思一样。Johnson和Pearson（1978）认为，自然拼读法目的是处理怎样教学习者学会读不认识的单词，是一种将字母和发音相联系的读词方法。Adams（1990）认为，自然拼读法（Phonics）是一种单词教授方法，指导学习者通过认识字母和拼读音之间的某些对应关系，并运用相关技巧认识单词。Edmund（2000）认为，自然拼读法是为了学习者的日后阅读能力发展做准备的一种方法，它指导学习者学习字母和拼读音之间的关联，在具体阅读中运用拼读技巧自主拼读单词。David E. Freeman（2004）认为，自然拼读法主要描述对音素进行译码的字母或符号。Blevins（1996）认为，自然拼读法通过向学习者讲授英语字母字形与其拼读音之间一一对应的关系，帮助学习者运用技巧自主拼读单词。Richards和Platt（2000）认为，自然拼读法是一种通过使学习者了解字母及其拼读音间一一对应关系，帮助学习者达到自主拼读单词能力的教学方法。

L 老师总结了自己对自然拼读法的理解：

> 自然拼读法实际上是找到了英语字母和字母组合与发音之间的直接联系，让学生有规律和条理地对词汇进行音、形上的学习，简单地说，让学生通过单词字母的组合能自动反应出其发音。

## （二）课堂上如何运用自然拼读法

L 老师结合教材安排，在小学三年级的英语课堂（每周 2 学时）上，分三个主要阶段完成自然拼读法基本拼读规则的教学和训练，并进行长期的巩固和复习。

**1. 第一阶段：26 个字母常见读音规则**

在进行字母教学时，L 老师向学生展示了字母的常见发音规则，每周教授 3～4 个字母的常见发音。发音规则如下表：

**表 12-1　26 个字母的常见读音**

| | | | | | | | | |
|---|---|---|---|---|---|---|---|---|
| Aa /æ/ | Bb /b/ | Cc /k/ | Dd /d/ | Ee /e/ | Ff /f/ | Gg /g/ | Hh /h/ | Ii /i/ |
| Jj /dʒ/ | Kk /k/ | Ll /l/ | Mm /m/ | Nn /n/ | Oo /ɔ/ | Pp /p/ | Qq /k/ | Rr /r/ |
| Ss /s/ | Tt /t/ | Uu /ʌ/ | Vv /v/ | Ww /w/ | Xx /ks/ | Yy /j/ | Zz /z/ | |

在教授单个字母常见发音，L 老师结合简单的英语单词进行训练，如单词 cat 训练字母 Aa /æ/和 Cc /k/的发音，单词 big 训练 Bb/b/的发音，dad 训练 Dd /d/的发音。

在 26 个字母常见发音全部完成后，L 老师用了 2 周左右时间进行所有字母及其常见发音的综合练习。训练方式涉及听、认、读、写各方面。除了各项单项训练外，还有多项整合训练。具体有认读训练，要求学生看字母读出其常见发音。听认训练，由老师或同学读出字母常见发音，被训练者认出其代表的字母。听写训练，由老师或学生读出常见发音，被训练者写出其代表的字母及发音。单词拼读训练，要求学生自行进行拼读简单单词（不含发音提示）等。此外，教材中的英语单词都可以用来让学生进行拼读练习。

**2. 第二阶段：常见元音发音规则**

在完成字母常见发音的学习后，L 老师进行了常见元音组合发音规则的讲解和训练。这个阶段又分成两个部分的课堂教学。

首先是五个元音字母发音规则的学习。发音规则如下：

Aa /ei/　Ee /iː/　Ii /ai/　Oo /əu/　Uu /juː/

L 老师要求学生们记忆五个元音字母及其字母发音规则，这些规则在后期单词拼读中将起到重要作用。

其次是元音组合的学习。L 老师认为："这个部分的学习较复杂，因为某个元音的字母组合可能不止一个，学生有时会混淆，所以每次课教授不宜过多。"

常见组合发音规则如下：

**表 12-2　常见元音组合的发音规则**

| | | | |
|---|---|---|---|
| ai/ ay/ a-e | /ei/ | oo | /uː/ /u/ |
| ea/ ee/ e-e | /iː/ | ou/ ow | /au/ |
| ie/ igh/ i-e/ y | /aiː/ | au/ augh/ al/ aw | /ɔː/ |
| oa/ ow/ o-e | /əu/ | oi/ oy | /ɔi/ |
| u/ ue/ u-e | /juː/ | oi/ oy | /ɔi/ |
| ar | /aː(r) / | air/ ear/ ere | /eə/ |
| er/ ir/ or/ ur | /əː(r) / | ure | /uə/ |

所有元音字母及元音组合的发音规则教授完成后，L 老师又用了 2～3 周时间进行综合训练，以促进学生对元音组合发音的掌握。训练后期也要结合教材单词进行。如 tea、eat、three 中元音字母组合发音/iː/，单词 pear、bear、chair 中元音字母组合发音/eə/。

在这个部分的课堂教学过程中，L 老师认为："与字母常见发音相比较而言，这部分更容易混淆，需进行更多强化训练。"

**3. 第三个阶段：常见辅音发音规则**

在完成常见元音发音规则之后，L 老师进行了常见辅音发音规则的教学和训练。在这个部分的课堂教学过程中，L 老师认为："与常见元音发音规则相比，辅音的发音规则相对比较容易一些，学生掌握起来也更快一些。"

常见辅音发音规则如下：

**表 12-3　常见的辅音发音规则**

<table>
<tr><td>tr /tr/</td><td>dr /dr/</td><td>ts /ts/</td><td>ds /dz/</td><td>th /θ/</td><td>th /ð/</td><td>ch /tʃ/</td><td>sh /ʃ/</td><td>ng /ŋ/</td><td>nk /nk/</td></tr>
<tr><td colspan="5">ge, gi, gy</td><td colspan="5">Gg /dʒ/</td></tr>
<tr><td colspan="5">ce, ci, cy</td><td colspan="5">Cc /s/</td></tr>
<tr><td colspan="3">Wr /r/</td><td colspan="4">wh /h/</td><td colspan="3">kn /n/</td></tr>
</table>

所有辅音发音规则的教学完成后，L 老师用了 2 周左右时间进行辅音综合训练，以促进学生对辅音发音的掌握。训练后期，老师同样列举了大量教材中出现的单词作为训练例子。如 drink、this、ship 等单词中辅音字母组合分别发辅音/dr/、/ð/、/ʃ/。

**4. 巩固训练阶段**

在三个基础阶段完成后，L 老师就课本里出现的单词引导学生进行了大量拼读巩固练习，例如结合课本出现的英文绕口令、歌曲等进行语音训练。如英文绕口令“A fat cat catches a mad rat.”训练了字母 a 发/æ/ 音。复杂一点的绕口令“The first is the first. The third is the third. The third can be the first，and the first can be the third.”不仅练习了字母组合 ir 发元音/əː/，而且训练了学生经常发得不够标准的字母组合 th 发辅音/θ/或/ð/。

一年的学习和巩固让学生对字母发音规律及字母组合发音形成一定语感。巩固阶段的教学活动应尽量多样化，激发学生对词汇及语音知识的兴趣。

## 三、教学反思

### （一）取得的成果

自然拼读法的运用使得 L 老师在初始阶段的英语语音教学变得更有效。她明显感受到了自然拼读法对其英语教学的积极影响，并且归纳如下：

（1）音形一致，简单易学，可以提高英语词汇学习效率。大部分英文单词都属于音形一致，相对而言，音形不一致的单词占比不大。运用自然拼读法教学，学生掌握了单词中字母及其组合的发音，不必靠模仿发音这种机械式的方法记忆单词，可以做到见词能读。他们了解了英语拼写和读音之间的关系，即可利用这些规律记住单词的拼写，做到听音能写。

（2）可以有效利用拼音的正迁移作用。小学低年级学生已经掌握了汉语拼音。汉语拼音中的许多发音和英语字母发音相接近，汉语拼音中的声母与英语中的辅音发音相似。如汉语拼音中的 ao 与英语元音组合 ao 的发音基本相同，都为/au/。对于低年级学生来说，可以利用汉语拼音对音素教学产生的正迁移作用，有效地帮助学生掌握英语字母与字母组合在单词中的发音。

（3）培养了学生一定的英语自学能力。使用英语音标法，对于未进行音标标注的单词必须借助字典进行学习，较费时，且影响朗读篇章的流畅性，在没有字典的情况下不利于学生自主学习。而自然拼读法直观明了，能有效地帮助学生自主学习英语。

（4）有利于培养学生英语学习的兴趣和自信心。正是因为相较于英语音标，自然拼读法更容易掌握，能提高学生的学习兴趣和自信。

### （二）出现的问题

自然拼读法也不是完美无缺的。如果遇见发音不规则的单词，仅仅根据所学的有限的发音规则来认读，学生无法掌握单词的正确发音。对于这一类单词，学生在没有音标的帮助下，只通过自然拼读法无法达到正确拼读单词的要求。

还有一些音节较多的长单词，如果没有音标标注，只依靠自然拼读法，学生既无法准确拼读出每个音节，也较难准确判断单词重音位置。

尽管相较于英语音标，自然拼读法更简单、直观，但学生在学习过程中还是有混淆的可能性，如字母组合 oo 是发长音的/uː/还是短音的/u/，想要精确这类单词的发音，还是要借助音标。

## 结语

英语语音是学习英语的第一步，也是学好英语的重要一步。如果没有语音知识的学习和积累，很难达成英语听说读写译的目标。比如英语词汇的学习包括词语的“音、形、义、用”四个方面，掌握单词的音与形是词汇学习的基础，如果不能掌握词汇的音与形，又何谈词汇的意义和运用呢？而自然拼读法强调词汇的拼读和拼写之间的联系，让学生做到见词会读、听音能写。

L老师分三个基础阶段（26个字母常见读音规则、常见元音发音规则、常见辅音发音规则）和巩固练习阶段对学生进行语音训练。小学教材中的单词相对简单，音形一致，通过自然拼读法进行教学，学生较容易掌握。通过一定的训练，学生在词汇学习方面得到了提高。L老师也在语音教学方面取得了一定成果，并将一直探索下去。

## 案例思考题

1. 小学语音教学应包含哪些方面？
2. 在小学英语课堂，通过自然拼读和音标进行语音教学各自有什么优、缺点？
3. 案例中，各阶段自然拼读教学过程中可采用哪些具体的教学活动？

## 案例使用说明

**1. 适用范围**

适用对象：教师教育工作者、中小学英语教师、英语专业本科生、英语学科硕士研究生。

适合课程：英语语音教学。

**2. 教学目的**

（1）理解自然拼读法的基本定义；

（2）了解自然拼读法在小学英语课堂的运用；

（3）激发因材施教和研发教学材料的动机；

（4）培养分析实际教学问题和解决问题的能力。

**3. 要点提示**

（1）相关理论

二语习得理论：母语迁移理论。

活动理论：外语学习的活动系统。

教师专业发展理论：教师知识和教师能力。

（2）关键知识点

自然拼读法。

（3）关键能力点

分析学习者因素。

（4）案例分析思路

通过对此教学案例的分析，引导学员进一步思考如何结合小学英语教材设计适合自己教学目标和教学对象的语音教学。为学员在以后的学习或工作中如何通过实验开展语音教学提供借鉴。

**4. 教学建议**

时间安排：标准课 6 学时，共 270 分钟。布置和预习 3 学时，上课讨论 3 学时。

环节安排：提前两周布置阅读任务→学员以 5～6 人组成小组→查阅相关知识内容→小组内部进行读后讨论→各组对讨论结果进行梳理，准备进行课堂汇报→课堂汇报及讨论→教师点评。

人数要求：30 人以下。

教学方法：案例教学讨论为主，讲授点评为辅。

工具选择：多媒体、卡纸、案例打印资料、录音笔、录像机或者有录音录像功能的手机。

组织引导：教师就预习任务布置清晰、要求明确；提供给学员必要的参考资料；给予学员必要的调查技能训练，便于调查工作展开；对学员课下讨论需要及时提供指导并给出建议。

活动设计建议：学员预习及资料查阅部分要求有纸面笔记。课前小组讨论要有清晰记录，至少包含个人观点、论证、出现的问题、解决方案、小组意见等。课中各小组要提供课堂汇报提纲和讨论记录表。课后一周内各小组提交反思及总结稿。教师准备好点评的资料和提纲。下课后教师及时总结案例教学的得失，以便改进后续的教学行为。

**5. 推荐阅读**

[1] 方瑞.（2018）. 英语语音翻转课堂. 杭州：浙江大学出版社.

[2] 中华人民共和国教育部（2022）. 义务教育英语课程标准. 北京：北京师范大学出版社.

[3] Brown, H. D.（2013）. *Tips for Teaching Pronunciation：A Practical Approach*. Beijing：Tsinghua University Press.

[4] Hiskes, D. G.（2011）. *Phonics Pathways*. San Francisco：Hossey-Bass.

[5] Wright, C.（2015）. *Phonics*. Beijing：Foreign Language Teaching and Research Press.

# 案例 13

# 自然拼读法在小学英语词汇教学中的应用探索

◎钟 霞 刘 杨

## 前言

自然拼读法是一种广泛在国内外运用的英语词汇认读方法，其核心是通过建立英语字母与其发音之间的关系，并利用音与形的这一对应关系，独立学习单词的发音和拼写。W小学的英语教师以《义务教育英语课程标准（2011年版）》中对词汇学习的要求为依据，结合自然拼读法的特点，探索词汇认读和拼写的有效教学模式。本案例与案例12都关注了自然拼读法的教学，但两个案例的撰写角度不同，本案例主要从如何上好一节自然拼读课为例，从“有效的词汇教学之路”“理论联系实践实施教学”“自然拼读教学反思”三个方面，对该词汇教学模式进行描述和展示。

## 背景信息

对于小学英语教师而言，词汇教学是一项非常重要的教学任务。由教育部制定的《义务教育英语课程标准（2011年版）》指出，小学生在毕业后英语词汇学习水平应达到二级标准。二级词汇标准要求学生要知道单词是由字母构成的，要根据单词的音、意、形来学习词汇，要掌握600～700个单词和50个习语，熟练运用400个词汇。由此可见，词汇的音、意、形是词汇教学中必不可少的组成部分。

在我国，绝大部分地区从小学就开设了英语课，学生相比过去更早地接触到了英语学习。虽然学生学习英语的时间提前，但单词认读、拼读方法滞后，效果不明显。学生学习单词困难的基本原因之一是学习单词发音时，主要依赖于课堂上老师根据国际音标注音教读单词。随着学习任务和单词量增加，同时记住单词发音和拼写让学生倍感吃力。这种单词发音和单词听写孤立进行的教学方式效果显然欠佳。学生为应对老师布置的认读和听写作业想尽各种方法，用拼音或汉字给单词注音，如依据汉字“待得”来记忆“dad”的发音，不断重复单词的字母顺序，而非按照音节的发音特征来记忆，如一板一眼地根据 f-a-t-h-e-r 字母的出现顺序来记忆单词 father。长此以往，这一错误的学习方法不仅会影响学生学习单词的正确发音，还会增加学他们记忆单词的负重，最后还可能会让他们因为单词发音难、记忆难而对英语学习产生厌学的情绪。

在此背景下，小学英语词汇教学呼唤着培养学生单词认读和拼读的能力。换句话说，使学生能够掌握根据单词构形推断其发音（reading ability），以及根据单词发音联想其构形（spelling ability）这两种技能，即掌握自然拼读技能是小学英语词汇教学的重要任务。

自然拼读法是英语国家在儿童学习启蒙阶段广泛运用在阅读教学中的方法。Durkin（1972）指出，将自然拼读作为阅读项目的一个部分是因为它能够让孩子根据单词的拼读规则来认识文字。Johnson 和 Pearson（1978）提出，自然拼读为字母和字母发音关系之间搭建了一座桥梁。Adams（1990）认为自然拼读法是建立在字母发音规则上的一种阅读方法，这种方法主要教授字母或字母组合，以及它们发音之间的关系。

W 小学的英语教师希望借助自然拼读法帮助小学生更轻松地学习单词，培养小学生见词能读、听音能写的能力，最终为发展英语的综合语言能力打下坚实的基础。然而，面对繁重的教学任务和规定的课时数，W 小学的英语教师将怎样在教学中实施自然拼读法？老师们经过一番辛勤耕耘，又会有怎样的收获？钟老师是 W 小学的一名英语教师，本案例在取得她本人的同意后，遂以她为研究对象，对其所任教的 W 小学的英语教学进行观察了解。

## 案例正文

### 一、有效的词汇教学之路

#### （一）词汇教学的困扰

钟老师是一位热爱英语教学的小学教师，一位喜欢钻研教学的践行者，一位不断追求进步的热血青年。2013 年她通过事业单位招考进入一所村级小学，成为这所小学的第一位也是唯一一位英语教师，负责全校英语教学。2015 年，她破釜沉舟考上贵州师范大学全日制硕士研究生，希望通过理论的学习来规范和提升自己的教学实践。

在 2013 年至 2015 年的教学工作中，钟老师发现学生学习英语的兴趣随着年级的升高而减退，中高年级的学生学得困难，自己也教得困难。只有少数同学能完成她布置的单词朗读和听写作业。有些学生为了应付朗读检查，就在单词旁用拼音或汉字注音，通过这种方法读出来的音让人啼笑皆非。每回听写作业的反馈更是让钟老师感到作为一名英语教师的挫败感——大多数学生只能写对 10 个单词中一两个，仅有少数学生可以写对一半以上。通过与学生和各科老师的交流，她了解到大多数学生放学回家后不会朗读和书写英语，原因是学生不具备良好的学习习惯或欠缺学习辅导资源，而他们的父母也因不会英语而无法承担敦促孩子学习的责任。

面对如此情况，钟老师思考着要怎么保持学生对英语的学习兴趣，她认为关键问题在于怎么帮助学生克服学习词汇这一最基本的困扰。她希望教给学生一种可以帮助他们轻松读单词、背单词的方法。正在这个时候，钟老师考上了研究生，在与导师的交流过程中得知一种广泛运用于英语国家儿童启蒙教学的阅读教学方法——自然拼读法。钟老师查阅查阅文献，上网观看自然拼读教学课，结合自己小学英语教学经验，又与导师讨论后，决定在任教的学校进行自然拼读的教学探索。钟老师凭着一腔热血准备开始她的词汇教学探索之路，但在进行教学之前，她还必须找到自然拼读教学的理论支撑，知晓自然拼读教学法如何与契合于自己的教学目标。

### （二）自然拼读教学的理论支撑

钟老师在教学实践中一直秉持“授人以鱼，不如授人以渔”的观念，而自然拼读法恰好与她这一观念相合，于是她决定查阅、收集、整理文献，为自己接下来的教学实践做理论准备。

#### 1. 皮亚杰的认知发展假说

皮亚杰把认知发展分为四个阶段：感知运动阶段、前运算阶段、具体运算阶段和形式运算阶段。根据各阶段的年龄划分，小学阶段的孩子处于具体运算阶段。皮亚杰认为该时期的孩子具备了具体运算的特点，但思维活动需要具体内容的支持。皮亚杰的认知发展假说不仅解释为什么在具体运算阶段下，绝大多数孩子不具备足够能力，无法独自发现字母拼写和发音对应关系，而且还为自然拼读法教学提供了理论支撑和指导意义，因为它强调了学生的认知发展是有顺序性的，教师在教学中切莫操之过急，应抓住学生的特点，在教学中加以引导和辅助，帮助孩子发现规律、总结规律、运用规律。

#### 2. 关键期假说

关键期假说认为，2 至 13 岁之间的儿童头脑比较灵活，是语言学习的最佳时期，小学生正好处于学习语言的最佳年龄阶段。在大多数以英语为母语的国家，孩子从启蒙学习阶段就开始接受自然拼读学习。因此，关键期假说提醒我们要关注这个阶段孩子的学习，给他们提供更多支持，开启他们的语言天赋。

**3. 语言迁移**

语言迁移中的正迁移现象为自然拼读教学提供了现实依据。在我国，大多数小学生一年级就要学习汉语拼音，借助拼音认识汉字，二年级时学习音序查字法。汉语拼音学习和英语字母学习有很多相似之处，字母的数量一样、形状一样，拼音的拼法和自然拼读法的拼法也有异曲同工之处，教师可以利用这些相似点帮助学生学习自然拼读。

然而，自然拼读教学与现当下小学英语课堂规定的教学时间存在冲突。在以英语为母语的国家，系统的自然拼读教学尚且要花上两三年的时间，如果要依样画葫芦地照搬国外方法，无疑是给规定教学任务的老师出难题。考虑到既要完成教学任务，又要培养学生自主认读和拼写单词的能力，钟老师决定在每节课上利用前十五分钟进行自然拼读教学。

## 二、理论联系实践实施教学

通过自然拼读课的学习，学生要能够运用字母及其发音之间的关系解码单词，最终具备独立认读和拼读单词的能力。但是，该能力的培养却需要教师一点一滴地为学生打下拼读基础，这对于钟老师就需要从每一堂课的前十五分钟开始。

经过钟老师的教学实践探索和理论学习，她总结了自然拼读课的一般教学模式：呈现，操练，应用。为了清楚地展示该教学模式，这里选取一节课的教学内容作为案例分析。

### （一）准备

教学内容：p、t、r、o

教学目标：

1. 能够根据辅音字母 p、t、r 在单词中和元音字母 o 在闭音节中的一般发音规律，正确读出有这些字母的单词。

2. 能够根据以上几个字母及其对应的发音关系做拼读练习。

学情分析：

学生已经完成《PEP小学英语》三年级上下册的学习，已掌握英语26个字母的读音及书写，已具备三年级小学英语的词汇量。

（二）呈现

1. 教师通过PPT呈现如下单词并提出第一个要求：把首字母相同或含有o字母的单词分为一组。

hot teacher red pencil ten pig rice pen dog tiger box ruler

2. 教师通过PPT呈现分类的单词，并把相同的字母加粗显示，如下：

| | | | |
|---|---|---|---|
| pencil | teacher | red | hot |
| pen | ten | rice | dog |
| pig | tiger | ruler | box |

师：请说出下面我所读到的两个单词的首字母的发音（教师朗读单词 pencil 和 pen）。

生：听到了 p 的音。

师：Yes，that is a sound /p/ the letter p stands for.

3. 教师用同样的方式引入字母t、r在单词中的发音。

4. 教师出示单词hot、dog，要求学生观察单词的规律，然后再慢速读出这两个单词，请学生听出o字母的发音。学生总结出上述单词均由三个字母构成，并且中间都有o字母，而o字母在这些单词中的发音是/ɒ/。

简析：

教师采用的具体教学方法是analytic phonics（即一种自然拼读教学方法，通过从单词的整体到部分的关系来教授新知识，学生通常先接触到的是单词的整体，再学习字母所代表的音，最后通过字母与发音之间的关系做拼读练习）。为了引出字母在单词中的发音，教师首先呈现学生已会的单词，例如上例中的pencil和pen引出字母p的发音。为了建立字母与音之间的关系，教学中还运用到视觉、听觉区分练习（visual and auditory discrimination）。例如，教师提出的第一个任务是“把首字母相同的单词分为一类”（visual discrimination），紧接着又要求学生“听出每组单词中的第一个发音”（auditory discrimination）。当字母的形和音都被分别引出后，教师开始建立字母形与音之间的关系。在上述教学过程中，教师最后引导学生得出结论：字母 p 的发音是/p/。

## （三）操练

### 1. 发音操练

教师的教学过程展示如下：

师：Boys and girls，what word has the same beginning sound with the words *pen*，*pencil* and *pig*?（教师列举出首字母发/p/的单词）

生：Panda，pear...（教师将学生列举的单词板书在字母同音的单词下方）

师：Good job. Can you name the words that have the same beginning with *teacher*，*ten* and *tiger*?（教师列举首字母发/t/的单词）

生：Tall，two...（教师同样将学生列举出的单词板书在字母同音的单词下方）

师：Can you think of any words that have the same beginning with *red*，*rice* and *ruler*?（教师列举出首字母发/r/的单词）

生：Right，ready...（教师板书单词）

师：How about the same middle sound that you hear in *hot*，*dog* and *box*?（教师列举出单词结构相同、字母 o 发/ɒ/的单词）

生：top...

### 2. 字母与发音关系操练

教师的教学过程展示如下：

师：You did a great job. Now，please look at the screen and pay attention to the same letters.（教师朗读每个单词，要求学生注意听相同字母的发音）

师：Can you read it by yourself?（教师请学生自己朗读）

师：Now，here is a more challengeable task for you. Can you find which of the following word that contains the sound /s/?（教师请学生听音并判断哪个单词含有/s/的发音）

need

feed

seed

简析：

为了巩固每个字母对应的发音，教师要求学生听完单词的读音后列举出首字母、中间字母或尾字母的发音相同的单词，如教师问"What word has the same beginning sound with the word you hear in *pen*, *pencil* and *pig*?"。这种操练方式是为了培养学生对音的辨识度。教师还采用读与看结合的教学活动，例如教师边朗读边指着黑板上的对应单词。除此以外，教师通过选择题练习强化学生对字母与其发音之间关系的掌握。

（四）应用

1. 替换音（sound substitution）

教师通过替换音活动教授学生如何拼读新单词。

师：（教师出示单词 book）Can you read it?

生：book!

教师随后出示新单词 took，让学生观察两个单词的相同与不同。在学生找出 book 与 took 的不同之处后，教师先引导学生读出字母 t 的发音，再引导学生拼读出 took 的读音。替换首字母的类似练习可以多做几次。

2. 增加音（sound addition）

教师通过增加音活动教授学生新单词 pin。

师：（教师出示新词 pin）Can you read it? I think you need to read this word *in* and make the sound of letter *p*. Please try to pronounce the word *pin*.（教师先要求学生读出已学的单词 in，再出示刚学的字母发音/p/，引导学生将两个音拼在一起。）

3. 拆音（sound segmentation）

教师通过游戏的方式引出单词 hot，训练学生听音写词的能力。

师：Let's play a game. Who has sharp ears? Please identity how many sounds you hear in the word I pronounce, and tell us what they are.（教师朗读单词 hot，要求学生听出单词中的每个音，将每个音写在本子上）

4. 合音（Sound blending）

通过读单词比赛的游戏训练学生拼读单词的能力。

师：Let's play another game. You take turns to read the unknown words, the one who can read out the most is going to win.

pad　pet　pod　rid

red　fat　mod　mop

简析：

教师在教学中运用替换音、增加音、拆音、合音四个活动逐步训练学生认读和拼读单词的能力。例如，教师首先运用替换音活动训练学生对/t/音的掌握。其次，教师又运用增加音活动训练学生对/p/音的掌握。紧接着教师又通过拆音和合音两个活动进一步训练学生对字母及发音的拼读练习。

## 三、自然拼读教学反思

钟老师关于自然拼读法在英语词汇教学中的运用探索既有成就，也有突破和感动，更有无以言状的艰辛。尽管如此，钟老师对单词认读和拼读方法的研究从未止步，她希望为孩子们找到一条轻松而快乐的学习路。

### （一）探索结果

钟老师选择四年级两个班的学生为研究对象，每个班的人数分别为 20 人，一个班为实验组，在英语单词学习过程中接受自然拼读教学法；另一个班为控制组，在英语单词学习过程中采用图片、歌谣、游戏等常规教学方式。实验周期为 18 个教学周。第 周，对实验组和控制组分别进行英语单词拼读、拼写前测，同时对实验组学生进行英语单词学习情况问卷调查。在第二至第十六周的教学中，对实验组采用系统的自然拼读教学法，教授该组学生字母与字母之间的发音关系，包括复习 26 个字母的字母读音，辅音字母发音，元音字母在开、必音节中的发音规律，常用字母组合的发音、拼读、拆音技能等。在阶段教学结束后，对实验组进行单词拼读和拼写测试，共测试三次，了解学生阶段学习效果。最后两周，对实验组和控制组分别进行英语单词拼读、拼写后测，同时对实验组的学生进行第二次英语单词学习情况的问卷调查。实验结束后，通过SPSS软件将收集到的数据进行分析，并对分析结果进行讨论。

探索结果发现在应用自然拼读法进行教学前，实验组和控制组的单词拼读能力没有明显差距，但在实验后，实验组的单词拼读能力相比控制组发生了显著性变化。此外，两组的单词拼写能力在实验前基本一致，但在接受完自然拼读训练后，实验组的单词拼写能力比控制组有了显著提高。从阶段性测试的结果来看，实验组的拼读和拼写能力均比控制组提高得快。而前后问卷调查数据也表明，实验组在接受完自然拼读训练后，学习单词的兴趣、信心、自主性均发生了积极的变化。因此，在小学英语词汇教学中应用自然拼读法可以促进小学生英语单词拼读和拼写能力的提升。

### （二）步履维艰

钟老师的词汇教学探索之路并非一帆风顺，常有困难和阻碍，可谓在困难与挫折中步履维艰地前行。这些亟待解决的问题包括以下几个方面：

为什么教？正如上文所述，在钟老执教的小学，大多数学生的单词认读和拼写能力较差，在词汇学习中，他们更多地依赖教师教授读音，词汇学习的主动性与方法缺失。而词汇学习又是英语学习的基础，学好词汇对学好英语至关重要，因此钟老师认为在教学中应该教授给学生一种单词的认读方法，让他们采用此方法自主学习英语单词的发音和拼读。

教什么？确定教学的原因以后，钟老师就开始思考教学的内容，因为自然拼读的教授时间较长，内容较细，教材较多等原因，钟老师不得不在数量庞大的信息中挑选适合她学生的教学内容。最后，钟老师结合本校学生实际情况为学生定制了一套入门级自然拼读教学内容。

怎么教？怎么教这个环节让钟老师绞尽脑汁，不仅要兼顾原有的课本教学内容，还要考虑采用学生喜欢的方式进行教学，同时不断进行教学反思。经过一番思考，钟老师决定在每节课内的前十五分钟进行自然拼读教学。

## 结语

词汇学习在英语教学中的地位不言而喻。词汇是语言学习的根基，只有根基稳了，语言学习才会开花结果。大多数学生是通过反复朗读来记忆单词，这种方法机械而低效。小学阶段的词汇难度虽然不大，但对于未能掌握正确方法的初学者来说学习起来还是如无头苍蝇般到处碰壁。自然拼读法教授给学生的是认读和拼读的技能，让学生利用自然拼读这种方法学好单词的音和形。半学期的教学实践以来，钟老师在英语词汇自然拼读教学中取得一些成果，并将沿着这条教学探索之路继续前行。

## 案例思考题

1. 案例中三个授课环节还可以再细分吗？如果可以，你认为还有哪些可操作的方法？

2. 呈现环节中提到的 analytic phonics 能否被其他方法取代？如果可以，还能运用其他哪些方法？

3. 运用环节中，除了提到的四种练习方式，你还有设计其他活动的建议吗？

4. 如何提升钟老师在自然拼读教学中的趣味性？

## 案例使用说明

**1. 适用范围**

适用对象：教师教育工作者、中小学英语教师、英语专业本科生、英语学科硕士研究生。

适合课程：培训课、教研课、小学英语教师专业发展、英语词汇教学。

**2. 教学目的**

（1）掌握自然拼读法一般教学方式和策略；

（2）设计自然拼读法教学活动。

**3. 要点提示**

（1）相关理论

皮亚杰认知发展假说：学生认知发展对知识难易度选择的影响。

关键期假说：学生的学习年龄优势与学习之间的关系。

迁移理论：学生已有的知识对新知识学习的影响。

（2）关键知识点

自然拼读、辅音字母发音、元音字母发音、字母组合发音。

（3）关键能力点

拼读能力、拆音能力。

（4）案例分析思路

通过呈现一节自然拼读课的一般教学模式，为学员理清教学思路，提供模板，以便更好地为教学提供借鉴。

**4. 教学建议**

时间安排：40 分钟 1 课时，共 2 课时。自然拼读理论课程介绍 1 课时，展示课 1 课时。

环节安排：提前两周布置培训内容→理论介绍→教师展示→评课、议课→总结汇报。

人数要求：无。

教学方法：以培养和课例展示为主。

工具选择：摘要卡片、多媒体、案例打印资料、录音笔、录像机。

组织引导：通知明确；提供给培训人员必要的参考资料；课下讨论需要及时指导并给出建议。

活动设计建议：

提前安排展示教学的学员做好授课准备，并通知参训人员。

布置会场，准备好签到本、记录本，同时，通知相关人员做好录像或者录音工作。

会后进行讨论和总结，继续探究自然拼读法教学，以期获得更好的效果。

**5. 推荐阅读**

[1] 中华人民共和国教育部.（2012）. 义务教育英语课程标准（2011 年版）. 北京：北京师范大学出版社.

[2] Adams，M J.（1990）. *Beginning to Read：Thinking and Learning about Print*. Cambridge，MA：MIT Press.

[3] Durkin，D.（1972）. *Phonics，Linguistics，and Reading*. New York：Teacher College Press.

[4] Rasinski，P.（2013）. *From Phonics to Fluency：Effective Teaching of Decoding and Reading Fluency in the Elementary School*. New York：Pearson Education，Inc.

## 案例 14

# 英语学科核心素养背景下的初中英语阅读教学设计

◎周　燕　吴　洁

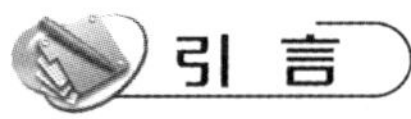

## 引 言

英语学科核心素养包括语言能力、文化品格、思维品质和学习能力，是学生通过英语学习应该形成的必备品格和关键能力。作为落实英语学科核心素养的重要途径，英语阅读教学已引起英语教师的高度重视。为了更好地了解一线英语教师对英语学科核心素养的解读，笔者以观察者的角度，对贵阳某中学的 Y 老师进行了为期四个月的教学观察活动。Y 老师是一位有着 20 多年教学经验的英语老师，自英语学科核心素养概念被提出不久，她便着手开始查阅文献学习其相关内容，并发现英语学科核心素养与英语阅读之间的契合之处。Y 老师尝试在英语学科核心素养背景下，设计初中英语阅读教学活动，以促进学生语言能力、文化品格、思维品质和学习能力的综合发展，进而能更加有效地改善初中英语阅读教学效果，也更加有益于发展学生的学科核心素养。

## 背景信息

2014 年 3 月，教育部发布了《关于全面深化课程改革 落实立德树人根本任务的意见》，提出“核心素养”这一重要概念。《意见》发布以后，关于学生核心素养的讨论迅速成为教育界关注的热点问题。就英语学科而言，学生核心素养包含语言能力、思维品质、文化品格和学习能力四个构成要素。鲁子问（2016）认为课堂是培养核心素养的沃土，培养学生的核心素养离不开课堂本身。显然，如何正确领会和理解英语课堂教学与英语学科核心素养各要素的关系，进而明确如何在英语学科核心素养背景下进行英语课堂教学与研究，这无疑为我国基础英语课程教学改革指明了可行的方向。

近期王蕾、李明远、孙静等的研究显示，英语阅读教学的开展对培养学生的学科核心素养具有极为重要的意义，相关论述有：“育人的过程与语言学习和内容理解的过程紧密相连，这其中必然包括大量的阅读活动”；“英语阅读课教学在很大的程度上助推语言核心素养的形成，并且能够更加完善和升华其核心素养”；“英语阅读教学不仅涵盖了英语词汇、语法、语意等，还有很多价值观念等方面的内容，这些与情感相关的素材是培育学生英语核心素养的重要内容”。基于以上对英语阅读教学的认识，我们可知：英语阅读教学的有效实施将助推学生学科核心素养持续发展。为此，若教师在开展英语阅读教学之前能够在研究领会和理解英语学科核心素养内涵的基础上，从英语学科核心素养的各要素出发撰写英语阅读教学设计，这无疑保证了英语阅读教学内容和英语学科核心素养目标的统一，从而达到更佳的英语教学效果，也更有益于发展学生的英语学科核心素养。概括起来，中学英语教学设计应该以发展学生核心素养为基本目标，以语言能力、文化意识、思维品质、学习能力为学科教育目标，这是中学英语教学设计的最核心内涵。

## 一、提出问题和确认问题

就职于当地某中学的Y老师已从事初中英语教学20多年，她坚守在英语教学工作第一线，取得了不凡的成就。在英语教学中，她不断尝试新的教学方法，探索教学规律，教学效果优秀。她的热情感染着每一位学生，深受学生们的喜爱。然而，Y老师从未停止过提升自己的步伐，英语学科核心素养概念提出不久后，她便开始对这一教学革新理念进行深入学习。如何将英语学科核心素养与英语教学相结合，也成了她每日思考的问题之一。

英语学科核心素养对英语教育者来说并不陌生，但如何将其运用到课堂教学中确实是一大难题。一是因为英语学科核心素养提出的时间不长，专家学者对其的探究还处于初级阶段；二是英语学科核心素养在提出之初，并未对其如何落实作出详细的说明。但Y老师并没有为此而退缩，她发现在英语教材中隐藏着英语学科核心素养的影子，尤其是在教材中的英语阅读部分。为此，Y老师开始大量查阅与英语学科核心素养相关的文献，以加深对英语学科核心素养的认识和理解。例如，从程晓堂《英语学科核心素养及其测评》一文中，她明确了“英语课程不仅要考虑学生应该学习哪些英语知识和技能，将来能够用英语做哪些事情，还要考虑学生通过英语课程可以学习其他哪些方面的知识，形成哪些关键技能和必备品格。”而从王蔷撰写的《核心素养背景下英语阅读教学：问题、原则、目标与路径》中，她认识到“英语阅读教学是英语学科核心素养的实施载体，就英语学科的实质而言，英语作为一门语言，它承载了中外优秀人文和科学知识，在育人的过程中与语言学习和内容理解紧密相连，这其中包含了大量的阅读活动”。这些论述无疑为 Y 老师尝试在核心素养背景下探讨英语阅读教学问题注入了一剂强心针。

在领会和理解英语学科核心素养方面进行了大量的工作后，Y 老师便在英语学科核心素养与英语阅读教学中寻求支架点。她发现要有效地在英语阅读教学中培养学生的学科核心素养，就必须开展有效的英语阅读教学活动，而这中间最好的媒介便是英语阅读教学设计。清楚地认识到这一点后，Y 老师首先将英语阅读教学目标定位在发展学生的核心素养上，随之英语阅读教学策略、教学过程及教学技术均要围绕这一教学目标而设计。其次，Y 老师决定从初三英语阅读教学设计入手，究其原因：一是从学习者分析情况来看，初三学生至少学习英语五年，基本上具有以听说读写看等方式理解和表达意义的能力，并具有提升英语学习效率的意识和能力；二是从学习内容来看，九年级英语教材中的阅读内容极其丰富，涉及题材多样化；三是从学习需求分析来看，初三学生有明确的学习需求，绝大多数人确立了中考考什么就学什么的学习目标，只有少数人会为了培养思维品质、文化品格等素养而放弃英语考试分数。由前两个原因可知，初三英语阅读教学课堂适合作为培养和发展学生核心素养的重要场域，但最后一个原因也表明要促进初三学生的学科核心素养发展将面临极大的困难。从某种意义上说，这都为 Y 老师在英语学科核心素养背景下做好初中英语阅读教学设计提供了现实性和可能性。

## 二、前期准备

在明确基于英语学科核心素养进行初三英语阅读教学设计之后，Y 老师觉得还必须进一步研究和确定英语学科核心素养和英语阅读之间的相互关系、初三英语阅读文本的分析内容和符合初三英语阅读教学设计内涵的教学目标，具体来说：

一是厘清英语学科核心素养和英语阅读之间的关系。在文献梳理过程中，Y 老师明确了英语阅读可以涵盖英语学科核心素养的四个构成要素：语言能力体现在对阅读文章中语言本身的剖析；文化品格体现在对文章中中外文化传播进行客观评价以及文化意识的培养；思维品质体现在理解文章中作者的思路、辩证地看待作者观点、培养批判性思维等；学习能力体现在学会使用阅读技巧和策略，培养时间管理、阅读中自我注意力的监督等能力。

二是对英语阅读文本进行深度解析。Y老师以人教版《英语（必修3）》为分析文本。这本教材共有14个单元，每个单元包括两篇阅读文本，一共涉及28篇阅读文本。阅读文本的内容十分丰富，涉及学习、旅游出行、发明、文化等不同主题。Y老师逐一深入地分析了这些阅读材料，以明确文本的题材、体裁、主体结构、写作目的、写作特点等，进而整合、提炼出文本的主要信息和知识结构。

三是确定符合英语阅读教学设计内涵的教学目标及教学活动。Y老师将英语学科核心素养的四个构成要素视为英语阅读教学目标的核心内涵。其中，语言能力是基本目标，而文化品格、思维品质和学习能力则是相关目标。在此基础上，Y老师开始着手设计适合的、有效的教学活动，以促进各项目标能顺利达成。这些教学活动分布在读前、读中、读后三个阶段，例如，在第2单元"Full Moon，Full Feelings"的读前阶段，Y老师设计了以"中秋节"为核心词的头脑风暴活动，通过复习有关中外节日的文化词汇，让学生加深对中外文化节日文化的理解和对中国优秀文化的认同；在读中阶段，Y老师指导学生积极运用快速阅读、跳读、略读等学习策略，提炼文本的主旨大意，完成细节题、推理判断题或词义猜测题等阅读任务，提升他们英语学习效率的意识和能力；在读后阶段，Y老师通过采用小组讨论、辩论的方式，让学生表达"月饼好吃/不好吃"的感受与观点，了解他们在思维的逻辑性、批判性、创新性等方面所表现的水平和特点。

## 三、基于英语学科核心素养的初中英语阅读教学设计

为了更好地展示Y老师基于英语学科核心素养进行英语阅读教学设计的情况，我们将以Y老师对人教版《英语（必修3）》第4单元Section A "From Shy Girl to Pop Star"的英语阅读教学设计为例进行呈现。

### （一）深度解析文本，明确教学目的

文本解读是阅读教学的开始，文本解读的深度影响着阅读教学的深度。根据戴军熔、郑春红（2011）提出的文本解读框架，教师在备课阶段应从策略培养、信息获取、思维训练、情感渗透等多方面去整体解读文本体裁、写作意图、文章结构、文章背景、主旨大意、文章语言和阅读策略等，并由此设计出形式多样的阅读活动，从而引领学

生走进文本，体验和感悟文本。Y老师在认真分析From Shy Girl to Pop Star的文本内容后，明确这是一篇关于腼腆的亚裔女孩Candy Wang如何成为流行歌手的故事。文本由三个部分构成，第一部分是对Candy成为流行歌手之前在性格、兴趣等方面情况的描述，第二部分讲述了Candy成为流行歌手之后，生活所发生的一些有利变化和不利变化，第三部分讲述了Candy对渴望成名的年轻人的一些建议。作者一方面让学生明白事情是在不断发展、变化的道理，另一方面也在向学生传递培养积极向上心态、关注自我发展的重要性。文本的语言描述采用第一人称I（作者）和第三人称she（Candy）的交流形式，这有助于学生形成对故事的整体把握，更有助于学生关注成名与性格、生活变化的逻辑联系。在对文本内容理解透彻后，Y老师从语言能力、文化品格、思维品质和学习能力四个维度撰写了教学目的：

语言能力：学习重点词汇、短语以及句型；学会used to的基本用法，正确理解其功能意义。

文化品格：树立正确的偶像观，不盲目追星；以中外优秀人物为励志榜样，不断完善和提高自己。

思维品质：通过学习亚裔女孩Candy的故事，学会看待“明星”生活的两面性。

学习能力：在阅读本文的过程中，有意识地运用一些阅读策略，学会使用阅读技巧和策略。

## （二）分阶段设计阅读教学活动，促进学生核心素养的发展

语言能力作为基本目标，将贯穿整个教学活动的过程，而作为相关目标的文化品格、思维品质和学习能力则会出现在教学活动的不同阶段。下面，我们从读前、读中、读后和课后四个阶段展示Y老师所设计的阅读教学活动。

**1. 读前活动阶段**

在这一阶段，Y老师所设计的教学活动定位在发展学生的语言能力和思维品质上。她所设计的教学活动是猜谜游戏。首先，她在PPT上呈现出两位影视明星幼年时的照片，然后，她要求每个学生和同桌用英语讨论这两位明星是谁以及他们的现状，例如他们的主要影视作品、社会贡献、情感生活等。等待学生猜测和讨论完毕后，Y老师才呈现这两位明星现在的样子，并让猜测正确的学生介绍他们的现状。最后，Y老师展示了一张Candy Wang的照片，并让学生猜测她是谁以及是否想知道她的故事，进而引导学生对文本内容加以关注。Y老师之所以在读前活动阶段设计猜谜游戏，一方面是因为猜谜游戏容易激发学生积极表达的欲望，有助于训练他们用英语表达意义的能

力，另一方面是因为在猜谜游戏中，学生需要观察图片，激活已有的背景信息帮助自己做出推测，这将有助于推动思维的逻辑性发展。

**2. 读中活动阶段**

在这一阶段中，Y老师所设计的阅读教学活动旨在培养学生的语言能力和学习能力，具体分为三个步骤进行：

第一步是快速阅读文本内容。学生需要快速浏览文本，并归纳出文本三个部分（Candy在成为歌星之前性格和兴趣方面的情况、Candy成为歌星之后的生活变化、Candy对渴望成为明星的年轻人有何建议）的主旨大意。由于是快速阅读，他们需要运用快速扫读、跳读等阅读策略才能对材料有一个大致的了解，同时通过所获得的信息，更好地掌握阅读材料的文章结构、写作意图、主旨大意、语言特点等。Y老师认为，这一步骤旨在提高学生的阅读速度，培养学生的扫读、跳读以及提炼关键信息的阅读技能，同时，通过读、看的方式培养理解意义的能力，包括在此过程中形成的语言意识和语感。

第二步是仔细阅读三个部分的内容并回答相关问题。在仔细阅读完第一部分的内容后，学生需要回答三个问题：Candy Wang多大了？她为什么开始唱歌？她现在喜欢什么？而在仔细阅读完第二部分的内容后，学生需要在一张图表中列出成为明星的有利之处和不利之处。最后，在详细阅读完第三部分的内容后，学生需要根据上下文分析"the road to success"的含义。在Y老师看来，学生在精读中可以提炼文本各部分的细节信息，这有助于培养他们根据上下文提取信息并猜测词语意义的能力。此外，学生在寻找问题答案的过程中也会有助于提升综合运用语言的能力。

第三步是词语、难句的学习和分析。在完成前两步的阅读教学活动后，Y老师会安排学生用3～4分钟时间提出文本中难以理解的词语、句子，并在小组学习中加以解决。如果仍然难以解决，Y老师会再给学生3～4分钟时间思考，然后再与小组同学共同分析和讨论。在这一步中，Y老师指导学生通过小组合作的方式来分析词语和难句，既可以培养学生与他人的合作意识和解决问题的能力，也可以提升学生理解语言意义的能力。特别是，给予学生3～4分钟时间再思考的机会，有利于培养学生在遇到问题时独立思考的习惯。Y老师认为，这一步更多的是将时间与机会交给学生，缩短教师讲解语言知识点的时间，让学生从被动学习者转变为主动学习者。

**3. 读后活动阶段**

在读后活动阶段，Y老师所设计的教学活动旨在发展学生的语言能力、思维能力和文化品格。活动之一是采访Candy。Y老师要求两个学生一组，其中一个扮演访问者，另一个扮演 Candy。采访的问题有：（1）What were you like? Were you good at singing when you were very young?（2）How was your life different after you became famous?（3）What's your advice to all those young people who want to be famous? 活动之二是讨论"什么是优秀的明星？"Y 老师要求学生先以小组为单位进行讨论，讨论结束后再选出 3 个组向全班展示讨论结果。

这两个教学活动有利于启发学生在理解文本的基础上，对所遇到的问题形成自己的看法和观点，进而发展个人的逻辑性思维和批判性思维。同时，学生间相互的阐述、讨论，可以对所听到的观点和方法做出思考、分析和判断，进而形成正确的人生观和价值观，并提升个人的文化品格。当然，在这两个活动中，学生需要基于文本内容表达自己的观点，这将有助于培养他们的语言能力。

**4. 课后作业阶段**

Y 老师认为家庭作业可以为学生提供了解、学习中外文化的机会，更好地在英语阅读教学设计中体现文化品格。为此，Y 老师设计的课后作业是"介绍一位国外明星及其经历"，以帮助学生从跨文化的视角观察这位国外明星的成长经历，促进学生文化品格的发展。

## 结　语

Y 老师作为身在基础教育一线的英语教师，身体力行地将英语学科核心素养融入初中英语阅读教学设计中。她对阅读文本的分析、教学目标的设定再到教学活动的设计，每一步都紧扣英语学科核心素养。她认为，把握好英语阅读教学与英语学科核心素养的关系有利于培养和发展学生的语言能力、文化品格、思维品质和学习能力。为此，她将英语学科核心素养与英语阅读教学设计结合，将教育理念变成实际的教学目标，既有效地改善了初中英语阅读教学的效果，也有益于发展学生的英语学科核心素养。

Y 老师在英语学科核心素养背景下进行初中英语阅读教学设计，能够为英语教学带来一些启示。第一，在撰写英语阅读教学设计时，教师应先深入理解读阅读文本，提炼出包括文本的题材、体裁、主体结构、语言特点等在内的有效信息再将英语学科核心素养的各要素融入教学设计中，制定教学目标和教学活动。如果教师对文本的分析仅浮于表面，就很难将学生学科核心素养的发展落到实处。第二，在英语学科核心素养背景下，教师应引导学生在英语阅读中发现问题、分析问题和解决问题，从被动的学习者转变成主动的学习者，进而推动思维的逻辑性发展，并培养批判性思维能力和创造性思维能力。第三，在英语阅读过程中，学生时常会遇到生词或难句，教师需要引导学生积极思考并通过小组讨论等方式，形成遇到问题主动探究、解决的意识，进而提升英语学习效率和发展英语学习能力。第四，有效的读后活动及课后作业既可以加深学生对文本的理解，也可以升华学生对中外文化的理解以及对优秀文化的认同，培养和提升跨文化意识。第五，虽然学生语言能力的培养和发展在英语阅读教学中很重要，但它并不是教学唯一的中心。事实上，教师在完成阅读教学活动的过程中就可以达到语言能力的目标，因此，教师在制定教学目标时，应将英语学科核心素养的各要素都纳入考虑范畴。

## 案例思考题

1. 你认为“英语学科核心素养”的落实是可行的吗？
2. 基于英语学科核心素养的初中阅读教学是否改善教学效果？为什么？
3. 你认为该案例有实用性和启发性吗？为什么？

## 案例使用说明

**1. 适用范围**

适用对象：教师教育工作者、中小学英语教师、英语专业本科生、英语学科硕士研究生。

适合课程：教学案例研究、教师专业发展。

**2. 教学目的**

（1）了解将英语学科核心素养落实的重要意义；

（2）分析英语学科核心素养的内涵。

**3. 要点提示**

（1）相关理论

全人教育、建构主义。

（2）关键知识点

英语学科核心素养、阅读教学、全人教育、建构主义。

（3）关键能力点

以基于英语学科核心素养的阅读教学为例，探究其他可培养英语学科核心素养的切入点和实施途径。

（4）案例分析思路

该案例可遵循以初中英语阅读教学为切入点，以渗透英语学科核心素养理念为目标，通过精心的教学设计分析进一步提高学生的语言能力、学习能力、思维品质和文化意识，进而改善英语阅读教学效果。

**4. 教学建议**

时间安排：6 个课时。

人数要求：40 人以下的班级教学。

教学方法：以学员讨论案例为主，小组代表和个人发言、全班评论；教师讲授、答疑解惑和点评为辅。

工具选择：多媒体、PPT，案例打印资料。

组织引导：教师课前布置任务，任务须清晰，预习要求明确；提供给学员必要的参考资料和分析提示。

活动设计建议：

以阅读材料基础，上课前一周每个小组自选一个分析要点，准备好呈现发言提纲和讲述要点的 PPT 后，用邮件发给任课教师，以便教师做好点评、总结知识要点和分析要点的教学准备。

下课后教师及时进行案例教学效果的评价和反思，以便改进后续的教学行动。

**5. 推荐阅读**

[1] 程晓堂.（2017）. 英语学科核心素养及其测评. 中国考试（05），7-14.

[2] 程晓堂、赵思奇.（2016）. 英语学科核心素养的实质内涵. 课程・教材・教法（05），79-86.

[3] 戴军熔，郑春红.（2011）. 英语阅读教学中的读后活动设计与实施. 杭州：浙江大学出版社.

[4] 李明远.（2016）. 基于阅读课教学的学生英语学科核心素养培养. 基础外语教育（05），95-100＋112.

[5] 鲁子问.（2016）. 课堂：英语核心素养植根的沃土. 中国教育报（009）.

[6] 鲁子问.（2019）. 中学英语教学设计. 上海：华东师范大学出版社.

[7] 孙静.（2018）. 核心素养视角下高中生英语阅读思维品质培养策略. 教育理论与实践（32），51-53.

[8] 王蔷.（2017）. 核心素养背景下英语阅读教学：问题、原则、目标与路径. 英语学习（02），19-23.

## 案例 15

# “写长法”与高中生英语写作的一次邂逅

◎ 唐跃农　张雨娜

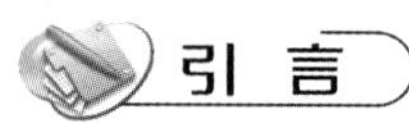

### 引言

英语写作教学一直是高中英语教学中最薄弱的环节，普遍存在“学生怕写作，教师怕改作文”的现象。为降低学生的写作焦虑，提高学生的英语写作能力，本案例编者与 H 省高级实验中学 W 老师联手，将“写长法”探索性地运用于高中生英语写作教学之中。通过精心设计写作任务，细化具体教学环节来激发学生的写作冲动，促使学生在表达内心真情实感的过程中，将已有的外语知识向语言运用能力层面转化，让学生在不断的英语语言输出中提高英语写作水平。

### 背景信息

英语作为高考人才选拔中的重要科目之一，一直在我国基础教育中占据着较高的地位。在英语教学过程中，大多以读、写为主，而在英语写作教学中，始终难以跳出为考而写、重套路、纠语法等限制。《普通高中英语课程标准（2017 年版）》中提出，要杜绝对学生进行单纯语言知识的灌输，应结合学生的生活实际和今后使用英语的需要，通过大量语言实践和有意义的语言运用，帮助学生掌握语言知识、提高言语技能和实际运用英语的能力。而传统的英语写作教学难以满足这一要求。

W 老师作为 H 省高级实验中学的一名英语教师，多年来在教学一线工作，有着丰富的英语教学经验，并孜孜不倦地探索着新的教学方法。在多年的高中英语教学工作中，与大多数英语教师一样，英语写作教学一直令 W 老师头痛不已。2013 年的一次外出调研学习中，W 老师接触到了“写长法”这一教学理念，在做了大量的文献阅读，向有过相关教学经验的同行多次请教后，将“写长法”这一新的教学方法引入高中英语写作教学之中。W 老师选择了一个英语基础较好的班级尝试教学，除去前期准备工作外，于高二学年第一学期正式开始。整个教学探索尝试用时一年，中间遇到了不少问题，但在 W 老师的不断努力下最终取得了良好的效果。

## 一、新方法的尝试：摸着石头过河

“写长法”这一教学理念最先由我国著名学者王初明教授提出。其核心思路为：在顺应外语学习规律的前提下，从提高学生自信心的角度入手，通过设计适当的写作任务，促使学生在表达真情实感的过程中，逐渐加大写作量去打造外语能力，从而强化语言运用能力，提高写作水平。为保证教学顺利进行，W 老师将操作过程具体细分为设计写作任务、动笔前的指点、作文讲评、精改几个环节，其核心环节为设计写作任务。考虑到高中学生的实际写作能力与繁重的学业任务，W 老师在已有的写长法教学实践中添加了动笔前的指点这一环节。

### （一）设计写作任务

作为写长法教学中的核心环节，写作任务的设计将直接决定教学能否顺利实施。只有写作任务走进学生学习生活，切合学生兴趣领域，才能更好激发学生内心真情实感，让学生产生写作冲动。然而强烈的写作冲动并不能直接转化为英文作文，学生必须了解写作的话题，且凭借知识储备，将情感顺利地表达出来，即写作任务既要做到让学生愿意写，还得能够写。为此，W 老师了解学生兴趣领域，并与写作教学经验丰富的老师交流探讨，创新地采用角色变换的方式，制定出了一系列新颖的写作任务。

**1. 角色变换，了解兴趣**

为设计出能够更好地激发学生写作激情的写作任务，W 老师采取角色变换，以学生为中心的策略，让学生自己谈谈感兴趣的写作话题。W 老师将全班 52 人分成 8 个小组，每个小组围绕“我感兴趣的话题是什么”“如果用英文写作，我最想写什么样的作文”展开讨论。为筛选出学生感兴趣，又具有可写性的话题，W 老师在开始小组讨论前给出了几个限定性的问题：

一、你对什么样的作文题材比较感兴趣？如果要用英语表达出来，你更愿意写哪方面的话题？

二、这个话题能让你感觉有话可说吗？

三、在这个话题中，你感觉你想说的话用英语表达出来是否很困难？

小组讨论结束后，由 W 老师将各小组讨论结果汇总，统计各话题感兴趣人数，按各话题感兴趣学生人数排序，制定学生兴趣话题统计表，剔除感兴趣人数不足 1/3 的话题，仅留下兴趣度较高的话题供后期写作所用。对学生非常感兴趣的话题，如影视（the film and television）、互联网（the Internet）等再次展开，衍生更多写作话题，例如针对互联网这一话题还可衍生出互联网给我们生活带来的便利、互联网的利弊等子话题。

**表 15-1　学生兴趣话题统计表**

| 序号 | 兴趣话题 | 感兴趣人数及比例 |
|---|---|---|
| 1 | 影视（film and television） | 48/52（92.3%） |
| 2 | 互联网（Internet） | 47/52（90.4%） |
| 3 | 周末生活（weekend life） | 47/52（90.4%） |
| 4 | 电影明星（movie star） | 45/52（86.5%） |
| 5 | 美食（food） | 44/52（84.6%） |
| 6 | 游戏（game） | 42/52（80.8%） |
| 7 | 朋友（friend） | 41/52（78.8%） |
| 8 | 体育运动（sports） | 38/52（73.1%） |
| 9 | 体育明星（sports star） | 35/52（67.3%） |
| 10 | 旅游（tourism） | 35/52（67.3%） |
| 11 | 宠物（pet） | 33/52（63.5%） |
| 12 | 校园生活（campus life） | 31/52（59.6%） |
| 13 | 新科技（new technology） | 28/52（53.8%） |

**2. 借鉴经验，升华任务**

在筛选出学生感兴趣且具备相应背景知识的可写话题后，W 老师多次向 H 省实验中学教学经验丰富的老师请教，再次甄别筛选，以完善写作任务，力求做到每一次的写作任务都与学生正在学习的阅读课内容相联系，充分考虑学生的英语表达能力，避免地方文化色彩太浓的话题以诱发中式英语表达等。为避免写作任务太过单调使学生在训练中产生厌倦情绪，W 老师还设置了多样化的写作任务，如观看英语电影后写观后感，或续写故事等新颖的写作任务。

## （二）布置任务，明确标准

**1. 格式要求，词数规定**

“写长法”力求通过写得更多更长，让学生在突破自身写作极限的过程中，充分调动自身的知识积累，转化为英语表达，主动增加英语输出，强化英语运用能力，提高写作水平。根据高中英语教学大纲要求，高中生英语写作字数要求为 80～100 词，W 老师以此为参考，在不过多增加学生学业负担的情况下，决定将前期作文训练长度的字数定为 150 词，后期根据实际情况进行增加字数的调整，作文格式不作具体要求，不限制体裁和结构，由学生自由发挥。

**2. 评分标准**

W 老师根据“写长法”评分特点，采取百分制评分，制定了五个评分标准：作文长度、语言表达、作文结构、作文思想、书写。为引导学生养成认真书写的习惯，在已有的四个评分标准上增设了书写评分，并将作文长度与语言表达放在前两位，以突出教学主要目标——作文长度与语言表达。其中作文长度占 40 分，语言表达占 30 分，其他三个标准各占 10 分。

按此评分标准，学生便会努力写得更长以满足长度要求，同时充分调动所学知识点，精炼自己的语言表达。这样的评分标准，既能激发学生努力写得更长的动力，激活学生知识库，也能直观反映出学生写作中的长处与短板。例如一篇作文的分组成为 38＋19＋9＋8＋9＝83，这表示这篇作文在写作长度上表现出色（38/40＝0.95），作文结构、思想跟书写也还不错，但语句表达欠佳（19/30＝0.63）。这样的评分方法使学生得到了有效的反馈，也节约了老师的时间。

**3. 时间安排**

长作文训练主要在课后完成，每周进行一次课后作文练习，每两周利用晚自习安排一次课堂快写。

## （三）动笔前的指点

对大多数高中生而言，英语写作是一件十分头疼的事情，更何况字数要求一下子从 80～100 词上涨到下限 150 词。为此，W 老师决定在学生动笔之前，给予学生更多的指导，帮助学生拓展写作思维、建立写作信心。W 老师的具体指导分为两个部分，主要围绕让学生有话可说、有样可寻两个方面展开。

**1. 集思广益，有话可说**

在写作中，不论是随手记录的随笔，还是交流思想的书信，或是为了抒情言志而作的诗词，都有一个共同的特点：作者有要说的话或要表达的情感。真理是无限的，但人的认识是有限的。认识的有限性体现在每个人看待问题的角度、深度有限，且各不相同。这意味着我们在认识问题时，独立的个体往往只能看到问题的一个或几个方面，而很难一窥全貌。

对高中学生来说更是如此，受制于有限的经历，相对狭窄的知识面，他们对具体事物的认识，哪怕是自己喜欢的事物，都很难做到全方位分析，多角度审视。认识上的局限性，会导致学生在描述问题时容易出现能说的较少、说得不够深入等问题。能说的不多，那能写出来的自然就更少。为避免这一问题给学生带来写作上的困难，在起初写作中，W 老师带领学生展开集体讨论，集思广益，让学生就写作话题畅所欲言，汇点成面，让思维的洪流奔腾在学生脑中，为起笔写作做好充分准备。

如第一次的写作任务是描述互联网给我们生活带来的便利。在集体讨论中，学生纷纷发表自己的看法，思维碰撞之下，增添了不少写作角度。部分同学的观点记录如下：

> A 同学：有了互联网之后，买东西比之前更方便了。之前大多数是在实体店中购物，可供选择的货物种类、样式太少，需要花费时间精力出门购买，有了网上购物后，只需要在家中点击鼠标就可以解决这一问题了，而且网上购物价格相对便宜，还能送货上门，真的非常方便。
>
> B 同学：之前出门坐车是一个麻烦的事情，很多时候等公交车或打出租车都需要较多时间。有了网约车后，在出门前直接约好车，既方便还能节约时间。
>
> C 同学：以前碰到学习中不会做的习题，或是在学校有某些没弄懂的知识点，大多时候只能回到学校向老师、同学求助。互联网帮助大家更好的解决了这一问题，现在遇到不懂的知识点，上网很快就能寻求到答案，并且网上还能提供很多优质学习资源，促进学习。
>
> D 同学：由于父亲经常出差，往常想念父亲的时候，只能在周末跟父亲打电话聊聊天，现在有了互联网视频通话，还能在视频中看到对方. 并且父亲能借助互联网解决许多工作上的问题，出差的频率也大大减少了。
>
> E 同学：互联网帮助自己交到了更多志同道合的朋友。由于自己比较喜欢摇滚音乐，但身边的同学朋友中很难遇到相同爱好者。在互联网上可以交到许多摇滚乐爱好者，大家在空闲时间里一起讨论，不仅能交到更多朋友，而且业余时间的活动也变得更加丰富多彩了。
>
> ……

虽然互联网与学生生活息息相关，但学生各自经历不同，看待问题角度自然不尽相同。讨论之前，他们或许只能看到互联网在购物、出行、学习等有限的方面给生活带来的便利，但经过集体讨论后，交友、亲情、时政等角度映入学生眼帘。学生纷纷感叹：“互联网带来了如此多的便利，平时还真没注意。”这样一来，角度增多，能说的话语源源不断地产生，写作就变得容易许多了。

**2. 提供范例，有样可寻**

除了让学生对写作话题有话可说外，W 老师还向学生提供与写作背景相关的英文阅读材料，并对资料读物中的经典表达、段落佳句进行分析点评，供学生参考借鉴。W 老师了解自己的学生，若不对表达用语加以要求，他们就只会用自己熟悉的语言形式表达思想，语言表达能力难以提高。而在他提供的材料中，有更多新词汇、新句型，更丰富的表达形式可供学生借鉴，这样就能有效拓展学生的语言知识储备。让学生更多地接触原汁原味的英文表达，在心中树立学习与追赶的目标，既减轻了学生的写作负担，也给学生在查阅相关资料时指明了方向。

### （四）老师评阅

W 老师统一批改学生习作后，会挑选 2～3 篇优秀作文当堂讲评，集体学习。在老师的批改与讲评中，以鼓励、肯定学生习作优点为主，对于课堂讲评环节，将重点放在文章简洁性与语言表达上面。

**1. 批改作文：鼓励优点，包容错误**

为提高学生的写作信心，让学生有动力写长，W 老师在习作批改与讲评中，以肯定习作优点为主，不过多纠缠习作中的错误。在传统的写作教学中，老师常常会将学生作文中出现的错误一一指出，学生在面对自己被红笔批改得“满堂红”的作文时，难免会觉得自己的作文一无是处，丧失了写作自信。因此，W 老师在批改作文时，对学生作文中有共性的、经常犯的错误，在当堂点评时予以纠正。在纠正错误时，W 老师先肯定优点后再指出错误，实行无负担纠错，尽量保护学生的写作信心。这种作文批改法不仅体现出了老师在乎学生的脑力劳动，对学生的关爱，而且让学生看到了自己的优点，使学生产生学有所用的成就感和写作信心。

**2. 点评作文：重抓表达，先有后精**

在作文点评中，W 老师将重点放在了作文的简洁性与语言表达上，分析学生作文中存在的不足，引导学生修改润色。比如针对“互联网给我们的生活带来的便利”这一写作主题，有学生用到了如下句子：

“Second, we can communicate with our friends or relatives, and also can make new friends through the Internet.”

针对该句中句式单调、用语简单这一问题，W 老师在分析点评后，给出修改建议，如改为由 Not only... 引导的倒装句与 who 引导的定语从句相结合，改为：Second，not only can we keep in touch with our friends or relatives who are stay far away from us，but also can make new friends through the Internet。communicate 一词可用更加高级的短语如 keep in contact with somebody、keep in touch with somebody、stay in contact with somebody 来替代，让文章表达变得更加丰富多彩。

### （五）同伴互评，自我精改

“当局者迷，旁观者清”，学生大多难以发现自己作文中出现的问题及错误，而在阅读其他同学的作文时，则多多少少能发现些错误。W 老师在以往单纯由老师“批改＋讲评”的模式上，增设同伴互评：给予学生一定的示范，指导他们如何批改同伴作文中的问题与错误，引导学生从作者视角向读者视角转变。在互评时，对于同伴作文中出现的问题，学生应尽量给出详细的评语与修改方式。各小组推荐 2～3 篇批改得最好的作文，由 W 老师对学生的批改情况进行点评。让学生站在读者立场，通过批判性阅读别人的作文，学到更多的写作知识，留心别人作文中出现的错误，加深对习作中常见错误的认识，达到取长补短的目的，并逐渐形成自我修改的良好写作习惯。

为了培养学生精改作文的意识，W 老师要求学生根据他给出的评语和同学的互评意见修改自己的作文，不断精炼句式表达。W 老师鼓励学生回过头反复查看自己写过的文章，找出错误或不足，随时修改，并在每个学期组织 2～3 次精改后的作文讲评。

## 二、初入“河”中，问题暴露

时间一晃而过，高二（2）班的长作文训练已在 W 老师的带领下前行了两月，其间完成了六次长作文的课外训练，两次课堂快写。学生从一开始听到 150 词要求时的难以置信、叫苦连天，到慢慢能够完成字数要求，短短两月，师生一起经历了痛苦，收获了喜悦。两个月的努力既见证了成长，也暴露出来不少问题。

### （一）成长及原因

#### 1. 写作焦虑有所改善

总结两个月训练的效果，最为明显的便是学生写作态度上的转变。在高一写作教学中，W 老师听得最多的是：“该死的写作课为什么又到了”“谁能拯救我的作文啊”，见得最多的是学生在写作时紧锁的眉头、苦思冥想的表情。在第一次布置长作文训练时，学生听到 150 词下限的字数要求，甚至感叹这是个难以完成的任务。然而，在课外长作文写作中，刚开始下笔时虽依旧感觉胸无点墨，但一旦逼自己开了头，写着写着就发现有许多感情和观点想要倾诉，尽管没有达到文思泉涌、笔下有神的程度，但与之前“百思难出一句”相比，已经有了很大的改善。虽然用语普通、句型简单，在不断地思考中抓住偶尔闪过的灵感，顺其自然地运用上之前学过的词汇表达。及至收尾，在长出一口气的同时，看着纸上堆满的英文字符，甚至不敢相信自己能写出这么多的单词。有学生感叹道：“几次长作文训练后，我终于能写出不少句子了，虽然我现在依旧写不出高分作文，但是我再也不会害怕英文写作了。”

**2. 焦虑降低原因**

W 老师认为，经过两个月的长作文训练，学生的写作焦虑得以改善，有两个方面的原因。一是唤起了学生的写作欲望，二是付出的努力得到了肯定与认可。在写作任务的设计上，选择的均是学生比较感兴趣的话题，比起枯燥的应试写作，更能激发学生的表达欲望与写作激情。加之 W 老师采取的集思广益、提供范例等措施，在一定程度上扩充了学生的写作思路，降低了写作难度，增强了学生动笔前的信心。另一方面，W 老师在作文批改与讲评时，不再过分纠缠学生作文中的错误，不过度苛求语言准确性与文章结构，而是更多肯定学生作文中的优点。学生在整个写作训练中，能够发现自己身上更多的长处而非短板。他们不再像以往那样“望文却步”、失去写作兴趣，而是感受到了一种被认同、被肯定的喜悦之情，写作激情与信心均得到了提升。

### （二）暴露出的问题与原因

**1. 求长而“冗”表达欠缺**

在前两个月的训练中，学生虽然基本能够完成字数要求，能够写出 150 词甚至更长的英语作文，但作文质量上却存在不少问题：或是生搬硬套、无话找话，因强行凑词量而毁文质，使得文章整体显得文风不够练达，又或是长句型太多，缺乏长短句结合等。其中最为突出的问题是，有的学生为了把篇幅写长，在文中运用大量的复杂句式以及高难度的词汇，这样反而适得其反，造成句子冗长杂糅。如在一次关于校园环境的写作中，有学生写道：University malls must be accessible and free in order that students，teachers and different workers may have enough passage through those areas of the campus. 若将其修改为：University malls must be free enough from congestion to allow people to walk through easily ，则显得简单清楚。这一共性问题表明学生在长作文写作时，为了顾及长度而忽略了句子的简洁性。

另一个突出的问题是作文中语言表达不够出色，句式较为单一，缺乏变化，行文枯燥而单调。如有学生在描述互联网能帮助我们节省时间与金钱时，只是这样简单描述：As for me, I usually go shopping online because it can help me save time and money. 虽然这个句子没有出现任何的语法错误，但是句式格外单一，用词简单，显得不够出彩。

**2. 产生的原因**

（1）“拖”“散”严重，影响质量。不少学生谈到，由于长期以来习惯了短作文的写作，面对最低限为 150 词的长作文时确实感到棘手。尤其是在前两次写作中，几乎是绞尽脑汁才达到了词数要求。随着训练的进行，虽然慢慢地感觉写作速度有所提升，但也要花费较多时间才能完成，基本不可能像考试那样，一篇 150 词长度的英文作文可以一气呵成。有时一篇文章分几个时间段才写完，有的更是到了临近交作文的截止时间才匆忙赶写出来。这样写出来的作文既缺乏认真的构思，又没有精细的修改，质量自然就有些差强人意。

（2）难以兼顾每一位同学的爱好。尽管每次的写作任务都是以学生为中心，围绕学生兴趣领域所设计的，但这只能是班上学生兴趣的“最大公约数”，而不能保证每次写作任务都能激发全部同学的写作冲动。对于具体某一写作任务，感兴趣的学生有更多的情感可以抒发，写起来自然就顺手得多，对之不感兴趣的学生，尽管经过讨论发散了思维，但对这一话题的理解仍然并不够深刻，写作困难就会大得多。

### （三）完善方法，鼓励与榜样并行

针对前期学生作文训练中出现的问题，W 老师经过分析并制定策略，以期取得更好的训练效果。针对学生在课后作文中严重拖延这一问题，W 老师采取了细化鼓励和树立榜样的办法作为应对之策。

实质性的奖励才能更好转化为看得见的动力。W 老师在作文评分中增添了一个加分项目，以鼓励学生更快完成习作，防止“拖”“散”两种弊病再次滋生。W 老师的加分项分为两个部分，其一是每一次布置课后写作训练，凡在最后截止日期之前上交的作文，给予额外 1～5 分奖励分，即完成得越快，获得的额外奖励分数越高。其二在学生互评环节，对于修改效果最好的两个小组，在下一次写作中给予每位同学 1～3 分额外加分。

另外，为了在班上形成你追我赶、互相竞争的良好学习风气，W 老师给班上同学树立了三个标榜：优秀榜、进步榜与最佳修改榜。在每一次写作任务中，写得最好的 5 篇作文荣登优秀榜，进步最大的 5 篇位列进步榜，而在同伴互评环节中，评改最精彩的 5 篇则放入最佳修改榜。入选三个榜单的作文将被张贴在班级公告栏里，并装订成册供学生传阅学习。

由于每次的写作任务都要兼顾每一个学生的兴趣爱好，让其自由发挥，作文题材涉及的范围十分广泛。这一来使得整个教学环节严重复杂化，如集思广益与提供范例这两个环节将变得极其困难而难以操作；二来会对老师的批改和讲评带来极大的工作量，也会增加学生互评环节所用时间，加重学业负担。W 老师苦思之下，并无良策，只能在学生动笔前的指导中给予学生更多的帮助，以降低长作文写作困难。

## 三、行至深处，又起波澜

### （一）欣喜的进步

在 W 老师完善方案、增加监督与细化奖励后，又过了两个月，期末考试到了。一学期的努力终于得到了较好的回报，期末考试中，班里的写作平均分高达 18.5，位列年级第一，较之前约 14 分的平均分提升了 32%。学生纷纷感叹自己作文成绩终于有了突破，看到了登顶的希望。对 W 老师而言，最开心的事情莫过于看到学生写作态度的转变与语言表达能力的提升，正是这些分数所不能体现的东西打消了 W 老师心中的疑虑，坚定了继续走下去的信心。

### （二）欣喜未平，困惑又起

寒假来临，W 老师给学生布置了 5 篇下限为 200 词的长作文训练任务。因在期末考试中看到了“写长法”训练效果而尝到了甜头的学生，高高兴兴地接受了这项任务。一个个脸上浮现出跃跃欲试的表情，好像已经忘了词数下限已经由 150 词调整为 200 词——任务等级悄然变重了。在假期悠闲的时光中，W 老师脑中想着学生的进步，心中怀着对“写长法”教学成果的更高期待，准备利用寒假好好整理分析学生的作文中进步与存在的问题，安排好新学期的写作教学计划。

**1. 难以入“文”的新知识**

当 W 老师对学生的作文进行了一次全面的分析之后，心头浮现出了一个较大的疑问：为何在学生作文中，基本都是高一甚至初中所接触到的词汇句型，这学期新学的知识只是偶尔出现在个别学生作文当中。W 老师对学生最后三次长作文训练作了一个统计，发现文中新旧知识所占的比例为 13∶87。这意味着学生在长作文训练中，基本不会用到新学的知识。这样一来，新学的知识不能被及时运用，很难内化于学生语言表达，会影响学生掌握新知识；对于高中学生而言，每一阶段的学习都会不断接触到新的词汇、句型句式，新接收的知识点迟迟难以入“文”，长此以往，便会造成一种思维上的困境：喜旧难用新。

**2. 背后的原因**

新知识难以使用，到底是什么原因在背后作祟？是作文词数要求太高，阻碍了学生使用新知识？是教学活动某个操作环节没有落实到位？还是方法本身存在局限性？为彻底弄清学生在写作中新知识难以入文的原因，W 老师对整个实验探索流程进行了一次完整的梳理，并对学生已完成的作文进行统计分析后，W 老师得出结论：写作任务设计本身存在问题。

为了激发学生写作热情，所有的长作文写作任务都是围绕学生的兴趣领域而设计，写作任务本身就出现了一个难以弥补的缺陷：脱离课本，并未完全顺应高中英语学习规律。在高中英语学习中，学生在每一阶段都会接触到新的词汇、句型、语法点，而这些新的知识都是融入特定的背景知识，与相应的话题紧密结合的。在 W 老师的长作文训练中，为顾及学生的兴趣爱好而未能很好结合课本，使得所设计的写作任务与学生正在学习的知识点之间耦合性不强，学生难以在写作中灵活运用新学的知识。这也是“写长法”中的一个核心问题，在设计写作任务时，不仅要让学生有话想写，有话可写，也要让学生能运用上所学的知识点。但要设计出同时满足这两个要求的写作任务，在没有类似经验可供借鉴且时间精力有限的情况下，确实有些困难。

### （三）解决困惑，回归课本

新学期开始，学生带着放假前布置的 5 篇长作文如期而至。果然未出乎 W 老师的预料，所有的作文中新知识的运用比例极低。但令 W 老师感到欣喜的是，尽管字数要求上从之前的下限 150 词调整为 200 词，所有学生的作文都达到了字数要求：大部分学生将字数写到接近 250 词，有的甚至超过了 300 词，且文章质量较训练之初也有了较大幅度的提升。

W 老师经过深思熟虑后，认为调整写作任务为当务之急。一方面局限于学生兴趣领域设置的写作任务已经对学生掌握新知识产生了负面影响，不利于学生思维能力和写作能力的发展；另一方面，通过前期两个阶段的训练，学生已经基本克服写作焦虑，写作水平有了一定程度的提升，由此体验到了“写长法”训练带来的效果，写作积极性高涨，正是趁热打铁，调整方法的最佳时机。于是W老师顺势而为，回归课本，重新设计写作任务。

在写作任务的调整上，W老师决定从课本出发，围绕学生正在学习的话题，结合学生兴趣爱好设计写作任务。如人教版《英语（必修5）》第5单元的话题为“急救”，W老师围绕这一话题设定了这样一个写作任务：假如你是一个急救医生，在接到电话赶到车祸现场实施急救，到了现场你可能会发现什么？现场非医护人员是如何处置伤员的？你又该如何进行伤员救助？根据课本所学内容及生活常识完成写作，体裁不限。

## 四、渐入佳境，“岸”在眼前

### （一）过渡阶段的起伏

调整写作任务后，新的写作任务自然更切合学生所学知识，而与学生兴趣领域有一定程度的偏离。在这一阶段，学生均反映在写作时没有之前那么得心应手、文思泉涌，但有前期长作文训练的积累，尚能完成整篇作文。只是在接近两个月的训练中，作文长度一时间难以提高，甚至有学生出现作文字数减少的现象。

### （二）起伏过后，效果明显

任务调整两个多月后，学生慢慢适应了新的写作任务，一来有之前一个学期的训练，学生写作能力、英语语言能力均有了较大幅度的提升，不再视英语写作为“毒虫猛兽”，面对不是特别感兴趣的话题，亦能迅速将自己脑中的想法用英语表达出来；二来新学的知识虽不如使用知识库中储备的旧知识那么得心应手，但记忆尚新，趁热打铁，将新知识融入写作中也不算难事。毕竟新的写作任务与课本知识点结合较为紧密，学生能更顺理成章地运用新知识点。

及至期末，学生已经普遍能够写出300词的长作文，并且大部分文章内容新颖有趣，语言表达出色，能较熟练地运用高级词汇、复杂句型，论点鲜明且颇具特色。该班期末考试的作文成绩再创佳绩，平均分高达20.3分，在半期考试18.5平均分基础上再次提升，学生的应试作文水平比长作文训练之前，连上两个台阶。

## 五、效果分析评估

在W老师探索尝试的“写长法”写作教学中，通过以写促写，不仅提高了学生的写作能力，也收获了额外的成效，如提升了学生的词汇量，激发了学生学习英语的兴趣。其中，学生写作能力上的提高主要源于他们写作态度的转变、所学知识的内化以及语法错误的减少。

## （一）写作上的改变

### 1. 写作态度转变

学生写作态度的转变，关键在于精心设计的任务充分调动了学生的写作热情，而老师对待错误的宽容态度也从正面引导学生以无负担的心理状态不断纠错成长。在写长的过程中，学生逐渐认识到自己表达手段的单调，从而主动渴望丰富表达方式，尽力尝试用更多更复杂的句子结构，比如带现在分词、过去分词的独立主格结构，从而达到完全自由的写作，对写作越来越有信心。

### 2. 所学知识的内化

在 W 老师的“写长法”教学探索中，以学生为中心，以需求为动力，让学生放开手脚写，先有后精。学生在长作文写作中，不断主动提取和使用已经学过或正在学习的英语知识，有效地促进了语言知识的内化。通过提高写作中的语言使用量，使学生把学过的英语结构和词汇知识都“拉到笔下来遛一遛”，使其“语境化”。考试时再遇到类似的语境，学生便能快速调用而不至于出现文思枯竭、难以落笔了。

### 3. 逐渐消失的语法错误

学习外语时不可避免犯语法错误，但错误往往是进步的阶梯。学生通过不断地写长，让错误尽量暴露出来，并以读者视角不断发现写作中常犯的错误，加强对错误的识别和判断力，在大量接触正面语言的输入与不断的输出中，逐步改正语法错误。老师虽然没有特意纠正学生的错误，但错误却逐渐消失了。

## （二）其他成效

写长的效果不仅仅只体现在学生写作水平的提高。在写长法的训练中，学生的自我学习能力也得到了提升，如学会观察生活，从生活中获取素材，提高了认识问题与分析问题的能力；批判性思维得到训练，学生转换视角看问题；在英语学习中学会动手查阅资料，有意识尝试新知识，提高语言使用能力。

## 六、方法评价

### （一）方法适用范围

这种不断写长的英语写作教学比较适用于有一定英语学习基础的学生。若学生英语基础较差，同伴互评环节则会存在较大难度，影响教学效果。对英语基础稍差的学生采用这一教学方法时，可以尝试通过写作任务的精细化设计、降低写作字数要求、在写作中给予学生更多帮助等方法，帮助学生提升写作兴趣、建立写作信心。此外，考虑到高三时段学生学业繁重，而刚进入高中的学生对高中学习需要一定的适应阶段，高一学年下学期是开展写长教学比较合适的时机。

### （二）操作重难点与建议

在具体实施中，教师应重点把控好作文批改与点评环节，尽量在肯定优点、包容错误，帮助学生建立写作信心的同时，能够点出学生作文中具有代表性的问题，巧妙地使学生以一种无负担的心态纠正自身错误。同时教师应引导学生更好地完成同伴互评，帮助学生从作者视角转向读者视角，在纠正他人作文错误中提高学生对自身作文中常见错误的识别能力，通过不断取长补短，精改自己的习作，完善写作中的不足，提高写作能力。

而写作任务的设计可以说是此方法的难点，亦是决定教学效果的核心。只有写作任务既贴近学生兴趣爱好，能够充分激发学生的写作冲动，又符合学生英语学习规律，让学生能够充分运用所学知识，才能更好、更快地产生教学效果，提高学生写作水平。冰冻三尺非一日之寒，这样的写作任务并非一朝一夕可以完成。因此在教学中，建议采用多位老师集体备课的形式，互相讨论，不断完善，在实践中摸索，共同设计能够达到更好教学效果的任务，并将好的写作任务保留下来以供后用。

## 结　语

通过写长法以写促写，如何将具体操作环节有效落实是至关重要的。不论是写作任务、评分方式的设计，还是动笔前的指导和写作后的点评，都会影响教学效果甚至决定教学能否顺利实施。此外，W 老师对学生自身存在的“拖”“散”等问题的及时认知，通过针对性采取细化鼓励、树立榜样等措施，保证了教学的顺利实施。

## 案例思考题

1. 关于英语写作，高中生主要存在哪些问题?

2. 阅读本案例，你是如何看待 W 老师在教学中所设计的写作任务?

3. 英语教师在运用“写长法”的教学实践中，会遇到哪些主要问题? 如何解决这些问题?

4. 运用“写长法”的教学方法，在不同的教学阶段，字数控制在多少较为合适?

5. W 老师的英语写作教学课带来哪些教学启示?

## 案例使用说明

**1. 适用范围**

适用对象：教师教育工作者、中小学英语教师、英语专业本科生、英语学科硕士研究生。

适合课程：英语教学设计与实施、英语课程与教学论、英语教材研究与分析。

**2. 教学目的**

(1) 了解高中生英语写作教学中存在的困难并分析其原因;

(2) 了解当前高中生英语书面表达中存在的问题及其原因;

(3) 探索新的英语写作教学方法，改进英语写作教学模式，提高英语写作教学效果。

**3. 要点提示**

(1) 相关理论

写长法：从提高学生自信心的角度入手，通过精心设计写作任务以激发学生的写作冲动，以调节写作长度为突破口，逐渐增加写作输出，促使学生在表达真实情感的过程中提高写作自信，进而有效地提高学生的英语写作水平。

输出假设理论：在语言学习的过程中，要熟练地使用目标语言，仅仅有许多的可理解性输入是不够的，还必须有可理解性输出。语言输出能强化学习者对语言输入的理解和巩固。

建构主义学习理论：教师在教学过程中要以学生为中心，强调采用以“学”为中心的教学模式，充分利用教学媒体，为学生学习知识创建有意义的情景。

教学设计理论：根据课程标准的要求和教学对象的特点，将教学诸要素有序安排，确定合适的教学方案的设想和计划。

（2）关键知识点

写长法的教学理念和原则。

（3）关键能力点

教学设计的能力：通过阅读案例中的教学过程，理解教学设计的一般步骤，并根据自身情况设计贴合自身情况的教学。

（4）案例分析思路

首先，了解学生英语写作中存在的问题并分析其原因；其次，针对学生的问题，探索性地把写长法运用到具体的教学过程中。教师结合学生的实际情况及教学目的，设计合适学生的教学步骤，有的放矢地开展教学，以探索在运用写长法的过程中学生的收获以及学生存在的问题；然后，针对学生每一个环节中存在的问题，不断地细化教学步骤，完善教学设计，从而最终促进学生英语写作到达量与质的飞跃。

**4. 教学建议**

时间安排：标准课 6 课时。

环节安排：提前两周布置预习内容→将学员分为 4～6 个小组→小组查阅资料、走访学校、和课下讨论→各组形成问题及解决方案→上课汇报→课上学员研讨→教师点评。

人数要求：50 人左右的班级教学。

教学方法：教授法、讨论法及小组合作学习法相结合。

工具选择：多媒体设备、案例讲义、白纸、录音笔等。

组织引导：教师布置任务清晰，预习要求明确；提供给学员必要的参考资料；学员课下讨论需要及时指导并给出建议。

活动设计建议：

课前计划 2 节课，要求学员完成案例阅读，搜集相关知识点的资料，走访案例作者或者情形类似的案例。

上课前做好教学准备。将桌椅分组摆成弧形，为每个小组准备编号和姓名的桌签。每个小组提供一张小组讨论记录表，包括每个人的发言记录和综合的观点。同时，教师准备好点评的资料和提纲。

课后教师及时总结案例教学的得失并做好记录，分析案例教学过程中的难点及不足之处，以便改进后续的教学行为。

**5. 推荐阅读**

［1］方玲玲.（2004）.“写长法”在大学英语教学中的应用研究. 外语界（3），40-45.

[2] 王初明等.（2000）. 以写促学. 外语教学研究（3），207-212.

[3] 王初明，牛瑞英，郑小湘.（2000）. 以写促学——一项英语写作教学改革的试验. 外语教学与研究（3），207-212＋240.

[4] 文秋芳.（2005）. 评析外语写长法. 现代外语（3），308-311＋330.

# 第3部分

# 英语教学文化案例

## 案例 16

# 小学英语故事教学初探

◎ 黎　河

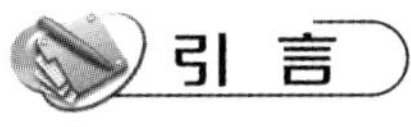

## 引　言

由于儿童自身的特点，想要在小学英语课堂中激发学生的英语学习兴趣，同时提升他们的英语水平不是一件容易的事。故事作为意义完整的语篇，对于激发小学生英语学习兴趣、发展他们的语言理解和运用能力起着重要作用。本案例中，L 老师在小学英语课堂中通过故事教学来帮助小学生发展英语听、说、读、写各项能力。

## 背景信息

《义务教育英语课程标准（2022 年版）》对课程内容提出了明确要求，小学阶段完成后，二级目标在语言知识方面就语音知识、词汇知识、语法知识、语篇知识、语用知识等提出了具体目标。语音方面：借助拼读规则拼读单词；使用正确的语音、语调朗读学过的对话和短文；借助句子中单词的重读表达自己的态度与情感；感知并模仿说英语，体会意群、语调与节奏；在口头表达中做到语音基本正确，语调自然、流畅。词汇方面：在语境中理解词汇的含义，在运用中逐步积累词汇；在特定语境中，运用词汇描述事物、行为、过程和特征，表达与主题相关的主要信息和观点；能初步运用 500 个左右单词，就规定的主题进行交流与表达，另外可以根据实际情况接触并学习三级词汇和相关主题范围内 100～300 个单词，以及一定数量的习惯用语或固定搭配。语法方面：在语篇中理解常用简单句的基本结构和表意功能；在语境中理解一般过去时和一般将来时的形式、意义、用法；在语境中运用所学语法知识描述、比较人和物，描述具体事件的发生、发展和结局，描述时间、地点和方位等。语篇方面：判断故事类语篇的开头、中间和结尾，辨识时间、地点、人物，以及事件的发生、发展和结局等；发现语篇中段落主题句与段落内容之间的关系；利用语篇的标题、图片等信息辅助语篇理解。语用方面：根据具体语境的需求，初步运用所学语言，得体表达自己的情感、态度和观点；在具体语境中，如购物、就医、打电话、问路等，与他人进行得体的交流；对他人的邀请、祝愿、请求与帮助等作出恰当的回应。从中可以看出，《课标》多次提及“故事”，说明了故事教学在小学英语课堂中的重要性。

## 案例正文

### 一、问题的提出和确认

L老师从师范大学毕业后，多年从事小学英语教学，教学经验较丰富。在刚入职时，她对于整个教学工作也没太多自己的想法，只能按部就班地开展教学活动，几年以后，她渐渐开始向自己提出问题：在小学英语课堂，怎样才能高效地进行教学？

小学英语教学的对象是7～12岁左右的孩子，他们有着区别于初中生和高中生的自身特点。L老师说：

> 与初中生和高中生相比，他们在课堂上高度集中注意力的时间较短，部分学生自控能力较弱。对于一些学生来说，单独学习词汇、语法是很痛苦的一件事。学生们活泼好动，对于有色彩的图片和描写生动的语言文字感兴趣。

朱智贤（1981）指出，小学生思维发展的基本特点是从以具体形象思维为主要形式逐步过渡到以抽象逻辑思维为主要形式。因此L老师发现，在小学英语课堂中，在兼顾学习兴趣的同时很难通过课本知识来帮助学生提高听、说、读、写能力。究竟该如何有效解决实际教学过程中出现的这种问题呢？

### 二、问题的解决

为了解决这个问题，L老师进行了多方面的尝试。L老师阅读大量理论资料，Krashen（1985）的输入假设和Swain（1995）的输出假设给了她一些启发。Krashen认为：“只有当习得者得到可理解的语言输入，即略高于他们现有语言技能水平的第二语言输入，而他们又能把注意力集中于对意义或对信息的理解而不是对形式的理解时，才能产生习得。”Swain则认为：“要使学习者达到较高的外语水平，仅靠可理解输入是不够的，还需要可理解输出。”放在实际教学中，要让学生能在一定英语语境下主动地用英语进行思考并进行输出。L 老师发现，故事教学在这方面具有优势：

> 孩子们想象力丰富，喜欢听故事，在英语课堂上也如此，他们对有故事情节的文字更感兴趣，对情节的包容性也很强，不拘于某一种故事情节或人物设定。

此外学生还很喜欢故事多样化的呈现方式，不一定只是通过阅读的方式，还可以结合其他技能组合进行训练。

### （一）英语故事教学

中国比较早地使用故事来进行英语教学和研究的是我国著名教育家陈鹤琴，在 20 世纪初期，他就语言故事教学开展英语教学实验研究。他认为“故事对儿童而言是一种重要的精神食粮”。

对于什么是英语故事教学，L 老师通过学习有了自己的认识和理解，L 老师认为：

> 故事教学法是指在课堂中，通过学习故事来达成教学目标、完成教学过程的一种教学方法。它是一种具体的教学方法，在教学实践中可行性很强。故事教学法是把英语的字、词、句、篇放在生动的故事中，在听故事时听英语，在讲故事时学说英语，能激发小学生学习英语的兴趣，充分调动他们学习英语的积极性。

故事教学能激发学生学习兴趣，符合小学生思维发展特点，能够培养学生能力，丰富学生情感体验。在小学英语课堂中，教师更常用直接呈现的方法，然后简单重复所受内容并要求学生强行记忆。这种训练方法虽也有效，但较机械，学生即使能很快地记住，记忆也不会很长久。如果教师能把语言材料改编成一个个生动有趣的小故事，在讲述时配以简单的图片，或是在条件许可的情况下配合现代信息技术加以呈现，就能让小学生在直观视觉的帮助下理解和学习内容。利用故事情节引起悬念，使学生产生兴趣、保持注意力，同时积极用英语进行思考，最终期望学生能有效地学习语言知识。此外，可以充分利用故事所蕴含的文化和道理，让学生在学习英语的同时了解各国风俗和文化差异、明白一定的为人处世的道理。在发展学生的语言技能和知识的同时，注重培养学生积极向上的情感态度，为形成健全的人格打基础。例如饮食主题，教师可以直白地告诉学生中西方某些饮食习惯的不同。但如果通过故事的方式展开，这些文化差异就能更真实地融入故事情景中，这样的呈现方式更加自然。

### （二）英语故事教学的实施

L老师仔细地分析教材，对一个学期的教学进行了整体的安排和规划。L老师主要选择对话类和短篇类的故事，故事题材有现实生活类，也有童话、寓言，通过创编、改编或直接利用教材故事等方式使故事满足教学需要。

对于故事材料的选取，L老师主要从三个方面来选材料：首先是长度和难度适合学生的水平，要比学生真实英语水平稍微难一些，其次是语言表达自然、清晰，最后是情节吸引人。三个方面不是割裂开的，而是要综合考虑。

可以看出，L老师根据学生的发展需要选择了不同的故事，注意了以下问题：①注意学生现有的年龄和心理特点，考虑故事是否能引起他们的兴趣与共鸣；②注意学生现在的知识水平和理解力水平，考虑故事是否在他们的理解与接受范围内；③考虑故事是否需要借助声音、图片与动作的配合，以达到本课的教学目标；④考虑故事是否能紧密联系学生的学习与生活，最终达到语言习得后可综合地运用语言进行交际。

L老师特别注意在上课时，呈现故事的语言要清晰、自然。故事可以运用于进行单词或短语教学，因为故事可以帮助孩子在情景中理解新单词或短语的意思。故事中，或者搭配有声音与图片，或者有角色出现，或者有情节及事件前后联系与发展，都可以辅助学生去理解出现的新单词和短语的意思。对于重点的句子，在故事中应有所强调并反复出现，这样学生在听故事过程中自然会加以重视，从而加深印象。课文的重点句子也有可能是一些简单而有趣、容易上口的固定表达，L老师在带领学生进行故事语篇学习的过程中会引导他们跟读、重复，加深他们对这些表达的理解和记忆，并在适当的情景中自然而然地运用。

在实际课堂教学中，L老师还尽量做到以学生为中心、循序渐进地开展教学，整合各项技能训练，方式多样化，例如：

听：磁带朗读、老师朗读相结合；

读：阅读、回答问题；

说：朗读、背诵、情景表演、复述、演讲；

写：关键词句书面回答、改编、创造等。

教学步骤基本为：热身、导入新课、学习故事、巩固知识。热身环节是通过一些具体的活动复习和激活旧知识。在导入环节，L老师主要是搭配图片引出课文的新词和与故事有关的背景介绍。在学习故事环节，L老师主要通过了解故事情节，让学生学习本课主要语言知识。L 老师使用了多种方式介入故事，比如可以让学生听故事，如果条件允许也可以让学生通过观看视频学习故事。L 老师可以亲自朗读，也可以使用现成多媒体资源。学习故事的过程即是学习语言知识的过程，L 老师通过设计各种练习来检测学生对故事的理解，同时讲授语言知识。在这一部分教学过程中，故事只是一种载体，体验和学习语言是重点。仅仅进行语言输入还不够，L 老师还注意加强语言输出。在完成故事和语言知识的学习后，L 老师还设计了知识的巩固环节，主要采用口语或书面训练的方式进行。

比如在教授第 3 单元“Uncle Booky's Story Time”时，L 老师的课堂故事教学基本过程如下：

**Step 1**：热身。教师先介绍自己是 teacher，再引导学生说出与 teacher 相关的词。然后出示 farmer 的图片，引导学生跟读 farmer 及提出与 farmer 相关的词。

T：When you see the word “teacher/farmer”，what other jobs do you know?

**Step 2**：引入新课。展示一幅关于 farmer 的图片，再配上小木船的背景，引出单词 Fisherman 和故事。通过这种头脑风暴的方式自然地导入故事。

T：Look at the picture. What does he do? Is he a farmer?

Ss：No. He is a fisherman.

T：Today we will learn a story about a fisherman.

**Step 3**：听故事。教师展示故事图片，朗读故事内容，并根据内容向学生提问，让学生通过问题从总体上理解故事。

T：Listen and answer the questions. How many characters are there in the story? Who are they?

**Step 4**：理解故事。教师采用逐幅图讲故事的方法，设计不同的问题引导学生观察图片，预测故事情节，比如围绕第一幅图，教师设计了以下一系列的问题：

T：What can you see?

Ss：A fisherman.

T：Where is the fisherman?

Ss：On the boat in the sea.

T：Can he catch some fish?

Ss：Yes.

T：Is he happy?

Ss：Yes.

T：Why is he happy?

Ss：Because...

当学生回答“He is happy. Because he has got a big fish.”时，老师话锋一转问道：“Look at the fish. Is the fish happy? Discuss with your partner，and guess what the fish say?”，教师引导学生发挥想象，猜猜这时金鱼会说什么，学生的情绪第一次达到高潮。由于生活经验的不同，新颖、有创意的答案纷纷涌现：Don't eat me. Let me go. I want to go home. Daddy and Mommy，help me！I don't want to die！”借由教师的不断追问，学生感知了故事的内容，体验了渔夫和金鱼的两种不同感受。看到学生的情绪发生变化后，教师马上又问：“How do you feel? What will the man do? Can you guess the fisherman will catch the fish or let the fish go?”，这时，学生一致认为要放了金鱼。从第三幅图片到第五幅图片，本课的重点句型 What do you want? I want... 反复出现，突出了故事教学的特点，即目标语言学习的重复性。

在接下来的图片展示中，教师选择先让学生根据自己个人经验来回答问题，再预测故事中的人物会怎么做，最后在故事中验证自己的预测是否正确。比如有学生回答不愿意回家之后，教师问：“You don't want to go home. Well，what do you want?”等到学生回答了之后，教师让他们听录音验证渔夫的妻子想要的东西：“What does that grandma want? What does the grandma say?”有学生回答：“I want to be the queen.”老师问：“Do you like grandma?”学生回答：“No.”老师接着问：“Why?”有学生回答：“Because the grandma is bad lazy greedy.”就这样，情感教育被细化于两个问题之中。

**Step 5**：为故事取名。经过上述环节后，教师为了检测学生对故事的整体理解情况，将他们分为 4 人一组，一同为故事起标题。故事命名活动也是基于故事的教学中常用的方式。

**Step 6**：跟读故事。在逐张讲解图片后，教师安排了听录音跟读的活动。通过播放磁带，学生听、读故事，加深对故事的理解。在这个坏节中，老师还有意地对一些难点进行说明。以 queen 一词的学习为例，L 老师并没有过多地讲解单词本身，而是展示了一幅王冠的图片来提示两者之间的意义联系，根据课文内容让学生体会 queen 的用法（T：Who is the queen? Ss：The fish is the queen.），再通过反复示范与之相关的发音（T：Qu- question，quit，quick，queen...），让学生掌握单词读音。

**Step 7**：角色扮演。引导学生分角色表演故事。

**Step 8**：总结全文，做出评价。

## 三、教学反思

经过一学期的实践，L 老师反思了自己的教学工作，总结了这一学期故事教学所取得的成绩和出现的问题。

一方面，运用故事进行英语教学能够丰富学生的语言材料、较有效地完成语言教学的目标、提高语言交际教学效果。在故事呈现的过程中，技巧性地重复知识点降低了新语言知识点的学习难度，丰富了学生的词汇量。故事中的对话使语言变成自然的言语交际，发展学生的交际能力。故事为学生提供了真实、自然、符合情境的语言材料，在接受语言输入的过程中，学生结合自身的实际经历和经验，自然而然地产生语言的输出，从而较有效地提高学生的语言表达能力，达到运用语言进行交际的目标。从课堂反馈来看，学生对这种教学方法较感兴趣，能够相对积极地参与课堂活动，部分同学愿意主动回答问题或是朗读故事，有的学生愿意回家和家长分享他喜欢的故事，甚至还有的同学主动地用英文续写故事或改编故事。

另一方面，教学中也出现不少问题。首先，很难完全平衡学生英语水平的差异，这对选取难度适宜的故事带来一定的挑战，难以在课堂设计中做到最有效的安排。其次，小学英语课堂授课课时有限，而英语故事教学耗时长，如何才能合理安排教学时间？最后，如何在故事教学中建立合理的评价模式以达到“以评促学”的目的？要解决这些问题亟待教师的努力和思考。

## 结　语

故事是人类智慧的结晶和传承，故事之美不仅体现于语言，更体现于故事中蕴含的意义。在小学英语课堂上，运用英语讲故事是一种创造性的思维与语言活动。小学生通过学习优秀故事，不仅能掌握语言，还能学习故事中的深刻意义，了解世界各国文化差异，拓宽视野，为培养正确的人生观和价值观打下基础。

## 案例思考题

1. 小学英语课堂故事教学的原则应有哪些？

2. 在小学英语课堂，使用故事教学法有什么优、缺点？

3. 故事教学各阶段可采用哪些具体的教学活动？

## 案例使用说明

**1. 适用范围**

适用对象：教师教育工作者、中小学教师、英语专业本科生、英语学科硕士研究生。

适合课程：二语习得、英语教学法。

**2. 教学目的**

（1）理解故事教学法的基本定义；

（2）了解故事教学法在小学英语课堂的运用；

（3）激发因材施教和研发教学材料的动机；

（4）培养分析实际教学问题和解决问题的能力。

**3. 要点提示**

（1）相关理论

二语习得理论：输入假说、输出假说。

活动理论：外语学习的活动系统。

教师专业发展理论：教师知识和教师能力。

（2）关键知识点

输入假说、输出假说。

（3）关键能力点

分析学习者因素，发现英语教学问题。

（4）案例分析思路

通过对此教学案例的分析，引导学员进一步思考如何结合小学英语教材设计适合自己教学目标和教学对象的故事教学，为学员在以后的学习或工作中如何通过实验开展故事教学提供借鉴。

**4. 教学建议**

时间安排：标准课 6 课时，共 270 分钟。布置和预习 3 课时，上课讨论 3 课时。

环节安排：提前两周布置阅读任务→学员以 5～6 人组成小组→查阅相关知识内容→小组内部进行读后讨论→各组对讨论结果进行梳理，准备进行课堂汇报→课堂汇报及讨论→教师点评。

人数要求：30 人以下。

教学方法：案例教学讨论为主，讲授点评为辅。

工具选择：多媒体、卡纸、案例打印资料、录音笔、录像机或者有录音录像功能的手机。

组织引导：教师就预习任务布置清晰、要求明确；提供给学员必要的参考资料；给予学员必要的调查技能训练，便于调查工作展开；学员课下讨论需要及时指导并给出建议。

活动设计建议：学员预习及资料查阅部分要求有纸面笔记。课前小组讨论要有清晰记录，至少包含个人观点、论证、出现的问题、解决方案、小组意见等。课中各小组要提供课堂汇报提纲和讨论记录表。课后一周内各小组提交反思及总结稿。教师准备好点评的资料和提纲。下课后教师及时总结案例教学的得失，以便改进后续的教学行为。

**5. 推荐阅读**

[1] 王蔷，敖娜仁图雅.（2017）. 中小学英语绘本教学的途径与方法. 课程·教材·教法（04），68-73.

[2] 中华人民共和国教育部（2022）. 义务教育英语课程标准. 北京：北京师范大学出版社.

[3] Cook，G. & Seidlhofer，B（eds.）（1995）. *Principle and Practice in Applied Linguistics*. Oxford：Oxford University Press.

[4] Griva，E.（2007）. *A Story-Based Framework for a Primary School Classroom*. English Teaching Forum（4），26-31.

[5] Krashen，S.（1985）. *The Input Hypothesis：Issues and Implications*. Harlow：Longman. Swain，M.（1995）. *Three Functions of Output in Second Language Learning*.

[6] Rapstine，A. H.（2003）. *Total physical response storytelling（TPRS）：a practical and theoretical overview and evaluation within the framework of the national standards*. State of Michigan：Michigan State University.

## 案例 17

# 初中英语教学中文化意识的培养

◎ 黄　林　刘玉婷

### 引 言

随着世界经济全球化的不断发展，我国英语课程标准要求相应地调整与细化，外语教学更加注重文化意识在语言学习中的重要性。在初中英语教学中培养学生的文化意识，将有利于他们正确地理解语言和使用语言，通过小刘老师的教学实践培养文化意识在英语教学中的可行性得到了证明。

### 背景信息

随着当今世界多极化，经济全球化、信息化的迅速发展，中国与其他国家之间的交流越来越频繁，《义务教育英语课程标准（2011 年版）》对英语教学中培养学生文化意识提出了更高的要求，特别是英语教学中文化教学的地位在逐渐提高。但是，目前初中英语文化教学现状并不尽如人意，还存在很多问题。

众所周知，学习语言必须了解文化，理解文化必须学习语言。语言既是文化的载体，又是文化的重要表现形式。在初中阶段的英语学习中，学生掌握的英语知识量较少，他们普遍缺乏对中外文化异同的敏感性和鉴别能力，更不用说跨文化交流的意识与能力了。尽管他们学习非常认真、刻苦，努力背诵单词、积极做语法训练题，却往往忽视了对文化知识的了解和学习。因此，如何在初中英语教学中，培养学生的文化意识是广大中学阶段英语教师长期探索的问题。

## 一、初中英语教学中文化意识培养的必要性

根据《义务教育英语课程标准（2011 年版）》要求，“义务教育阶段英语课程的主要目的是为学生发展综合语言运用能力打基础，为他们继续学习英语和未来发展创造有利条件。英语学习不仅有利于他们更好地了解世界，学习先进的科学文化知识，传播中国文化，增进他们与各国青少年的相互沟通和理解，还能为他们提供更多的接受教育和职业发展的机会。学习英语能帮助他们形成开放、包容的性格，发展跨文化交流的意识与能力，促进思维发展，形成正确的人生观、价值观和良好的人文素养”。

语言有丰富的文化内涵。在外语教学中，文化是指所学语言国家的地理历史、传统习俗、生活方式、风土人情、行为规范、文学艺术、价值观念等。“在英语教学过程中让学生接触和了解外国的文化，有益于他们正确地理解英语和使用英语，有益于加深他们对中华民族文化的认识与热爱，有益于培养他们的文化意识。”

近年来，有许多初中英语教师采用各种教学策略进行英语教学，并取得了一些成绩。贵州一所大学外国语学院教育硕士小刘，在江西省赣州市经济开发区某中学进行教学实习期间，担任了八年级和九年级两个班的英语教学任务。在指导老师的帮助下，小刘老师不是仅仅拘泥于词汇语法的教学，而是将文化背景知识引入初中的英语课堂教学，让学生通过对文化背景的了解，更好地进行英语语言的学习。

## 二、如何在初中英语教学中进行文化意识的培养

### （一）灵活运用文化导入策略进行阅读教学

阅读是为英语学习者传递大量信息的重要工具之一，阅读理解能力的提高有利于学习者对英语整体能力的理解和掌握。然而，由于教师在英语阅读教学过程中侧重于阅读技能的培养和语言知识的学习，而忽视了学生阅读兴趣和习惯的培养。教学不能给学生带来快乐，学生也不愿积极参与到课堂阅读中来。此外，近几年来，阅读理解部分在英语考试中所占的分值较大，阅读成为中学生在英语学习中最为薄弱的一部分，简言之，初中英语阅读教学的现状很不令人满意。针对这一现状，在课堂阅读教学初始阶段可结合英语国家的文化和背景知识，以提高学生的阅读兴趣。俗话说：“万事开头难，良好的开端是成功的一半。”运用文化导入策略可以让学生在英语学习中提高对

文化背景知识的重视程度，将英语语言知识的学习和文化的学习结合起来。具体来说，在课堂的前三、五分钟内，教师可有意识、有目的地开展各种教学活动，激发学生的思维和学习的兴趣，使学生立即投入课堂学习活动中。

在阅读教学中，小刘老师引入的背景文化对激发学生的阅读积极性，使课堂气氛更加活跃，提高教学效率起到了重要的作用。她在初中英语阅读教学中利用导入策略进行文化教学时，结合了教学内容的具体特点、制订可行的教学方案，并采用了多种教学方式导入文化教学内容，如充分借助多媒体向学生展示与文化内容相关的文字、视频或图片等。通过不同感官的刺激，引导学生将新学内容与已有的知识建立起新的联系，不断完善学生的知识网络。课堂导入时，她还组织学生教学时观看英语原声电影、表演蕴含西方文化特色的短剧等，以提高教学的趣味性。

英语教材中的文章有丰富的文化内涵，在阅读教学时不仅要让学生掌握语言知识，还要让他们了解英语国家的风土人情、文化、节日等。例如，在讲授人教版《英语（新目标）》八年级上册的第 8 单元“Thanksgiving in the United States”时，阅读的主题是关于美国的感恩节。由于大多数学生并不熟悉美国的感恩节，于是小刘老师在正式讲解文章之前先给学生看了几张图片，展示人们在中国传统节日（如春节、端午节、中秋节等）吃的食物（如饺子、粽子、月饼），然后导入西方人在感恩节这一天吃的主菜火鸡。之后小刘老师又让学生了解英语国家的饮食习惯，对比中西方国家饮食习惯的不同，其目的为培养学生的文化意识，帮助学生认识和区分中西文化的差异和相似之处。

在进行文化导入的过程中，小刘老师还穿插了一个环节让学生了解为什么中国人春节前后喜欢吃饺子、年糕、鸡、鸭、鱼，因为这些食物象征全家团圆、五谷丰登、年年有余。而英语国家的圣诞大餐主要包括圣诞火鸡、烟熏火腿、圣诞布丁、红酒、圣诞甜食等，象征着富裕、幸运和快乐。经过一系列铺垫，小刘老师才引导学生正式进入阅读主题。

“由于导读内容与学生的日常生活密切相关，让学生主动参与到课堂阅读中来，可以为新知识的学习搭建脚手架”。小刘说：“此外，由于导读时间有限，我会事先对阅读材料和学生的知识水平进行认真分析，设计出有意义、可接受的导读。这一教学环节不仅能使学生更加了解中西方饮食文化、节日文化的差异，还能使学生了解更多的文化知识，增强他们文化意识”。

### （二）适当增加文化背景调动学生学习兴趣

中西文化存在着较大的差异，小刘在讲授语言知识的过程中，适当导入相关的文化背景知识，以充实学生的知识结构，提高认知能力。目前，初中英语课本的内容发生了较为明显的变化，增加了一些关于英语国家文化知识的内容，然而课本的容量毕竟有限，还不能完全满足学生了解中西方文化异同的需求。所以小刘在教学中补充了更多与课文内容相关的文化背景，很大程度上提高了教学效果。比如，关于 When is your birthday? 的话题，教材只是教授了如何使用"问答生日语言"，没有描述英美文化中的人们是如何庆祝生日的，学生对这些单调的内容兴趣不高。对此，小刘适当地增加了一些文化背景知识，既能够调动学生的学习兴趣，也能使他们在富含趣味的语言文字中了解中外风俗习惯、文化传统的异同。比如小刘用英文问学生英美人生日这天父母怎么给孩子过生日，除了吃蛋糕、吹蜡烛之外还有什么，中国学生的生日父母是如何给他们庆生的，有长寿面吗，有礼物吗，有红包吗等问题，然后让学生尝试用英文作答。

此外，小刘还使用游戏导入法增加文化背景，这样既可以激发学生学习语言的兴趣，又可以培养学生的文化意识。

以人教版《英语（新目标）》八年级上册第 4 单元"Where is the best movie theatre?"为例。首先，在进行新课学习前，小刘让学生和她一起做游戏，游戏的名字叫"the Star Imitation Shows"。她准备了四张卡片，每张卡片上有一个任务，然后把全班分成 A、B、C、D 四个组。每个组邀请一个同学根据卡片上的任务给全班表演，最后小刘发出指令"one，two，three"后让每个组猜测这位同学表演的是什么，最后每组选一名同学给出正确答案，并给全班同学展示卡片内容。（例如卡片上的任务是 guitar/play the guitar/sing a song. 表演的同学只允许用肢体语言，其他组的同学则要凭借该同学的动作猜测他/她表演的是什么。）接下来，小刘给出两个问题：1. Do you know where these performances usually appear? 2. Which talent shows have you watched in your free time? 学生们都积极踊跃地回答道：On television/some talented shows program/on the street... 和 Chinese Talent Show。

在教学过程中小刘还注重中英文化差异，试图引导学生了解"异国文化"，了解英语的文化特色，从而激发学生认识英语语言起源、发展与演变的学习兴趣。在课堂教学中，小刘结合课文让学生了解作者的生活背景、时代文化，从而延伸到了解西方国家的风俗习惯、历史文化、生活方式、饮食文化、民族特色等，更好地理解英语语言与汉语的差异。

小刘说："让学生们接触到了新奇的异国文化，使他们看到了多姿多彩的世界，激发出他们对英美国家的好奇心与探知欲，从而极大提高他们学习英语这门语言的兴趣。”

### （三）巧妙设计课堂教学，激发学生探索文化内涵

课堂教学的巧妙设计可以激发学生探索文化内涵。以人教版《英语（新目标）》九年级第6单元“When was it invented”为例，小刘巧妙地设计了以下的教学内容：

以“inventions”为话题，通过对过去时被动语态的学习来了解不同发明的历史。课堂设计注重在教学中展现相关的文化内涵，借此呈现和反复操练不同时态的被动形式。教学过程从中国的四大发明说起，介绍了中国古代四大发明、西方近现代发明、未来世界的奇思妙想等，在此过程中引导学生从发明者、发明时间、发明用途等不同角度来丰富“inventions”这个话题。整个话题从民族延伸到世界，由此引出课本Section A的car、computer、TV set、telephone等物品的发明历史，到现在大家熟悉的cell phone、hi-technology、spacecraft等，再到对未来世界的预测。

教学过程中，小刘让学生反复操练重点句型：be invented in…、be invented by…、be used for doing…。以师生的对话为例：

T：Look at the pictures on page 41. Discuss with your desk mate，in what order do you think they were invented? Then change roles and practice again.

S1：I think the TV was invented before the car.

S2：Well，I think the TV was invented after the telephone.

S1：When was the telephone invented?

S2：I think it was invented in 1876.

S1：Do you know what this tool is used for?

S2：This computer is used for controlling all the machines.

然后她用过去、现在、将来时态由话题“inventions”引出其许多新奇有趣的历史或故事，让学生了解了中西方不同的文化知识。

课后小刘布置学生以个人或小组的形式，充分利用图书、网络等资源，主动探索话题后的背景文化与内涵，充分调动学生的学习兴趣，让学生体会到了学习的乐趣。

### （四）观看视频资料，感受不同的文化

《义务教育英语课程标准（2011版）》明确指出：“文化意识有利于正确地理解语言和得体地使用语言。”小刘根据教学内容准备了一些视频，组织学生观看原声电影，以

增强学生的文化意识，促进提高学生的语感。丰富多彩的画面使学生产生了浓厚的兴趣，他们可以直观地了解英语国家的礼仪风俗等文化知识，以及更多关于中西方历史文化、传统文化、思维方式等方面的差异。以下是部分学生的观后感：

S1："通过观看电影，我们了解了万圣节的庆祝活动。小孩子们在那天都穿上鬼怪精灵的衣服，出去吓唬邻居，口里说着'trick or treat'（不给糖，就捣蛋）。"

S2："电影中，学生可以参加各种体育运动，如棒球、足球、篮球、网球等。"

S3："《小鬼当家》里的小主人公非常聪明，非常勇敢，有用正义感，还很善良。"

S4："我觉得西方学生比较独立。"

### （五）增加课外阅读量，培养文化意识

除教材之外，小刘还积极引导学生多接触一些体现语言文化时代性、内容新颖、难度适宜的课外学习材料，如经典原声电影、英文流行歌曲、《英语画刊》、《英语周报》、《英语辅导报》、《21 世纪报》等，既让学生养成了阅读的习惯，也从中开阔了视野，极大地激发了他们对外来文化的好奇心和不断学习的兴趣。

以九年级教材中 Harry Potter 一文为例，小刘让学生结合英语报刊中相关的报道进行对照阅读。

学生反馈道："我在课外观看原版英语电影时，学到了一些经典台词，比如 After all，tomorrow is another day! To make something special，you just have to believe it's special，我就可以把这些台词作为优秀素材很好地运用于写作中。"

### （六）利用英语课外活动，增强文化意识

小刘还组织了丰富的课外英语活动，带领学生对所看和所读的材料进行复述、角色扮演、故事续写等活动，提供展示英语知识的表演平台（如英语角、英语演讲比赛、英语晚会等），学生能尽情地展示自我，展现他们理解的英语文化。学生在英语活动中体验和运用文化知识，培养自己的文化意识。

小刘说："每次在英语角，我总会布置一个话题，让学生轮流演讲，然后让其他同学编对话、发表评论或者分组进行讨论。丰富多彩的课外活动让他们体验到了学习英语的快乐和尝试用英语交流的成就感。"

## 结　语

学习语言与了解语言所反映的文化背景知识是分不开的，了解英语文化知识有助

于英语能力的提高。小刘老师在不断提高自身的文化意识，在教学中对学生进行文化教学，重视挖掘话题后面的文化背景，介绍与传授文化知识的同时，帮助学生掌握基础知识，发展学生的语言能力和思维能力，丰富他们的文化知识，激发他们的学习兴趣，提高他们学习的积极性和主动性，帮助他们了解中西方文化的差异，从而树立正确的文化意识观念。

## 案例思考题

1. 除了运用背景知识导入文化，培养学生的文化意识外，还有哪些策略可以同样有效运用于初中英语课堂阅读教学？

2. 要培养学生的文化意识，如何在初中英语视听说、写作教学中也运用背景知识进行文化导入？

## 案例使用说明

**1. 适用范围**

适用对象：教师教育工作者、中小学英语教师、英语专业本科生、英语学科硕士研究生。

适合课程：二语习得、英语教学法。

**2. 教学目的**

（1）提高以英语教学促进学生文化品格形成的认识；

（2）提高辨析初中英语教学内容中的文化内涵的能力；

（3）能够运用英语学习内容中蕴含的文化知识，激发英语学习的兴趣。

**3. 要点提示**

（1）关键知识点

可理解性输入假说。

物质文化知识、非物质文化知识。

（2）关键能力点

学习过程，培养学生运用背景知识并在语境下地运用语言的能力。

（3）案例分析思路

通过对此教学案例的分析，引导学员进一步思考适合自己教学目标和教学对象的英语教学方法，并为学员在今后实际初中英语教学中引入文化知识时出现的问题提供借鉴。

**4. 教学建议**

时间安排：标准课6课时，共270分钟。布置和预习3课时，上课讨论3课时。

环节安排：提前四周利用一节时间布置预习内容→学员分为4～6个小组→小组查阅资料、走访学校、和课下讨论→各组形成解决问题方案→上课汇报→课上学员研讨→教师点评。

人数要求：40人左右的班级教学。

教学方法：案例教学讨论为主，讲授点评为辅。

工具选择：录像机、单词卡片、若干图片、录音笔、录音机、多媒体设备。

组织引导：教师布置任务清晰，预习要求明确；提供给学员必要的参考资料；给予学员必要的调查技能训练，便于调查工作展开；学员课下讨论需要及时指导并给出建议。

活动设计建议：

课前计划四节课，要求学员完成案例阅读，搜集相关知识点和能力点的资料，走访案例作者或者情形类似的案例。

上课前做好教学准备。将桌椅分组摆成弧形，为每个小组准备编号和姓名的桌签。每个小组提供一张小组讨论记录表，包括每个人的发言记录和综合的观点。同时，通知相关人员做好录像或者录音工作。教师准备好点评的资料和提纲。

下课后教师及时总结案例教学的得失，以便改进后续的教学行为。

**5. 推荐阅读**

[1] 曹曦颖.（2006）.英语文化导入教学模式研究.四川师范大学报（社会科学版）(6)，63-68.

[2] 邓炎昌，刘润清.（1991）.语言与文化—英汉语言文化对比.北京：外语教学与研究出版社.

[3] 胡珊.（2015）.初中英语课堂情感性导入策略研究.四川师范大学硕士论文.

[4] 黄超群.（2013）.跨文化交际在初中英语教学中的渗透.吉首大学学报（社会科学版）(S2)，225-226.

[5] 刘玮.（2009）.中学英语教学跨文化意识培养.中国教育学刊（12），64-66.

[6] 龙玉红，刘韶华.（2014）.中学英语跨文化交际技能与教学示例.北京.清华大学出版社.

[7] 束定芳.（1996）.语言与文化关系以及外语基础阶段教学中的文化导入问题.外语界（1），11-17.

[8] 万燕.（2017）.初中英语教学中文化教学策略探究.名师在线（20），9-10.

[9] 杨荣.（2011）.初中英语课堂的跨文化教学模式初探.读与写（教育学刊）(11)，140.

[10] 赵振华.（2011）.初中英语教学中如何培养学生跨文化意识.读与写（教育学刊）(4)，130.

[11] 中华人民共和国教育部.（2012）.义务教育英语课程标准（2011年版）.北京：北京师范大学出版社.

[12] Cooper，J.（1992）. *Classroom Teaching Skills*. 4th ed. Lexington：D. C. Health and Company.

[13] Grabe，W. & Stoller，F. L.（2005）. *Teaching and Researching Reading*. Beijing：Foreign Language Teaching and Research Press.

[14] Richards，J. C.（2015）. *Key Issues in Language Teaching*. Cambridge：Cambridge University Press.

## 案例 18

# 高中英语词汇教学中的文化导入

◎黄　林　庄　婧

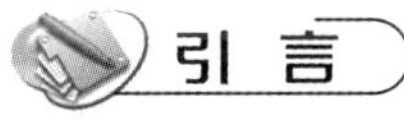

## 引 言

语言、文化二者相互作用、相互影响，语言既是文化的载体，不仅记录了文化，且反映了历史。而在此过程中，词汇又起了主导作用。词汇教学在高中英语教学中占有重要的地位。通过小庄老师的教学实践，证明了在高中英语词汇教学中导入文化，进一步提高高中英语词汇教学质量和学生跨文化意识的可行性。

## 背景信息

词汇是构成语言的基本要素之一，是语言中最活跃的因素。英国著名语言学家 D. A. Wilkins 曾经指出："Without grammar very little can be conveyed，without vocabulary nothing can be conveyed."（没有语法，什么都无法传达，没有词汇，什么也无法传达。）（Wilkins，1972）同时，由人们的生活环境、风俗习惯、历史背景、心理特征等综合起来的文化因素又会影响词汇的意义。《普通高中英语课程标准（2017 年版）》要求："普通高中英语课程应在有机衔接初中学段英语课程的基础上，通过必修课程为所有高中学生搭建英语学科核心素养的共同基础，使其形成必要的语言能力、文化意识、思维品质和学习能力为他们升学、就业和终身学习构筑发展平台。"

新课标对高中毕业学生英语词汇掌握也有一定的要求："词汇表共收 3000 个单词，含义务教育阶段要求掌握的 1500 个单词。高中英语必修课程应学习和掌握 500 个单词，累计达 2000 个。选择性必修课程应学习和掌握 1000 个单词，累计达 3000 个。"但在目前的高中英语教学中，词汇教学效果并不尽如人意，词汇的教学方法和内容相对来说都比较简单。多数教师对于词汇的讲授仅仅遵循三个原则：音、形、义，其中

“义”也只停留在单词本身的字面上。高中英语教师大多通过领读单词、解释含义、举例造句等方式进行教学，这种教学方式忽视了词汇的深层次加工，也导致学生学习方法单一，词汇学习费时且低效。因此，采用有效的教学策略引导学生深层次理解词汇，有利于帮助学生提高词汇学习效率。然而，词汇在很大程度上受到文化的影响，许多词汇都带有特定的文化信息，而在实际的词汇教学过程中，教师却忽略了词汇与文化之间的紧密联系。因此，如何在词汇教学中融入文化教学，培养学生的文化意识，发展跨文化交流能力是高中英语学科教师一直探索的问题。

## 案例正文

### 一、文化导入的必要性

词汇作为语言组成的三大要素之一，包含着丰富的文化内涵，反映了社会生活和社会思想的变化，而这正是英语学习者容易忽视且难于掌握的方面。近年来在高中英语词汇教学课堂中，教师由于课时有限，在教学过程中往往脱离了文化，纯粹分析词汇知识中的语音、句法、和语法特点，只注重词汇的表层意义的传授，忽视了深层的文化内涵，更不用谈及培养学生文化意识了。这种孤立地讲解词义的方法不仅使学生感到词汇学习枯燥无味，了无兴趣，并且还不能真正掌握词汇的含义和用法。因此，教师可在词汇教学中进行文化导入，让学生理解文化内涵，比较文化异同，汲取文化精华，以期进一步学习和运用英语基础知识和基本技能，发展跨文化交流能力。本案例中的教师是贵州某大学外国语学院教育硕士小庄。她在老师的指导下，利用在云南昆明一所实验学校的教育实习机会，进行了高中英语词汇教学中文化导入的实践与探索。

### 二、如何进行文化导入

#### （一）运用有效的词汇教学策略

根据 Krashen 的输入假设，输入应是有趣和相关的，生动的材料有助于促进后期处理。图式理论认为，当人们理解和吸收新信息时，他们应该将输入与已知信息联系起来，比如教学中呈现生动的图片、视频和背景知识，给学生提供视觉和听觉的刺激。词语联想策略可定义为从词语的发音、构成、意义、语境以及文化背景知识等方面将新词语与学习者的知识或经验联系起来的一种策略，从而使新词语在头脑中得到深层次的处理。根据联想策略，学习者为了记忆目的会激活目标知识与旧知识相同或相似的特征。

运用语境联想策略来教授词汇时，教师首先应该考虑学生已有的词汇知识。其次，教师的讲解应该有助于激活并扩展学生现有的知识模式。最后利用上下文来教授词义，并通过词汇教学比较文化差异。因此，小庄老师在词汇教学中进行文化导入时，运用了基于Krashen的输入假设和图式理论的词汇联想策略。在使用形态联想和语义联想策略时，小庄首先引导学生在现有的词汇量中找出与目标词同义或反义的简单词语，要求学生使用简单的词句来解释生词词义，然后提供与生词相关的常见词缀、同义词、反义词及文化内涵，让学生猜生词的含义。她不是简单地讲解其字面意思，而是在教学生掌握字面意义的同时，让学生掌握词汇所包含的文化内涵，尤其是在不同的语境中的不同语义。因为任何民族的语言都承载着该民族深厚的文化内涵，各民族语言的词汇系统能够最直接、最敏感地反映出该民族的文化价值取向和思维方式。透过词汇，学生可以明白所属语言国家的文化特征及其变化。

以人教版《英语（必修3）》第2单元“Healthy Eating”为例。当提到spaghetti这个单词时，小庄联想到了词组“spaghetti junction”。她简单地穿插了有关的背景知识，并分析意大利面条spaghett的词源：该词最初来自意大利语中的“spago”，意思是“一条线”，而当很多条线相互交织在一起时会是什么情景。小庄让学生自由猜想一番后告知学生spaghetti junction可引申成“多层立交桥或复合式公路枢纽”。

在教授“stubborn”一词时，小庄首先说出：“We know that Wang Wei is really stubborn”。并问学生是否知道“stubborn”的含义和其词性。然后她引导学生从课文中找出更多描绘“Wang Wei”的句子，以及推测“stubborn”的真正含义，又由“stubborn”一词联想到了含有“stubborn”相关的短语以及短语的文化内涵和外延。比如：Facts are stubborn 事实是不能改变的，as stubborn as a mule 象骡子一样顽固，as stubborn as a donkey 犟如驴，非常固执。随即又由“mule”引出了动物词汇的联想意义和文化内涵，如：It rains cats and dogs 倾盆大雨，Every dog has his day 人人都有得意日，You are a lucky dog 你是幸运儿，Love me，love my dog 爱屋及乌，等。

小庄还向学生介绍了英语词汇体现了英语国家的风俗习惯以人们对主、客观事物的认识与理解。例如狗在汉语中是一种低贱而卑微的动物，所以汉语中与狗相关的词语多数都含有贬义，如：狗东西、狗杂种、狗汉奸、狗仗人势、狐朋狗友、狼心狗肺等。而在西方文化中，人们却把狗看作人类最忠实的朋友，狗在美国家庭中被当成家庭成员，与狗有关的习语在英语中大多不含贬义。

"词汇的联想意义是人们在概括自己对客观世界的感性认识和情感体验后，通过联想、类比等手法，赋予词汇一定的象征意义"（崔校平，2015）。当遇到颜色词汇时，小庄会给学生举例："yellow（黄色），在中国文化里往往象征着权力或色情，如黄袍加身，黄色淫秽书籍、影片等；但 yellow 在英文中却没有如此特定的含义。yellow page 是指'电话簿'，而表色情的颜色则是 blue，如色情电影是 blue movie。在汉语中 green 代表着青春、春天，但英美人却用 green-eyed 表示嫉妒的，green-hand 表示新手。"

编故事有助于学生加深对新词语的理解和运用，能提高他们的语言水平和文化知识。比如在人教版《英语（必修 1）》第 3 单元"Journey Down the Mekong"的第三段中，有许多关于自然的新词，包括冰川、急流、山谷、瀑布、海拔，弯道、曲流、三角洲。小庄用 PPT 展示了标有英语词的冰川、急流、山谷、瀑布、弯曲、曲折、三角洲图片，然后在黑板上画了一条从上到下的湄公河曲线，要求学生在曲线上加上生词，并用这些词复述湄公河沿岸的自然景观。以下展示的是某位学生对湄公河沿岸自然景观的复述：

The Mekong River starts from a glacier on a Tibetan mountain. At first, the river is small and the water is clear and cold. Then it becomes rapid. It passes through deep valleys and western Yunnan Province. It can also become a waterfall. After entering Southeast Asia, its pace slows. At last, the river delta enters the South China Sea.

### （二）比较中英两种文化的异同

学生在中英两种文化的比较中能够感悟两种文化的异同，加深对中英文化的理解，培养跨文化意识。比如在讲授人教版《英语（必修 3）》第 1 单元"Festivals Around the World"时，小庄首先给学生展示几张关于春节和圣诞节的图片，然后插放了一个英美人过圣诞节的短片。学生由此对于圣诞节的庆祝方式有了一个较全面的感性认识。之后，她又通过提问的方式考查学生对圣诞节这一西方传统节日的了解程度，对不足之处加以补充。小庄给学生布置了一个任务，让学生课后查找材料比较中国春节和西方圣诞节的异同，并在下一节课堂上讨论。通过对比两个节日的文化，学生对西方圣诞节产生了更深的认识和理解。

词汇有着非常丰富的联想意义，所以，小庄又让学生联想与"西方圣诞节"和"中国春节"相关的习俗、饮食方面的词汇，既让学生扩大词汇量、了解英美文化、学习并传播中国文化，还可以培养学生的探究精神和研究能力。最后，小庄给学生列出了与“Spring Festival”和“Christmas”相关的词汇，比如：Spring Festival—春节、New Year's Eve—除夕、Poetic couplet—对联、New Year paintings—年画、fireworks—烟花、firecrackers—爆竹、gift money—压岁钱、the dinner on New Year's Eve—年夜饭、rice cake—年糕、Chinese meat ravioli—饺子、treasures fill the home—财源广进、wishing you prosperity—恭喜发财、peace all year round—岁岁平安、Santa Claus—圣诞老人、fireplace—壁炉、sleigh—雪橇、reindeer—驯鹿、butter—奶油、candy—糖果、pudding—布丁、turkey—火鸡，等。

小庄说：“经过对词汇进行恰当的文化导入和拓展之后，学生对词汇背后的文化意识有了更深刻的直观的了解。”

学生1：“我喜欢这种教学方法，它使英语课变得有趣。我以前记不住英语单词，因为我没有兴趣。”

学生2：“我非常喜欢词汇联想，它让我知道了一些词汇所反映出的文化。”

学生3：“对我来说，我最喜欢词汇联想。我是一个懒惰的学生，所以当我发现我能知道这么多单词及文化的时候，我感到很高兴。”

### （三）导入习语、典故的文化内涵

习语、典故蕴涵着丰富的文化信息，带有鲜明的民族特色和地域色彩。在词汇教学过程中如遇到习语、典故，小庄总会给学生讲述这些习语、典故的历史起源并向学生介绍了自主学习习语、典故的方法，让学生可以在课外阅读有关英语单词历史和演变的书籍。她还给学生介绍了美国VOA电台一个非常有名的节目“Words and Their Stories”，不仅说明了词语的来历也丰富了词语的文化内涵。

## 结语

“词汇教学是语言教学必不可少的一部分。词汇又是一种文化符号，不同语言蕴含着不同的文化意义，体现出语言的个性特征”（崔校平，2015）。学习语言必须了解文化，理解文化必须了解语言。英语国家的历史文化及社会发展形态通常可以从英语词汇上获得不同程度的反映和诠释。英语词汇随社会的发展而发展，承载着丰富的文化内涵。小庄通过教学实践得出：在英语教学中，不仅要教会学生掌握语音、语法和习语，而且还要让学生了解英语国家的人民是如何看待事物、如何观察世界，了解他们如何使用英语语言来反映他们的思想、习惯、行为；更重要的是培养学生的跨文化意识，能正确得体地运用英语词汇传播中华优秀文化。所以，小庄老师要进一步思考的目标是在将来的实际教学中，如何改变传统的词汇教学观念和方法，以词汇教学为切入点既讲授语言又传播文化。

## 案例思考题

1. 除了运用联想策略在高中英语进行词汇教学时导入文化，还有哪些策略可以同样既教授词汇又培养学生跨文化意识？

2. 除了运用联想策略在高中英语进行词汇教学时导入文化，培养学生的跨文化意识外，如何在读、写教学中使用联想策略并进行文化导入？

3. 在高中英语听说教学中如何导入文化，培养学生的跨文化意识？

## 案例使用说明

**1. 适用范围**

适用对象：教师教育工作者、中小学英语教师，英语专业本科生，英语学科硕士研究生。

适合课程：二语习得，英语教学法。

**2. 教学目的**

（1）学习并改善词汇学习的效果；

（2）能根据词汇的构成特点，归纳整理学习和记忆的方法；

（3）运用联想策略，提高学生词汇学习质量激发学生对英语学习兴趣对并增强他们对英美文化的了解。

**3. 要点提示**

（1）相关理论：

可理解性输入假说、图式理论。

（2）关键知识点

可理解性输入假说。

启发学生学习词汇时的联想和激发相关文化知识。

（3）关键能力点

培养学生运用词汇学习策略记忆词汇并在语境下运用语言的能力

（4）案例分析思路

通过对此教学案例的分析，引导学员进一步思考适合自己教学目标和教学对象的词汇教学策略，并为学员在今后实际词汇教学中引入文化知识时出现的问题提供借鉴。

**4. 教学建议**

时间安排：标准课 6 课时，共 270 分钟。布置和预习 3 课时，上课讨论 3 课时。

环节安排：提前四周利用一节时间布置预习内容→学员分为 4～6 个小组→小组查阅资料、走访学校、和课下讨论→各组形成解决问题方案→上课汇报→课上学员研讨→教师点评。

人数要求：40 人左右的班级教学。

教学方法：案例教学讨论为主，讲授点评为辅

工具选择：录像机。单词卡片，若干图片，录音笔、录音机，多媒体设备。

组织引导：教师布置任务清晰，预习要求明确；提供给学员必要的参考资料；给予学员必要的调查技能训练，便于调查工作展开；学员课下讨论需要及时指导并给出建议。

活动设计建议：

课前计划四节课，要求学员完成案例阅读，搜集相关知识点和能力点的资料，走访案例作者或者情形类似的案例。

上课前做好教学准备。将桌椅分组摆成弧形，为每个小组准备编号和姓名的桌签。每个小组提供一张小组讨论记录表，包括每个人的发言记录和综合的观点。同时，通知相关人员做好录像或者录音工作。教师准备好点评的资料和提纲。

下课后教师及时总结案例教学的得失，以便改进后续的教学行为。

**5. 推荐阅读**

[1] 崔校平.（2015）. 英语词汇与西方文化. 北京. 清华大学出版社.

[2] 邓炎昌，刘润清.（1991）. 语言与文化——英汉语言文化对比. 北京：外语教学与研究出版社.

[3] 范琳，王庆华.（2002）. 英语词汇学习中的分类组织策略实验研究. 外语教学与研究（3），50-53.

[4] 哈特曼，R. R. K.，斯托克，F. C. 黄长著，等译.（1981）. 语言与语言学词典. 上海：上海辞书出版社.

[5] 胡壮麟.（2003）. 语言学教程. 北京：北京大学出版社.

[6] 姜凌.（2008）. 英语词汇联想与语义网络构建研究. 黑龙江教育学院学报（3），187-188.

[7] 吕长竑.（2004）. 词汇量与语言综合能力、词汇深度知识之关系. 外语教学与研究（2），37-44＋82.

[8] 李向红.（2015）. 英语词汇与文化. 北京：中央编译出版社.

[9] 龙玉红，刘韶华.（2014）. 中学英语跨文化交际技能与教学示例. 北京：清华大学出版社.

[10] 束定芳.（1996）. 语言与文化关系以及外语基础阶段教学中的文化导入问题. 外语界（1），11-17.

[11] 陶涛.（2006）. 词汇教学中联想策略的有效运用. 湘潭师范学院学报（社会科学版）（1），154-155.

[12] 中华人民共和国教育部.（2018）. 普通高中英语课程标准（2017 年版）. 北京：人民教育出版社.

[13] 王春艳.（2016）. 浅谈高中英语词汇教学的现状及策略. 中国科技信息（16），253-254.

[14] 周麒.（2015）. 高中生英语词汇知识与阅读能力关系探究. 华东师范大学硕士论文.

[15] Bussmann，H.（2000）. *Routledge Dictionary of Language and Linguistics*. Beijing：Foreign Language Teaching and Research Press.

[16] Carter，R. A. & Mcarthy，M. J.（1999）. *Vocabulary and Language Teaching*. London：Longman.

[17] Fowle，C.（2002）. Vocabulary notebooks：implementation and outcomes. *ELT Journal*，56（4），380-388.

[18] Milton，J.（2009）. *Measuring Second Language Vocabulary Acquisition*. Bristol，Buffalo & Toronto：Multilingual Matters.

[19] Nation，I. S. P. & Macalister，J.（2011）. *Language Curriculum Design*. London：Routledge.

[20] Nation，P.（2004）*Teaching and Learning Vocabulary*. Beijing：Foreign Language Teaching and Research Press.

[21] Schmitt，N. & McCarthy，M.（2002）. *Vocabulary：Description，Acquisition and Pedagogy*. Cambridge：Cambridge University Press.

[22] Schmitt.（2000）. *Vocabulary in Language Teaching*. New York：Cambridge University Press.

[23] Wilkins，David A.（1972）. Linguistics in Language Teaching. Cambridge：MA：MIT Press.

## 案例 19

# 跨文化视角下的高中生英语阅读能力培养

◎黄　林　吴　敏

### 引　言

阅读是高中英语教学中的一个重要环节。阅读理解与跨文化交流紧密相连，因此必然会受到文化差异的影响。如何在高中英语阅读教学中，帮助学生跨越文化障碍，以期提高学生的英语阅读理解能力，拓展他们的国际视野和思维方式，更加顺利地开展跨文化交流，吴老师在自己多年来的教学工作中对此进行了探索。作者从高中英语阅读教学中的文化背景导入、语篇分析以及文化背景下词汇内涵和外延中的文化含义比较等方面对吴老师如何培养高中生的英语阅读能力进行了描述和展示。

### 背景信息

根据《普通高中英语课程标准（2017 年版)》要求，文化知识的教学应以促进学生文化意识的形成和发展为目标。阅读教学是高中英语教学中的一个非常重要的环节，提升学生的阅读能力以及阅读水平的途径不仅只有一种，虽然可以依靠词汇教学、语法教学等基础教学实现，但文化知识对提升阅读能力的重要性也不容忽视。有很多英语阅读材料都蕴含着诸多文化元素，要准确理解文章所要表达的内涵，需要在掌握英语基础知识及基本技能的基础上理解英语文化，并了解不同文化知识和不同国家的文化差异。因此，教师要如何从文化教学入手来丰富学生已有的文化知识，提高学生的学科素养，提升学生的阅读水平是一个需要长期探索的问题。

## 一、文化背景知识对高中英语阅读理解的影响

《普通高中英语课程标准（2017 年版）》提出的教学目标明确指出，要在英语阅读教学中加强文化教学，在提升学生阅读能力的同时提升其文化意识。英语阅读能力的培养是高中英语教学的重要目标之一，然而目前高中英语阅读教学现状却不尽如人意，究其原因虽有很多方面，但其中文化因素对阅读的影响较为明显。

在长期的历史发展过程中，不同民族形成了自己不同的历史文化及风土人情。外语阅读材料又常涉及中西方社会不同的价值观和意识形态，阅读理解的每一个过程都与文化背景知识相关，文化背景知识的正确运用对信息处理的成功与否在很大程度上起着非常重要的作用。根据大量的语言试验，英语阅读的障碍不仅仅来自词汇和语法，语言所承载的背景知识和文化信息也同样会造成阅读理解障碍。在阅读过程中，如果学生缺乏相关文化背景知识，即便他们能认识每一个单词，也未必能正确理解文章的含义。读者的文化背景知识越贫乏，就越容易受到母语文化的局限，也就越容易产生阅读障碍和理解偏误。反之，读者的文化背景知识越丰富，就越能运用综合的语言知识和个人经验等方面的能力，准确地理解语篇的文化内涵。教师应根据文章的内容给学生介绍相关的文化背景知识，培养学生的跨文化意识和跨文化沟通能力。重庆市沙坪坝区一所大学附属中学从事高中英语教学达三十多年的吴老师对此进行了探索。

## 二、如何在跨文化视角下培养中学生的英语阅读能力

### （一）文化背景导入

在英语阅读教学中，当遇到英美等国家主要传统节日、著名人物的纪念日、重要事件纪念日、近期重要事件等文本材料时，如何使学生能够了解阅读文本涉及的语言及其文化特征和文化习俗呢？又如何导入文化背景呢？吴老师认为：“我会向学生推荐一些相关专题的阅读材料，并组织内容丰富、形式多样的活动让学生感受不同文化习俗，引导他们正确对待不同文化。”

学生甲：“上阅读课时，吴老师总能结合教材内容给我们介绍一些英文读物，让我们在阅读的过程中养成写读书笔记和读后感的良好习惯，以此帮助我们积累丰富的英语文化背景知识，强化我们的跨文化意识。”

学生乙："吴老师运用多媒体技术，全方位展示文化背景。通过微课视频、电影、音乐等视听手段向我们展现一些能够反映英美国家文化、思维方式、价值观念的文字、图片和影像资料，通过这种有趣的方式来调动我们的兴趣。"

学生丙："我们带着极大的兴趣主动去接触西方国家的一些文化背景知识，通过对比中西文化差异，有了一定的文化意识，同时我们的英语阅读能力也得到了提升。"

吴老师是如何进行的文化背景知识导入教学的，下文将以人教版《英语（必修3）》第1单元"Festivals Around the World"为例进行说明。首先，吴老师用PPT给学生展示一段有关西方节日（Holidays and Special Days）的文字，然后设计了几个课堂活动让学生完成。

**1. A Brief Introduction to "Festival Culture"**

**T**: A Festival is a special occasion when people celebrate something special such as a religious event. Different countries have different festivals and they celebrate their festivals in quite different ways for a variety of reasons. Now look at PPT:

**Holidays and Special Days**

Do you know it's Christmas

A Little after Thanksgiving

And a shade before New Year

A Day of triumphant light and love

Love the feeling you and I share and

Light it has brought to our lives

This Christmas is very special!

**2. Workshop Activity—Chinese and Western Holidays**

**T**: Different countries have different festivals. Work in groups and list as many Chinese and Western festivals as you can.

**3. Celebration of Holidays and Special Days**

**T**: Why do we celebrate the New Year?

**4. Listening**

**T**: How did the idea of Santa Claus originate? Listen to a passage and complete the following clues about "The origin of Santa Clause".

The custom of giving presents during Christmas goes back to ____________. In ____________, the wise men brought gifts to Jesus on ____________ after his birth.

In some countries of Europe, the gifts are supposed to be brought in by Saint Nicholas, a bishop who was regarded as ________________.

When the Dutch came to New York, they brought ________________. In America the date of was moved to Christmas eve.

### 5. Video Clip

**T**: Watch the video clip and then discuss the following questions:

1. What do you know about Thanksgiving Day?

2. If you have an opportunity to give thanks to somebody, whom will you give thanks to first? And how?

### 6. Competition

**T**: You will be divided into two groups to start a competition. One group of you will briefly introduce as many Chinese holidays as you can, while the other group will compete in number with the western holidays you can offer. The group which lists more is going to win.

**E.g.**:

**Spring Festival**

It is celebrated by Chinese at the time of the Lunar New Year. People have family reunion and a rich feast. Children set off fireworks and always get red envelopes with money inside from elders.

**Christmas**

In Christmas, wrapped gifts prepared by friends and families are put under a decorated Christmas tree. People have dinner at home with family. Christmas carols are sung at Christian churches.

**Mid-Autumn Festival**

It is on Aug. 15th of Chinese lunar calendar, the day when the moon is brightest. Chinese people regard the day as an important occasion for family reunion. A moon cake is a symbolic food for the festival.

**Thanksgiving Day**

It is celebrated in the USA and Canada in the last Thursday in November. It is a day of eating and giving thanks to God for blessings of the past year and a bountiful harvest. People have turkey dinner at home with friends and family members, watching football games and Thanksgiving parade.

### 7. Role-play

**T**: Work with your partners to make a conversation in the following situations:

1. You ring your friend Vivian on Christmas Eve.

2. You are discussing with your friend about the New Year's resolution.

**Sample for situation 1**

Jack：Hi! Lisa. Is that you? It's Tom.

Vivian：Merry Christmas! Tom.

Jack：You too. What are you going to do during the holidays?

Vivian：I'm going to visit my parents and my brothers.

Jack：Have a safe trip! Then. You know what? I'm going to China for my holidays. I hope that will be exciting.

Vivian：I'm sure it will.

Jack：Hi! Lisa Is that you? It's Tom.

Vivian：Merry Christmas! Tom.

Jack：You too. What are you going to do during the holidays?

Vivian：I 'm going to visit my parents and my brothers.

Jack：Have a safe trip! Then. You know what? I'm going to China for my holidays I hope that will be exciting.

Vivian：I'm sure it will.

**Sample for situation 2**

Peter：Have you made a New Years resolution yet，Mark?

Tom：No，I never make New Year's resolutions. I did for a few years，but I never kept them. Now I don't even bother to make them. What about you?

Peter：I've made a resolution to lose weight.

Tom：I don't think you need to lose weight. You look just fine.

Peter：Thank you! I appreciate that comment .

又以人教版《英语（必修 2）》第 4 单元“Wildlife Protection”为例，吴老师设计了以下几个任务供学生练习：

**Task 1**

Direction：Every kind of animal may have some unique habit or behavior. Listen to the following about a black widow spider，and fill in the blanks.

Ben Rose let：Why does a black widow kill its husband once it helps make babies?

DB：Ben，another way to think of this is to ask，“Why do some ________ allow themselves to be killed by ________?” Some scientists think it's common for ________ ________ to try to eat ________ either before or after ________. Since ________ are zealous predators，________ might

________ prey on ________ .

Discussion：Do you know some special habits and behaviors of certain animals?（at page 62）Make a discussion on it.

**Task 2**

Introduction：Ever since the dawn of civilization，animals have been used to serve man in many ways. Sheep and goats were bred to provide wool，meat，and fat. Large animals like oxen，water buffalo and horses were used to pull ploughs and carry heavy loads. ... The dog，known in English-speaking countries as "man's best friend"，is one of the most versatile animals.

Direction：Dog is our best friend. Watch the following silent video clip concerning working dogs，and work with your partners to produce an aside for it.

Hints：

catch criminals

at the airport

drugs and bombs

dogsled racer

race in a dogsled

**Task 3**

Introduction：Man's relationship with animals has always been ambivalent（矛盾的）. On the one hand，animals have been worshipped and attributed with superior powers. On the other hand，they have been hunted，exploited as a source of entertainment or food.

How should we treat animals? The following clip may be of some inspiration for us.

## （二）注重语篇分析，加强对文章理解

"在跨文化视角下，我们应该改变注重语法教学方式的传统英语阅读教学，从而建立起注重语篇分析的英语阅读教学模式"，吴老师说，"阅读教学不能只停留在字词句的表层，要逐步引导学生深入到把握文章篇章整体的结构上，然后让学生学会提取篇章的整体信息，把握作者的意图，这样他们才能准确地理解篇章的深层含义，从而有效地提升他们的英语阅读能力。"

以人教版《英语（必修2）》第1单元"Cultural Relics"阅读课课型为例。文章是关于俄罗斯遗失琥珀屋的故事，教学目的是让学生了解世界文化遗产，能描述文化遗产的起源、发展方面的情况，然后具有保护文物的意识。吴老师要求学生自己用不同的形式归纳全文，培养他们的阅读能力，提高他们的阅读技能。吴老师知道学生对国

外文化遗产很陌生，于是她有意识地把中外文化遗产结合起来，设计了以下教学环节：

**1. Pre-Reading**

阅读前预备环节使学生预先了解本课话题，激发学生了解文物的兴趣。吴老师用 PPT 展示三幅著名古迹的图片，并要求同学回答问题。

> T：Look at three pictures. What famous landmarks do you see in the photos? What do you think of them? They represent the culture of their countries, so they are called ________
>
> 1. Tower of Bridge　　2. the Statue of Liberty　　3. the Great Wall of China
>
> （引导学生运用词组 cultural relics，然后鼓励学生尝试对 cultural relics 下定义）

**2. While-Reading**

分步骤让学生了解琥珀屋形成发展阶段。

（1）解释文章的标题“In Search of the Amber Room（Maybe it's lost）”。

（2）为了让学生了解琥珀屋到底是什么样子，吴教师从网络下载多张有关新旧琥珀屋的图片展示给学生。通过对照新旧琥珀屋，从外观到内部陈设，金碧辉煌的琥珀屋使学生眼界大开。

（3）引导学生速读（fast-reading）。要求学生带着课本中的问题①How did the Amber Room become one of the wonders of the world? ②How was a new Amber Room built? ③ How was the Amber Room made? ④Why did the King of Prussia give the Amber Room to the Czar of Russia as a gift?）去阅读课文，让他们有目的性地阅读，如同在读故事一般把精力集中在探究故事的经过和结果。

**3. Post-Reading**

（1）Answering Questions after Reading

阅读后，吴老师要求学生回答问题，并根据问题再次阅读文章以了解细节信息（finding specific information）。

（2）Summary

吴老师把学生分成 5 个小组，要求每组分别概括一个段落的大意（Sum-up），目的是锻炼学生的归纳能力。吴老师首先引导学生从总体上把握文章结构和特点，找出与琥珀屋有关的重要线索（3 个人物、2 个国家、1 个组织）；其次文章的分析写作手法（按时间顺序用一般过去时描述发生的事情）；最后建议学生在描述某事经过时，可以模仿这篇文章的写作方法。

由于本课只是阅读课，不详解语言点，吴老师仅就以下难句略作解释，为学生扫清阅读障碍：①Frederic William I，the king of Prussia could never have imagined that his greatest gift to Russian people would have such a strange history. ②Once it is heated，the amber can be made into any shape. ③This was a time when the two countries were at war. ④There is no doubt that the boxes were then put on a train for Konigsberg.）。

（3）Group Discussion and Retell the Story

通过几轮阅读，学生已非常熟悉篇章结构及内容，可以进入交流环节了。吴老师在这一环节中把学生分为6人小组，以小组为单位开展学习活动。学生首先学会用英语口语判断别人观点的事实依据，并提出自己的观点，其次复述课文，根据课文内容补完以下这段话：

The Amber Room was made________. Frederick William I________. It soon became part of the Czar's winter palace in St. Petersburg. Later，Catherine II ________ and she told her artists to ________. In September 1941，the Nazi Germany army secretly ________. After that，what happened to the Amber Room________. Now Russians and Germans have ________much like the old one.

随后，吴老师让学生谈谈学习收获（What can you learn from the text?），此时学生都具备保护文物的意识（即本课教学目标之一），并对此开展讨论。最后，吴老师布置了作业：用英语写一篇文章，讨论如何保护国家某一文物。

吴老师的教学环环相扣，设计紧凑，采用多媒体教学，用一些与文物有关的精美图片，引起学生对课文的兴趣，减少陌生感，然后带着问题、有目的地阅读文章，通过寻找问题答案掌握细节，知道琥珀屋从形成、失踪到重建的过程。通过学习学生学会了用英语归纳以及复述，使他们在掌握阅读技巧的同时也增加了见识，最后吴老师对上完这节课的收获进行了总结。

### （三）文化背景下词汇内涵和外延中的文化含义比较

词汇是语言的基本要素，而语言是文化的基石。因此任何民族语言的词汇都包含着该民族丰富的文化内涵，不同民族的不同文化、不同的价值观念、不同的行为色彩都可以在词汇中得到充分体现。

吴老师说："在英语阅读中，教师需教会学生理解词汇的内涵和外延的文化含义，跨越理解上的障碍。”吴老师在课堂教学中把教材中具有典型文化含义的词语摘录出来讲解，让学生充分了解相关词汇所蕴含的文化内涵和背景知识，弄清楚词语言折射出中西文化在宗教习俗、历史文化和思维方式等方面的差异，让学生更好地把握词汇、有效地增强他们的文化意识，使他们能开展跨文化交流。她说：“虽然这样的方法直接明了，但对教师的教学语言技巧有所要求，讲授时如果不注意语言的趣味性和生动性的话，就会显得十分单调乏味。”因此，吴老师有意识地设计教学活动，让学生在兴趣盎然中掌握词汇。她根据教材内容让学生对一些具有鲜明文化色彩的词进行猜词活动。

英语中的大量词语来源于与汉语有着截然不同的文化环境，了解其与汉语在表达上的差异，对于英语阅读理解起着重要的作用。例如，讲解 go Dutch 时，吴老师不让学生查阅词典而只是猜测词义，学生带着疑问进行了认真思考之后能更好地习得单词。她还为学生提供解释中西文化差异的教学材料，让学生进行比较，从而加深对词汇中文化因素的理解。

学词汇需要了解语言所反映的文化内涵，如常言道“民以食为天”，饮食与人们的日常生活密不可分，是人类生活必不可少的一部分，饮食词汇是构成任何一门语言词汇的重要部分。以人教版《英语（必修3)》第2单元“Healthy Eating”为例，吴老师在阅读前设计了以下任务供学生练习：

**Pre-Reading Activities**

**A brief Introduction to “Food Culture”**

T: Apart from satisfying biological needs, food is also an expression of cultural identity. The ways in which specific types of food is consumed and the context in which it is consumed tells us a lot about the culture.

**Task 1**

T: Open your books at page 9. Everybody has to eat a healthy diet? Do you know that the food you eat helps you grow in different ways?

Food that provides energy (e.g. energy-giving food): rice, noodles, spaghetti, bread , potatoes, chocolate, butter, cream, oils, nuts.

Food that helps grow bones and muscles (e.g. body-building food): meat, eggs, cheese, milk, tofu.

Food that helps the body fight diseases (e.g. protective food): most vegetables (e.g. beans, peas, cucumbers, eggplants, peppers, mushrooms, cabbages) and fruit (e.g. apples, peaches, oranges, lemons).

T：Look at the food listed above. What do you find about the cultural meaning of the connotation and extension of the vocabulary under the cultural background?

**Task 2**

Read the following sentence and try to translate from English into Chinese.

Don't count your chickens until hatched.

The busy bee has no time for sorrow.

Give a man a fish and you'll feed him for a day.

Teach a man to fish and you'll feed him for life.

接下来，吴老师介绍了由于中西方民族在地理环境、文化背景和思维观念等方面的差异，在饮食词汇本身概念之上附加的引申意义和联想意义，以及所表达含义的丰富多样性。例如：面包 bread 是西方人的主食，如同亚洲国家很多人每天吃的米饭 rice 一样。在有些俗语和谚语中，bread 可以被用来表示 money，由此足以说明 bread 一词在英美人生活中的地位了。有许多和 bread 有关的习语如下：

Bread or rose? 、breadwinner、to know which side one's bread is buttered on、the best thing since sliced bread、bread and butter、a bread-and-butter letter、to earn one's bread、one's daily bread、to take the bread out of someone's mouth、to ask for bread and receive a stone，等等。

还有很多与饮食有关的词组，如 Adam's apple、apple of one's eye、apple of discord、rotten apple、cup of tea、storm in a teacup、salad days、traffic jam、money for jam，等等。

英语词汇中以表达颜色、动物、数字的词最有代表性。颜色词汇渗透到了人们丰富生活的各个领域。英语基本颜色词汇有 red、green、black、white、yellow、blue、purple、brown、grey 等。在英语中可以表示“嫉妒、眼红”应翻译为 green-eyed 而不是 red-eyed。蓝色 blue 在汉语中的引申意义较少，而英语的 in a blue mood 或 having the blues 表示“情绪低沉”、“忧郁”。在中国，与狗有关的表达往往都是贬义的，如狗仗人势、狗胆包天等，但英语中的表达却不然，如 a lucky dog（幸运儿），Love me, love my dogs（爱屋及乌）等。英语国家的人们往往认为单数吉利，如 one hundred and one thanks、have one thousand one things to do 等，与之相反，中国传统文化则认为双数吉利，如好事成双、双喜临门。

针对这一教学设计，吴老师总结道：“学生只有在带着强烈的探究心理学习词汇的时候，才能更好地记忆和掌握单词及其文化内涵，发展跨文化交流能力。”

## 结 语

语言是文化的重要载体，二者密切联系。一方面，语言是文化的一部分，对文化起着重要作用；另一方面，语言又受文化的影响而反映文化，二者相互依存，相互作用。《普通高中英语课程标准（2017 年版）》中规定："普通高中英语课程旨在发展学生的语言能力、文化意识、思维品质和学习能力。"其中发展学生的语言能力和文化意识的理念在吴老师的阅读教学中得到了体现。

然而，英语阅读课堂时间毕竟有限，课外的补充阅读也是学生了解外国文化知识的重要途径，而选择什么样的读物是学生面临的最困难的问题。对此，吴老师会有针对性地给予指导，介绍一些好的文化阅读材料、涉及英美国家社会文化背景的报刊、能反映外国社会文化的影视节目等等，使学生在提高语言知识和技能基础上，不断积累相关文化知识，理解语篇传达的文化内涵，汲取文化精华，使学生的文化品质同语言能力等同步提升。

## 案例思考题

1. 除了在案例中提到的在阅读教学时引入文化，培养学生的文化意识外，还有哪些策略可以既培养学生的阅读能力又传播文化？

2. 除了在跨文化视角下培养高中学生的阅读能力和文化意识外，如何提高学生的视听说能力？

3. 在高中英语写作教学中如何培养学生的文化意识？

4. 阅读效率的提高也受到语言能力、阅读策略、情感因素、学习动机、母语对外语的迁移等诸多因素的影响。在阅读过程中应如何克服这些不利因素？

## 案例使用说明

**1. 适用范围**

适用对象：教师教育工作者、中小学英语教师、英语专业本科生、英语学科硕士研究生。

适合课程：二语习得、英语教学法。

**2. 教学目的**

（1）学习并改善阅读教学的效果；

（2）能更好地理解作者用文字表达的思想，提高阅读理解能力；

（3）在跨文化视觉下，提高学生阅读学习质量，激发学生对英语学习兴趣并增强他们对英美文化的了解。

**3. 要点提示**

（1）关键知识点

可理解性输入假说。

启发学生理解和鉴赏中外优秀文化和激发相关知识。

（2）关键能力点

学习过程，培养学生阅读理解能力，并在语境下提高运用语言的能力。

（3）案例分析思路

通过分析此教学案例，引导学员进一步思考适合自己教学目标和教学对象的阅读教学方法，并为学员在今后实际阅读教学中引入文化知识时可能出现的问题提供借鉴。

**4. 教学建议**

时间安排：标准课 6 课时，270 分钟。布置和预习 3 课时，上课讨论 3 课时。

环节安排：提前四周利用一节课的时间布置预习内容→学员分为 4～6 个小组→小组查阅资料、走访学校、课下讨论→各组形成解决问题方案→上课汇报→课上学员研讨→教师点评。

人数要求：40 人左右的班级教学。

教学方法：案例教学讨论为主，讲授点评为辅。

工具选择：录像机，单词卡片，若干图片，录音笔，多媒体设备。

组织引导：教师布置任务清晰，预习要求明确；提供给学员必要的参考资料；给予学员必要的调查技能训练，便于调查工作展开；学员课下讨论需要及时指导并给出建议。

活动设计建议：

课前计划 4 节课，要求学生完成案例阅读，搜集相关知识点和能力点的资料，走访案例作者或者情形类似的案例。

上课前做好教学准备。将桌椅分组摆成弧形，为每个小组准备编号和姓名的桌签。每个小组提供一张小组讨论记录表，包括每个人的发言记录和综合的观点。同时，通知相关人员做好录像或者录音工作。教师准备好点评的资料和提纲。

下课后教师及时总结案例教学的得失，以便改进后续的教学行为。

**5. 推荐阅读**

[1] 班文涛.（2015）. 文学篇章的语言文化教学法研究. 广州：世界图书出版公司.

[2] 邓炎昌，刘润清.（1991）. 语言与文化——英汉语言文化对比. 北京：外语教学与研究出版社.

[3] 黄国文.（2001）. 语篇分析的理论与实践. 长沙：湖南教育出版社.

[4] 人民教育出版社课程教材研究所英语课程教材研究开发中心.（2007）. 普通高中课程标准实验教科书英语. 北京：人民教育出版社.

[5] 束定芳.（1996）. 语言与文化关系以及外语基础阶段教学中的文化导入问题. 外语界（1），11-17.

[6] 王俊.（2014）. 结构尝试教学法. 北京：首都师范大学出版社.

[7] 唐青叶.（2009）. 语篇语言学. 上海：上海大学出版社.

[8] 中华人民共和国教育部.（2018）. 普通高中英语课程标准（2017 年版）. 北京：人民教育出版社.

[9] 周燕宇、韩倩.（2007）. 大学英语教学中的文化导入. 湖南科技学院学报（5），130-133.

[10] Kim，Y. Y. & Gudykunst，W. B.（2003）. *Cross-Cultural and Intercultural Communication*. Thousand Oak：Sage Publications，Inc.

[11] Smovar，L. A.，Porter，R. E. & Stefani，L. A.（1998）. *Communication Between Cultures*. Belmont：Wadsworth Publishing Company.

[12] Valdes，J. M.（1996）. *Culture Bound*. Cambridge：Cambridge University Press.

[13] Yong，Y. K.（2001）. *Becoming Intercultural*. Thousand Oak：Sage Publications，Inc.